D0370144

ENAMORADO DEL MUNDO

Yongey Mingyur Rimpoché

ENAMORADO DEL MUNDO

El viaje de un monje a través
de los bardos de la vida y de la muerte

Con HELEN TWORKOV

ʁ[ɕ rigden institut gestalt

Título original: *In Love With The World:*
A Journey Through The Bardos of Life and Death

Traducción: Jordi Roig Masip

Diseño de cubierta: Equipo Alfaomega

© 2019, Yongey Mingyur Rimpoché
Publicado por acuerdo con Emma Sweeney Agency,
LLC a través de International Editors' Co.
© Bema Orser Dorje por la fotografía de portada

De la presente edición en castellano:
© Rigden Edit, 2018
   Alquimia, 6 - 28933 Móstoles (Madrid) - España
   Tels.: 91 614 53 46 - 91 614 58 49
   www.alfaomega.es - E-mail: alfaomega@alfaomega.es

Primera edición: septiembre de 2019

Depósito legal: M. 24.817-2019
I.S.B.N.: 978-84-937808-2-1

Impreso en España por: Artes Gráficas COFÁS, S.A. - Móstoles (Madrid)

Índice

SEGUNDA PARTE
EL REGRESO A CASA

PRÓLOGO

11 de junio de 2011

Terminé de escribir la carta. Eran más de las diez de una noche calurosa en Bodh Gaya, en el centro septentrional de la India, y en ese preciso instante nadie más sabía lo que estaba a punto de suceder. Coloqué la carta en una mesita de madera que había delante de la silla en la que solía sentarme. Se descubriría al día siguiente por la tarde. No quedaba nada por hacer. Apagué la luz y desplegué la cortina. Fuera todo estaba oscuro como la boca del lobo, sin ninguna señal de actividad, tal como había previsto. A las diez y media empecé a pasear en la oscuridad y a prestar atención a la hora de mi reloj.

Veinte minutos más tarde guardé las cosas en mi mochila y abandoné la habitación, después de haberla cerrado con llave. A oscuras, bajé de puntillas al vestíbulo. Por la noche cierran la entrada con un pestillo metálico y pesado que bloquea dos puertas de madera desde el interior. Hay una ventana estrecha y rectangular encima de cada puerta; se puede abrir hacia fuera y es casi igual de larga que la puerta. Esperé a que pasara el vigilante. Una vez que calculé que el vigilante estaba a la distancia máxima que había desde la puerta, abrí una de las ventanas y me escurrí por ella hacia el pequeño porche de mármol. Cerré la ventana, bajé volando los seis escalones de la escalera de ladrillos y me escabullí rápidamente detrás de los arbustos de la izquierda.

Una valla metálica rodea el recinto. La puerta lateral del callejón permanece abierta durante el día, pero por la noche se cierra con llave y hay un guardia que la vigila de cerca. La puerta frontal apenas se usa. Es alta y amplia, y da a una carretera de circunvalación que conecta las carreteras principales, que son paralelas entre sí. Los dos paneles metálicos de la puerta están bloqueados por una cadena de hierro y un candado enorme. Para escaparme sin ser descubierto, tendría que mantenerme fuera de la vista del guardia en su siguiente ronda. Esperé agazapado en los arbustos a que el hombre pasara, calculé de nuevo la distancia a la que él estaba y corrí los treinta metros que hay hasta la puerta principal.

Lancé mi mochila por encima de la puerta, apuntando a la zona de césped que había a un lado del asfalto para que cayera delicadamente. Además, mi padre siempre me decía: «Cuando estés viajando y llegues a un muro, siempre debes lanzar tu mochila primero, porque así seguro que la sigues». Desbloqueé el candado, abrí la puerta y me escabullí.

Mi corazón estalló de miedo y excitación. La oscuridad de la noche parecía prender y absorber todos mis pensamientos, dejando únicamente la sensación impactante de estar al otro lado de la valla en la oscuridad de la noche, solo en el mundo por primera vez en mi vida adulta. Tuve que obligarme a mí mismo a moverme. Pasé la mano entre los barrotes para cerrar el candado, recogí mi mochila y me escondí a un lado de la carretera. Quedaban dos minutos para las once, y yo estaba entre una vida y la siguiente. Mi respiración me retumbaba en los oídos y tenía un nudo en el estómago. Casi no podía creer que hasta ese momento mi plan hubiera funcionado a la perfección. Mis sentidos se potenciaron y parecían extenderse mucho más allá de la mente conceptual. El mundo de repente se volvió luminoso y tenía la sensación de que podía ver a kilómetros… pero no veía el taxi.

¿Dónde está el taxi?

Lo había pedido para las once de la noche. Fui hasta la carretera de circunvalación para divisar los faros. Diseñé mi estrategia de huida como si yo fuera un pájaro enjaulado, pero no le había revelado mi plan a nadie y no había ningún coche para escapar. Al otro lado de la valla, ahora tras de mí, estaba Tergar, un monasterio budista tibetano... y yo era su prestigioso abad de treinta y seis años.

El año anterior había anunciado mi intención de empezar un retiro prolongado. Eso no había hecho saltar ninguna alarma. Los retiros de tres años son habituales en mi tradición. Sin embargo, se dio por hecho que me recluiría en un monasterio o en una ermita en la montaña. Además de Tergar, en Bodh Gaya, también tengo monasterios en el Tíbet y en Nepal, y centros de meditación por todo el mundo; pero nadie había adivinado mis intenciones verdaderas. A pesar de mi estatus respetado —o mejor dicho, debido a él—, no desaparecería marchándome a ningún lugar institucional o aislado. Me había propuesto seguir la antigua tradición de los sadhus, ascéticos errantes hindúes que abandonaban todas sus pertenencias para vivir sin intereses mundanos. Los héroes más antiguos de mi propio linaje tibetano Kagyu siguieron los pasos de sus predecesores hindúes, refugiándose en cuevas y bosques. Terminaría con mi vida de tulku privilegiado, una encarnación reconocida de un adepto espiritual. Abandonaría el manto de protección que representaba ser el hijo menor de Tulku Urgyen Rimpoché, el aclamado maestro de meditación. Viviría sin ayudantes ni administradores, y cambiaría las protecciones que se me otorgaban debido a mi rol como abad y sostenedor de linaje por el anonimato que nunca había conocido, pero que tanto tiempo había anhelado.

El reloj marcaba las once y diez de la noche. Mi plan era tomar el tren de medianoche hacia Benarés; el tren salía de la estación de Gaya, que estaba tan solo a unos trece kilómetros.

Había pedido el taxi ese mismo día cuando regresaba a casa por la tarde del templo Mahabodhi, el sitio histórico que conmemora el gran despertar del Buda debajo del árbol de bodhi. Una rama del árbol original señala el corazón de este complejo de templos diseminados, y peregrinos de todo el mundo vienen a sentarse bajo sus hojas. Iba allí a menudo, pero esa noche en particular acudí con el propósito de hacer kora —una circunvalación ritual— y de ofrecer lámparas de mantequilla para pedir que mi retiro fuera bien. Me había acompañado mi ayudante de toda la vida, el lama Soto.

Aparecieron unos faros y me acerqué a la carretera. Pasó un vehículo todoterreno. Al cabo de diez minutos, atisbé otros faros. Cuando un camión enorme de transporte de mercancías vino disparado hacia mí a toda velocidad, di un brinco hacia atrás y me metí en un charco lleno de barro. Cuando saqué el pie, una de mis sandalias de goma se quedó atrapada en el barro. La pude recuperar y después me oculté otra vez, con las manos mojadas y pringosas de barro. Mi hechizo desapareció y la agitación surgió como una niebla. Cualquier persona que frecuentara esta carretera me reconocería. Nadie me había visto *nunca* salir sin compañía, ni a esa hora ni a ninguna. Había dado por hecho que el taxi aparecería. No tenía ni idea de qué haría una vez llegara a Benarés, pero en ese momento parecía de una importancia crítica que no perdiera el tren. No tenía ningún plan alternativo. Empecé a caminar rápidamente hacia la carretera principal, sudando de calor y excitación.

Ese mismo día por la tarde, el lama Soto y yo nos habíamos dirigido con el todoterreno de Tergar al templo de Mahabodhi, que estaba a unos tres kilómetros de distancia. Habíamos pasado por delante de las pequeñas tiendas que hay a lo largo de la carretera principal: colmados que venden comida seca, unos cuantos restaurantes, cibercafés, tiendas de *souvenirs* y de baratijas, y agencias de viajes. Coches y taxis, bicicletas y *rickshaws* abarrotaban la carretera, junto con los *tuk-tuks*, unos artilugios motorizados de tres ruedas que hacen un ruido apabullante. Cuando la carretera va llegando a la entrada del templo, los mendigos se alinean en las calles, sosteniendo sus cuencos para pedir limosna. De regreso a Tergar, nos detuvimos en la oficina de una agencia de viajes, donde solicité un taxi que debía llegar a la puerta principal del monasterio a las once de la noche. Habíamos hablado en inglés, así que el lama Soto, que solo hablaba tibetano, no sabía nada sobre mi decisión.

Estaba en la carretera de circunvalación a medio camino de la carretera principal cuando el taxi finalmente apareció. Tras treinta minutos en el mundo teniendo que apañármelas por mi cuenta, los confines del coche me otorgaron una comodidad inesperada. Varias veces al día, desde que era niño, había recitado las plegarias que decían: «Me refugio en el Buda; en el Dharma [las enseñanzas del Buda] y en la Sangha [la comunidad iluminada]». Entonces me di cuenta de que en ese momento me estaba refugiando en el taxi, y daba gracias por su protección.

Me descubrí pensando en Naropa (hacia 980-1040 E. C.), el abad erudito de la universidad budista de Nalanda. Sabía que él había abandonado su estatus elevado en busca de un nivel de sabiduría superior a la que ya tenía, pero yo nunca antes había pensado en las circunstancias de su marcha. *Me pregunto si se marchó completamente solo. Quizás había un ayudante esperándole fuera del palacio con un caballo. Así es como el príncipe Siddharta se escapó del reino de su padre: el joven había confiado en su conductor, y los dos habían hecho un pacto secreto.*

Mientras el taxi se dirigía a toda velocidad hacia Gaya, mi cuerpo avanzaba y mi mente retrocedía. Era como si la escapada, cuidadosamente planeada, de repente me chirriara. Durante las semanas anteriores me había imaginado cómo se desarrollarían los acontecimientos de esta noche. Ahora veía la misma película al revés, empezando por el presente y retrocediendo, y aceptando que existen diferentes maneras de despedirse.

El lama Soto y yo habíamos regresado a Tergar del templo Mahabodhi a las siete de la tarde, y yo me había dirigido directamente a mis habitaciones privadas, que estaban en el segundo piso de mi casa. Mi apartamento consta de una gran sala de recepción para invitados, que conduce a una segunda sala donde estuve practicando y después me puse a dormir. La casa se encuentra detrás del templo central, que tiene el tamaño de una cuadra de pueblo. Los tradicionales diseños ornamentales cubren cada pared, cada columna y todo el techo del templo. Un enorme Buda dorado se levanta del suelo del templo y mira directamente a la puerta principal y, en dirección al exterior, hacia el templo Mahabodhi. Ese día había circunvalado el pórtico de mármol que bordea las paredes exteriores y había subido a los balcones que dan a la sala principal, mientras me despedía en silencio. Al lado de mi casa están la pensión y las oficinas administrativas. Detrás de estos edificios se encuentran los dormitorios y las aulas para unos ciento cincuenta monjes jóvenes de edades comprendidas entre los nueve y los veinte años. Había pasado por todas las habitaciones, caminado por todos los pasillos, casi sin poder creer que no volvería a ver nada de esto en mucho tiempo. Planeaba mantenerme alejado durante al menos tres años. Había hecho todo lo posible por asegurar el bienestar y la formación continua de los monjes. Esperaba que no se me hubiera escapado ningún detalle importante.

El lama Soto había venido a mi habitación sobre las nueve para asegurarse de que yo no necesitara nada antes de que él se retirara. Nacido en Kham, una zona del Tíbet oriental famosa por sus hombres fuertes y bravos, había sido mi ayudante durante los últimos diez años, es decir, desde que yo tenía veintiséis años, y me había protegido entre la multitud como lo haría un guardaespaldas.

Su habitación estaba en el primer piso de mi casa. La puerta que bloqueaba mis habitaciones privadas chirriaba tanto que, como parte del plan para salir a hurtadillas, engrasé las bisagras. Dos semanas antes había informado al lama Soto y a los administradores del monasterio de que nadie debía molestarme antes del mediodía. Esta petición inusual sugería que estaría practicando meditaciones que no podían ser interrumpidas. Pero en realidad, esto me permitiría estar lejos antes de que se descubriera mi ausencia.

Lo que más hizo disfrutar a mi faceta traviesa fue la obtención de una llave de la puerta principal. Viajaba con frecuencia a mis monasterios de la India y Katmandú, y durante una visita que hice a Bodh Gaya había informado al jefe de mantenimiento de que la puerta necesitaba un candado más seguro y de que compraría uno en mi próxima visita a Delhi. Para este propósito, el lama Soto y yo nos dirigimos al casco viejo de Delhi una tarde, y recorrimos una sección del mercado en la que había cerrajeros. Cuando regresé a Bodh Gaya, acompañé al supervisor de mantenimiento a la puerta para reemplazar la vieja cerradura. La nueva cerradura venía con tres llaves; le di dos, pero me quedé con una. Esto también me dio la oportunidad de poder balancear la puerta hacia dentro y hacia fuera con el fin de comprobar su peso y el ruido que hacía al abrirse.

En aquel momento el templo Mahabodhi prácticamente ya no se veía, pero yo ya sabía algo sobre la necesidad de nutrir la conciencia inalterable de la mente búdica. Cuando me metí en el taxi, la agitación de mi voz había provocado que el conductor acelerara a velocidades peligrosas. Los templos y las estupas —edificios que albergan reliquias sagradas— representan el corazón y la mente del Buda. El respeto a las formas externas del Buda fomenta nuestra propia sabiduría innata. Sin embargo, el verdadero Buda, la esencia despierta de la mente, existe en el interior de todos nosotros.

Mi corazón palpitaba con intensidad. Entre la velocidad del taxi y la oscuridad, no podía ver nada por la ventana, aunque las imágenes en mi mente se sucedían a una velocidad superior a la del coche. Según los científicos, en un día por la mente pasan entre cincuenta mil y ochenta mil pensamientos, pero parecía que todos ellos hubieran pasado en tan solo un minuto. Me vinieron a la mente las caras de algunos de mis parientes: mi madre —Sonam Chödrön— y mi abuelo —Tashi Dorje—, estando en sus cuartos de Osel Ling, mi monasterio en Katmandú. Imaginé a los responsables del monasterio y a las monjas y los monjes meditando en salas formales de meditación; vi a amigos sentados en cafés europeos, y en Hong Kong comiendo en grandes mesas redondas en restaurantes de comida asiática. Me imaginé su aspecto asombrado al percatarse de mi desaparición: se quedaban boquiabiertos; sus cabezas se desplomaban ante la noticia. Me resultaba gracioso verlos así, pero no sucedía lo mismo cuando pensé en mi madre. Cuando vi su cara, supe lo preocupada que estaría y tuve que confiar en el consejo de mi padre.

En 1996 visité a mi padre en Nagi Gompa, su ermita en la ladera de una montaña aislada en las afueras de Katmandú. Mi padre padecía diabetes, pero no había ningún cambio en su condición física que indicara que estuviese a punto de morir. Resultó que murió dos meses después. Nos encontrábamos en su pequeño cuarto, un espacio que no llegaba a los diez metros cuadrados, situado en la planta superior de su casa; su séquito residía en los pisos inferiores. La habitación tenía una gran ventana que daba al valle. Él era el abad de un pequeño convento y, para poder recibir sus enseñanzas, las monjas se apiñaban en aquel reducido lugar.

Estaba sentado en una pequeña estructura rectangular de madera que se alzaba por encima del suelo. Ahí es donde dormía, y allí enseñaba. La parte inferior de su cuerpo estaba cubierta con una manta. Me senté en el suelo delante de él. Como de costumbre, inició la conversación preguntando:

—¿Hay algo de lo que quieras que hablemos?

Le dije que quería hacer un retiro errante.

Me miró por encima del hombro.

—Ami —dijo, usando un término tibetano de cariño—. Escúchame, ami, ¿estás seguro? ¿Totalmente seguro?

—Sí. Estoy seguro. He querido hacerlo desde que era pequeño.

—Maravilloso. Pero si de verdad quieres hacerlo, tengo un pequeño consejo que darte: vete sin más. No le digas a nadie adónde vas, ni siquiera a tus familiares. Simplemente vete, y será bueno para ti.

No había olvidado su consejo, aunque hubieran tenido que pasar quince años hasta que lo pusiera en práctica.

Durante décadas, como parte de la liturgia diaria, había repetido: «Todas las cosas son impermanentes; la muerte llega sin avisar; este cuerpo también será un cadáver». Cuanto más profundizaba en mi visión, más intuía que no había integrado del todo el significado más profundo de esta frase; pero aun así, la posibilidad de que este cuerpo impermanente se convirtiera en un cadáver sin haber satisfecho mis aspiraciones nunca dejó de ser una de mis preocupaciones. Había esperado mucho tiempo para realizar este retiro, tanto que terminó siendo una cuestión de vida o muerte, o tal vez sería más exacto decir de vida y muerte. Estaría dejando atrás todo lo que conocía, sin tener más certeza de lo que me sucedería a continuación que la que tendría en mi lecho de muerte.

Además de dejar a mi madre, dejar al lama Soto también me resultó triste, porque había estado enfermo y yo sabía que nunca nos volveríamos a ver. Él sería la persona que descubriría mi ausencia, y no me gustó imaginarme su angustia cuando las implicaciones de la carta que había dejado atrás quedaran de manifiesto:

> Para cuando leáis esta carta, habré empezado el largo retiro que anuncié el año pasado. Como sabréis, desde que era un niño que crecía en el Himalaya he sentido una conexión muy fuerte con la tradición del retiro. Aunque no sabía en verdad

cómo meditar, a menudo me escapaba de casa hasta una cueva cercana, donde me sentaba en silencio y recitaba el mantra «om mani peme hung» una y otra vez en mi mente. Mi amor por las montañas y por la vida sencilla de un meditador errante me llamaban incluso por aquel entonces.

PRIMERA PARTE

ECHAR LEÑA AL FUEGO

1

¿Quién eres tú?

—¿Eres Mingyur Rimpoché?

Mi padre me hizo esta pregunta poco después de que empezara a estudiar con él, cuando tenía unos nueve años. Era tan gratificante saber la respuesta correcta que afirmé orgullosamente:

—Sí, lo soy.

Entonces me preguntó:

—¿Puedes mostrarme eso en particular que te convierte en Mingyur Rimpoché?

Miré hacia abajo, hacia la parte delantera de mi cuerpo, hacia mis pies. Miré mis manos. Pensé en mi nombre. Pensé en quién era yo en relación con mis padres y mis hermanos mayores. No pude encontrar ninguna respuesta. Eso hizo que la búsqueda del *yo verdadero* pareciera una búsqueda del tesoro, y me dediqué concienzudamente a buscarlo bajo las rocas y detrás de los árboles. Cuando tenía once años, empecé mis estudios en Sherab Ling, un monasterio situado en el norte de la India, donde llevé esta búsqueda a un plano interior mediante la meditación. Dos años más tarde entré en el tradicional retiro de tres años, un período de intenso entrenamiento mental. Durante este tiempo, los monjes novicios hicimos muchos ejercicios diferentes que profundizaron nuestra comprensión de los niveles más sutiles de la realidad. La palabra tibetana para meditación, *gom*, significa «familiarizarse con»: familiarizarse con cómo funciona la mente, con cómo crea y moldea nuestras percepciones sobre nosotros mismos y el mundo, con cómo las capas externas de la mente —las etiquetas que fabricamos— funcionan como prendas de ropa que diferencian nuestra identidad social y ocultan nuestro estado desnudo y no fabricado de la mente original, ya sea que esas prendas exteriores adopten la forma de trajes de negocios, pantalones vaqueros, uniformes o hábitos budistas.

Cuando me marché para iniciar este retiro, comprendí que el valor de las etiquetas cambia según las circunstancias y el consenso social. Ya había reconocido que yo no era mi nombre, mi título o mi condición; que el yo esencial no podía definirse por ningún rango o ningún rol. Sin embargo, estas mismas designaciones, vacías de significado esencial, habían acotado mi vida: *Soy un monje; un hijo, un hermano y un tío; un budista; un maestro de meditación; un tulku, un abad y un escritor; un nepalés tibetano; un ser humano. ¿Cuál describe al yo esencial?*

Hacer esta lista es un ejercicio que no presenta complicaciones. Solo hay un problema: su conclusión inevitable contradice todas las suposiciones que tanto apreciamos, tal como estaba a punto de aprender una vez más. Deseaba ir más allá del *yo relativo*, que es el yo que se identifica con estas etiquetas. Sabía que, aunque esas categorías sociales tienen un papel dominante en nuestras historias personales, coexisten con una realidad más amplia que transciende las etiquetas. Generalmente no reconocemos que nuestras identidades sociales están configuradas y limitadas por el contexto, y que estas capas en nuestro exterior forman parte de una realidad ilimitada. Los patrones habituales cubren esta realidad ilimitada; la oscurecen, pero ella siempre está ahí, lista para ser descubierta. Cuando no estamos limitados por patrones habituales que definen cómo nos vemos y cómo nos comportamos en el mundo, permitimos el acceso a aquellas cualidades de la mente que son vastas, que no dependen de circunstancias o conceptos, y que siempre están presentes; por estas razones, la llamamos la mente última, o mente *absoluta*, o mente de la realidad absoluta, que es la misma que la mente de la conciencia pura y expresa la esencia misma de nuestra verdadera naturaleza. A diferencia de la mente intelectual y conceptual y del amor ilimitado de un corazón abierto, esta esencia de la realidad no está relacionada con ninguna ubicación o materialidad de ningún tipo. Está en todas partes y en ninguna. Es parecida al cielo, tan integrado en nuestra existencia que nunca nos paramos a cuestionar su realidad o a reconocer sus cualidades. La conciencia está tan presente en nuestras vidas como el aire que respiramos; por lo tanto, podemos acceder a ella en cualquier lugar, en cualquier momento.

Había desarrollado cierta capacidad para considerar las perspectivas relativa y absoluta al mismo tiempo. No obstante, nunca había pasado un día sin las personas y sin el apoyo que reflejaban la tela hecha a retazos que tanto yo como los demás conocíamos como Mingyur Rimpoché: un joven indefectiblemente bien educado, de sonrisa fácil, con un comportamiento un tanto reservado, ordenado, bien afeitado, que llevaba gafas sin montura y con las pastillas doradas. Ahora me preguntaba cómo se representarían estas identidades en la estación de Gaya. Había estado allí muchas veces con anterioridad, pero siempre con al menos un ayudante. Esto significaba que nunca había estado desprovisto de una referencia de rango ni jamás me había enfrentado al desafío de depender únicamente de mis propios recursos internos.

Los tibetanos tienen una expresión para referirse al hecho de aumentar intencionadamente el reto de mantener una mente estable: echar leña al fuego. Generalmente, las personas vamos por la vida tomando nota de aquellas experiencias que a menudo inflaman nuestra ira, ansiedad o miedo, y luego tratamos de evitarlas, diciéndonos cosas como: «No puedo ver películas de miedo», «No puedo estar en medio de grandes multitudes», «Tengo un miedo terrible a las alturas, o a volar, o a los perros, o a la oscuridad». Pero las causas que provocan estas respuestas no desaparecen, y cuando nos encontramos en estas situaciones, nuestras reacciones pueden desbordarnos. Usar nuestros recursos internos para trabajar con estos temas es nuestra única protección verdadera, porque las circunstancias externas cambian todo el tiempo y, por lo tanto, no son fiables.

Echar deliberadamente leña al fuego pone en primer plano las situaciones difíciles para que podamos trabajar directamente con ellas. Tomamos los mismos comportamientos o circunstancias que consideramos que son problemáticos y los convertimos en aliados. Por ejemplo, una vez, cuando tenía unos tres o cuatro años, iba en un autobús para hacer una peregrinación a los principales enclaves budistas de la India con mi madre y mis abuelos. En ese primer viaje en autobús me mareé mucho. Después de esa experiencia, bastaba con que me acercara a un autobús para que sintiera miedo y me entraran náuseas, e inevitablemente me encontrara mal otra vez.

A la edad de doce años, después de haber pasado un año viviendo en el monasterio de Sherab Ling, en el norte de la India, estaba a punto de ir a casa a ver a mi familia. El ayudante que iba a viajar conmigo hizo los preparativos para coger un autobús hasta Delhi, un viaje de toda la noche, y después un avión de Delhi a Katmandú. Estaba deseando volver a ver a mi familia, pero durante semanas había temido el viaje en autobús. Le insistí al ayudante en que me reservara dos asientos para que pudiera recostarme, ya que pensé que esto asentaría mi estómago. Pero una vez que el viaje empezó, y yo estaba recostado, descubrí que estirarme me hacía sentir peor. Mi ayudante me rogó que comiera algo o bebiera algo de zumo, pero tenía el estómago demasiado hinchado para tragar ni tan siquiera un sorbo. Cuando el autobús se detuvo durante el camino, me negué a levantarme y salir a caminar. No quería moverme, y no lo hice durante muchas horas. Al final, bajé del autobús para ir al baño y beber un poco de zumo.

Cuando volví a mis dos asientos, me sentí mucho mejor y decidí tratar de meditar. Comencé con un escaneo corporal, llevando mi conciencia a las sensaciones que había alrededor de mi estómago, su hinchazón y las náuseas. Me resultó muy incómodo, un poco desagradable, y al principio esto hizo que las sensaciones empeoraran. Pero a medida que fui aceptándolas, experimenté que todo mi cuerpo era como una casa de huéspedes. Yo representaba el anfitrión de estas sensaciones, así como de los sentimientos de aversión, resistencia y reacción. Cuanto más permitía que estos huéspedes habitasen en mi cuerpo, más tranquilo me sentía. Pronto me quedé dormido y me desperté en Delhi.

Esta experiencia no puso fin a todas mis ansiedades relacionadas con viajar en autobús; el miedo se repitió en los viajes posteriores, aunque con menor intensidad. La gran diferencia fue que después de este viaje vi con buenos ojos los desplazamientos en autobús. No los buscaba de la manera deliberada con que había organizado este retiro errante, pero estaba agradecido por el desafío de trabajar con mi mente para superar la adversidad.

Cuando echamos leña al fuego, en lugar de sofocar las llamas de nuestros miedos, añadimos más combustible, y en el proceso ganamos confianza en nuestra capacidad para trabajar con las condiciones en las que nos encontramos.

Ya no evitamos situaciones que nos han perturbado en el pasado, o que evocan patrones destructivos, o arrebatos emocionales. Comenzamos a confiar en otro aspecto de la mente que se esconde detrás de nuestra reactividad. A esto lo llamamos «no-yo». Es la conciencia incondicionada que se manifiesta con la disolución de la mente parlanchina —la que habla consigo misma durante todo el día—. Otra forma de decir esto es que cambiamos de marcha mental, y pasamos de una conciencia normal a una conciencia meditativa.

La conciencia normal que guía nuestras actividades diarias está muy embarullada. Generalmente pasamos los días con la mente llena de ideas acerca de lo que queremos y de cómo deberían ser las cosas, y con respuestas reactivas a lo que nos gusta y a lo que no nos gusta. Es como si lleváramos diferentes pares de gafas sin saberlo, y no tuviéramos ni idea de que estos filtros oscurecen y distorsionan nuestras percepciones. Por ejemplo, si nos mareamos cuando vamos en coche, las gafas adicionales son la sensación de repulsión que nos causa el olor del vómito y la vergüenza que sentimos al causar disgusto a otras personas. El hecho de que alguien pueda notarlo agrava, además, nuestra incomodidad física.

Digamos que miramos una montaña con una conciencia normal. Nuestra mente está mirando hacia el exterior y sigue la dirección de nuestros ojos hasta la montaña, y quizás estemos pensando en la última vez que vimos esa montaña, o cualquier montaña, y con quién estábamos en ese momento, o si el clima o la hora del día para ver la montaña eran mejores entonces que ahora, o si tenemos hambre o somos felices. O piensa en los momentos en que usamos la conciencia normal para coger nuestras llaves y nuestro teléfono antes de salir de casa. Podríamos percibir que este proceso habitualmente va acompañado de ansiedad por el hecho de llegar con retraso o por la ruta a seguir para llegar a una cita, o incluso podríamos fantasear con regresar a casa incluso antes de habernos marchado.

Con una conciencia meditativa, tratamos de quitar estos filtros y reducir las proyecciones. Miramos en nuestro interior y reconocemos la conciencia como una cualidad de la mente misma. Cuando miramos la montaña, existe menos tráfico mental entre nosotros y ella, menos conceptos e ideas. Somos capaces de percibir cosas de la montaña de las que antes no nos habíamos percatado: el modo en que se perfilan sus crestas con las formas de los árboles, los cambios en la vegetación o el cielo que cubre la montaña. Esta mente clara de conciencia siempre nos acompaña, la reconozcamos o no. Coexiste con la confusión y con las emociones destructivas y el condicionamiento cultural, que conforman nuestra forma de ver las cosas. Pero cuando nuestra percepción cambia a una conciencia meditativa o imperturbable, lo que percibimos ya no está limitado por la memoria y las expectativas; todo lo que vemos, tocamos, saboreamos, oímos o escuchamos tiene mayor claridad y nitidez, y aviva nuestras interacciones.

Poco después de empezar a estudiar con mi padre, recibí sus enseñanzas sobre la conciencia meditativa. Un día estaba en el tejado de mi casa, mirando a mi alrededor, distraído y despreocupado, y me di cuenta de que en la parte superior de Shivapuri, la montaña que hay detrás de Nagi Gompa, había un equipo de operarios acondicionando un sendero que cortaba a través de la ladera de la montaña. Habría unas seis personas usando palas, picos y carretillas para nivelar el camino y limpiar la tierra y las piedras que se habían desplomado desde lo alto del camino. Me senté y observé desde el tejado como trabajaban. Entonces pensé: «Debería estar meditando». Siguiendo las instrucciones de mi padre, orienté mi mente hacia sí misma sin mover los ojos. Seguí viendo a las personas trabajar, y escuchando el sonido de los picos picando la roca, y mirando la carretilla que echaba la tierra por un costado del sendero. Pero de repente también veía el hermoso cielo azul y las nubes que sobrevolaban, y veía hojas moviéndose en el viento, y sentía la brisa en mi piel, y oía el canto de los pájaros. Antes, con una conciencia normal, mi enfoque se había reducido y no sentía ni veía nada más que los operarios de carretera. La conciencia meditativa —también llamada conciencia estable— nos permite observar la naturaleza de la conciencia misma.

Una vez nos hemos familiarizado con la conciencia estable, a menudo alternamos este estado con la conciencia normal. A pesar de la diferencia que hay entre ellas, ambos tipos de conciencia pertenecen a un ámbito de construcción dualista: hay un sujeto que observa y un objeto que se observa —la experiencia de la conciencia reconociéndose a sí misma—. Cuando desaparece esta dualidad, llegamos a lo que llamamos la conciencia pura, o no dual. La no dualidad es la cualidad esencial de la conciencia; pero cuando hablamos de los tres tipos de conciencia —normal, meditativa y pura— nos estamos refiriendo a un proceso experiencial gradual que transcurre de un estado dualista a un estado no dualista, de una mente muy embrollada a una mente que está cada vez más libre de la reactividad habitual y de las preconcepciones sobre cómo se supone que deben ser las cosas. Estas categorías de conciencia no están definidas claramente, y nuestro reconocimiento de la conciencia pura también tiene muchos matices. Podemos vislumbrarla o captar algunos destellos de ella, con diferentes grados de profundidad o de claridad. Yo tenía cierto conocimiento acerca de la conciencia pura. En cierto sentido, mi propósito para este retiro era reforzar mi relación con este aspecto de la realidad, y esperaba lograrlo alejándome de mi vida normal.

¿Quién estaba a punto de entrar a la estación de tren de Gaya en plena noche? Mis hábitos granates, mi camisa amarilla y mi cabeza afeitada me identificaban como un monje budista tibetano, un lama de profesión, un disfraz perfecto para la mezcla alborotada de curiosidad, ansiedad y confianza que acompañaba cada latido de mi corazón, que de tantas maneras seguía buscando la respuesta a la pregunta de mi padre: ¿Quién es Mingyur Rimpoché?

Había desarrollado las habilidades para reconocer la conciencia, dentro de los recintos monásticos y de las salas de meditación, y en mi esterilla de meditación: siempre dentro de mi zona de confort, y siempre cerca de los discípulos y de los ayudantes. Aunque había meditado durante toda mi vida, y había pasado muchos años en monasterios budistas, ahora empezaba un tipo diferente de retiro. Arrojaría mis títulos y roles al fuego. Haría arder las protecciones y las estrategias sociales externas y burdas para ser libre —pero no libre de la vida, sino para la vida—, a fin de vivir cada día con un compromiso totalmente renovado con cualquier cosa que pudiera suceder. No volvería a los caminos gratificantes que tan bien conocía. Tenía el presentimiento de que estos roles se habían arraigado en mí profundamente, y no podía trabajar con ellos hasta que un cierto grado de fractura los hiciera salir a flote.

Había escapado por mis propios medios para buscar esta interrupción a través de lo que consideraba una misión de suicidio del ego. Quería explorar las profundidades más insondables de lo que yo era realmente en el mundo, anónimo y solitario. Quería poner a prueba mis propias facultades en situaciones nuevas y desafiantes. *Si de verdad puedo interrumpir mis rutinas establecidas, encontrar mi propio límite y seguir adelante, veamos qué sucede con mi reconocimiento de la conciencia; veamos qué pasa con las virtudes de la paciencia y la disciplina cuando nadie está mirando, cuando nadie sabe quién soy; cuando quizás ni siquiera yo sé quién soy.*

El taxi estacionó en una parada. Era hora de averiguarlo. Le pagué al conductor y bajé. Como reafirmando que todo refugio es tan fugaz como el humo, me detuve frente a la estación y me di la vuelta para ver desaparecer el coche.

2

Reconocer la ola
pero seguir el océano

Día y noche, la estación de Gaya está atestada de viajeros, mendigos, peregrinos y niños llorando. Hay familias enteras sentadas encima de sus pertenencias o estiradas sobre los andenes, bien porque están esperando un tren, bien porque no tienen otro lugar donde estar. Los porteadores colocan maletas pesadas haciendo equilibrio sobre el turbante que llevan en la cabeza. Vacas, palomas y perros ambulantes se abren paso entre pájaros enjaulados, cabras amarradas y personas que ocupan el suelo. Un sistema de aviso público retumba con información de vías y horarios. Vendedores ambulantes de té y tentempiés vociferan y se abren paso entre la multitud. Hombres y mujeres mascan nuez de betel y después escupen su jugo rojo, que choca contra el suelo como gotas de sangre. Hay ruido, alboroto y suciedad, aspectos que a mí solo me resultan familiares desde lejos. En el pasado, me habría quedado esperando en una sala exclusiva mientras un monje ayudante compraba los billetes y contrataba a un porteador. Ahora avanzaba entre una multitud de personas ensombrecidas por tenues bombillas colgantes.

Hasta ese momento nunca había comprado un billete para nada, ni jamás había cargado en mi mochila más peso que una botella de agua, y quizás también unas gafas de sol y un sombrero. Ahora mi mochila también contenía dos textos budistas que había elegido para llevar conmigo en este viaje. Las diez mil rupias que tenía (unos ciento veinte euros) provenían de los numerosos sobrecitos que los visitantes dejaban en la mesa de mi habitación a modo de ofrendas. El lama Soto los recogía rutinariamente cada noche antes de retirarse, pero durante unas cuantas semanas yo había estado escondiendo un poco de dinero cada día. Examiné las pizarras de tiza para averiguar cuál era la cola correcta para el tren de Benarés. Este sería mi primer viaje en la clase más baja y no se me asignó ningún asiento. Una vez tuve mi billete, me quedé de pie cerca de la pared del andén atestado de gente, esperando que el tren llegara puntual, algo poco probable. Los finos rizos de humo de los pequeños fogones ahogaban el aire y elevaban la visión cinematográfica de un mundo subterráneo. A medida que la atmósfera se tornaba cada vez más claustrofóbica, presionando como un peso físico, el plan de echar leña al fuego se convirtió en una realidad, y eso fue solo el comienzo. Explorar la verdadera naturaleza de mi ser estaba haciendo que las llamas ardieran un poco antes de lo que yo había anticipado.

Debido al hábito, nos percibimos a nosotros mismos y el mundo que nos rodea como algo sólido, real y duradero. Aunque, sin demasiado esfuerzo, podemos llegar fácilmente a la conclusión de que no hay ni siquiera un solo aspecto dentro del sistema mundial que exista independiente del cambio. Hace un momento estaba en un lugar físico y ahora estaba en otro; había experimentado diferentes estados de ánimo. Todos hemos crecido de bebés a adultos, hemos perdido seres queridos, hemos visto crecer a los niños, hemos conocido cambios en el clima, en los regímenes políticos, en los estilos de música y de moda, en todo. A pesar de las apariencias, ningún aspecto de la vida permanece siempre igual. La deconstrucción de cualquier objeto, por denso que parezca —como un transatlántico, nuestro cuerpo, un rascacielos o un roble—, desvelará que la apariencia de solidez es tan ilusoria como la permanencia. Todo lo que parece sustancial se descompondrá en moléculas, y en átomos, y en electrones, protones y neutrones. Y cada fenómeno existe en relación de interdependencia con una miríada de otras formas. Cada identificación de cualquier forma solo tiene sentido con relación a otra. «Grande» solo cobra significado con relación a «pequeño». La confusión en nuestras habituales percepciones erróneas acerca de la realidad en su conjunto es a lo que nos referimos con «ignorancia», y estas ilusiones definen el mundo de la confusión, o samsara.

La vida es cambio e impermanencia; ese fue otro de los principios esenciales de mi entrenamiento. Cambio e impermanencia. Impermanencia y muerte. Había anticipado con alegría la muerte de mis roles y mi transformación en un yogui itinerante, estando solo en el inmenso mundo caótico; pero pasar de contar siempre con un ayudante a quedar totalmente solo me golpeó como un rayo. Ya echaba de menos los hombros anchos de lama Soto y su postura firme y robusta. Estar solo no me hacía sentir seguro. *Reconocer la ola pero seguir el océano. Esto también pasará... si lo permito.*

Estaba de pie muy erguido, un poco remilgado —como de costumbre— y miraba con la vista baja a los vagabundos que se habían instalado allí para pasar la noche, algunos tumbados como borrachos. *Podría haber viajado en primera clase y haber esperado en el salón con ventiladores de techo. Pero esto es lo que pedí..., circunstancias tan poco familiares que me hagan sentir poco familiarizado conmigo mismo. He estado fuera de mi monasterio durante una hora. ¿Ya he alcanzado mi límite? Por supuesto que no.* La timidez y la vulnerabilidad no eran nuevas para mí, pero no habían surgido con un impacto tan inesperado en décadas. Quería esconderme, pero no tenía adónde ir. Podía sentir la tensión y la resistencia en mi cuerpo, y reconocí lo mucho que la superficie de mi mente se estaba agitando debido a la incomodidad y el juicio. Al mismo tiempo, un sentido de estabilidad, cultivado por una vida de práctica, también estaba presente; pero parecía frágil de una manera a la que yo no estaba acostumbrado.

Nunca imaginé que sería fácil pedir limosna o dormir en la calle. Elegí este tipo de retiro por sus dificultades. Había observado a los mendigos que formaban una cola en la carretera del templo de Mahabodhi y me había visualizado entre ellos. Había proyectado mis reacciones hacia los extraños que evitaban mi bol de limosnas. En mi imaginación, a veces experimentaba su indiferencia con una preocupación genuina por su frialdad de corazón; en otras ocasiones, respondía con rabia. Me preguntaba hasta dónde llegaría para conseguir comida. Me imaginaba hurgando en la basura como un cerdo salvaje. Yo era vegetariano y comía pocos dulces, pero en las últimas semanas me había visto masticando carne y saboreando migas de galletas que alguien había tirado. Incluso me preguntaba si el hambre me induciría a comer tripas de pescado crudo, como el maestro indio Tilopa.

Tilopa (988-1069 E. C.) buscaba el anonimato en tierras remotas, lejos de los monasterios. Sin embargo, sus encuentros ocasionales con los buscadores dejaban un reguero de historias maravillosas que no hicieron más que aumentar su reputación. Cuando la noticia de la sabiduría excepcional de Tilopa llegó a Naropa, el gran erudito de Nalanda reconoció inmediatamente sus propias limitaciones y abandonó su posición elevada en busca de un maestro que supiera más que él. Finalmente se encontró con el yogui excéntrico a orillas de un río en Bengala. Tilopa estaba completamente desnudo, comiendo tripas crudas que le arrojaban los pescadores después de haber destripado su pesca del día. Este encuentro fue la primera de muchas pruebas para Naropa, pero su fe en este místico provocador lo sostuvo en los momentos de dificultad, y con el tiempo lo llevó a su propia iluminación.

Había proyectado la posibilidad de comer tripas de pescado, y había usado mi imaginación para familiarizarme con el hambre extrema, el frío y la soledad..., pero de alguna manera había pasado por alto imaginar la estación de tren y experimentar la agonía de estar solo en esta mugre turbia y pulsante, sintiéndome tan separado de los viajeros que rozaban mi ropa que, para el caso, podría haber estado en la luna. No me llevó mucho tiempo experimentar la indiferencia mostrada hacia un hombre sin rango. Aunque llevaba puestos mis hábitos, me sentía un objeto de escrutinio pero sin ningún respeto. Los monjes no son respetados en la India. Ni siquiera los sadhus hindúes son respetados en las ciudades, sino solo en las aldeas. La situación era diferente en el Antiguo Tíbet, donde las personas que se consagraban a la actividad espiritual eran respetadas. Los niños crecían venerando a monjes y monjas. El Buda no es solo una figura histórica, sino una presencia viva encarnada por los hábitos; por esta razón, las demostraciones públicas de desconsideración siempre me entristecen un poco.

Cuando el tren llegó, los pasajeros agarraron a sus hijos, sus animales, sus grandes maletas, sus enormes sacos de tela atados con cuerdas y sujetados alrededor de sus frentes, y empujaron para subir al vagón. Mi mochila se enganchó y tuve que dar un salto hacia adelante para desbloquearla. Fui el último en entrar y empecé el viaje en tren aterrorizado, aplastado, con la cabeza, el torso y las piernas presionados entre la puerta y los cuerpos humanos. No podía ver nada, pero me percaté del olor horrible. Tuve que abrir la boca y aspirar el aire que había disponible. Durante los siguientes minutos, no pude evitar que mi mente se sintiera abrumada. Gracias a mi entrenamiento me había iniciado en la amplia conciencia de mi mente natural. Comparamos esta conciencia con los cielos abiertos y los océanos —referencias destinadas a invocar una vastedad inconmensurable, aunque la conciencia es más inconmensurable que el cielo y los océanos juntos—. Una vez que aprendemos a reconocer la cualidad siempre presente de la conciencia, a soltar la mente condicionada y contingente, y a reconocer que somos esta conciencia espaciosa, entonces nuestros pensamientos y emociones se manifiestan como olas o nubes inseparables de la conciencia. Con ese reconocimiento, ya no nos dejamos llevar por las historias que mantienen nuestras mentes girando en ciclos repetitivos, o saltando como un mono loco. Si mantenemos nuestras mentes enmarañadas con estas historias, entonces es difícil reconocer la conciencia. Como todos sabemos, el clima de la conciencia a menudo se vuelve bastante tormentoso. Pero cuanto más familiarizados estemos con reconocer que la conciencia es una cualidad innata de la mente, menos efecto ejercerá el clima sobre nosotros. Las olas se levantan y las nubes se mueven; y cuando no estamos atrapados en ellas, dejan de afectarnos. Nuestra sensibilidad se agudiza y aprendemos a confiar en el conocimiento de la mente consciente. Había conocido olas de fuerza huracanada en mi vida, pero no habían durado mucho tiempo; y ahora, en el tren atestado de gente, no estaba nada seguro de si mis respiraciones constreñidas provenían de la presión que sufría mi cara o del miedo que invadía mi corazón.

Después de unos minutos, la fuerte energía del miedo comenzó a amainar. Mi respiración se ralentizó. Al mismo tiempo, la conciencia espaciosa se presentaba como si fuera a encontrarse con la ola. A veces esto sucede. Es como si la fuerza de la turbulencia misma permitiera reconocer la conciencia más fácilmente que en otras ocasiones, y una gran emoción condujera a una mente vasta como el cielo. Ya no me arrastraba la ola y ya no sentía que me estuviera ahogando. Lo que tenía que hacer era dejarlo estar. No tenía sentido intentar huir. La ola estaba allí. Aunque hubiera preferido encontrarme en otro lugar, en ese momento podía simplemente reconocerlo y permanecer con la situación: la conciencia espaciosa y la sensación desagradable. Cuando permanecemos con una realidad más vasta que el cielo, el impacto destructivo de nuestras reacciones salvajes y perturbadas disminuye automáticamente. Pero las nubes —o las olas— no desaparecen; se disuelven y se elevan de nuevo.

Cada vez que el tren paraba, había personas que bajaban a empujones y más gente que subía. Avancé poco a poco hasta que pude encontrar un lugar en el suelo y me senté con las piernas cruzadas y la mochila en el regazo, otra experiencia completamente nueva. En la cultura tibetana, los adeptos reencarnados como yo ocupamos asientos más altos que los demás, y es tabú que los tulkus se sienten en el suelo. Verme así habría angustiado al pueblo tibetano. Pero aquí nadie se preocupó por mí ni por mi estatus y, de todos modos, para cumplir con mis intenciones, tendría que desprenderme de muchas costumbres sociales.

No estaba acostumbrado a la primera clase, pero era profundamente consciente de la incomodidad que me causaba este ambiente totalmente nuevo. Las paredes y los bancos eran de color verde pútrido, y bajo la luz sórdida parecía que todo estuviera criando moho. «Había preparado esto —me recordé a mí mismo—, para viajar con personas que son consideradas insignificantes en el mundo y que no son valoradas por la sociedad. Así que ¿quién está experimentando esa incomodidad? ¿El estimado Rimpoché? ¿El abad privilegiado? ¿La mente rígida que mantiene estos títulos venerados en su lugar?».

Mis ojos no estaban en punto muerto. No solo veían, no solo descansaban sobre objetos, sino que las figuras que me rodeaban se convertían en criaturas extraterrestres, unos «otros», *los de allá*. Sus ropas sucias oscurecían mi corazón. Criticaba sus pies descalzos y agrietados y, sin embargo, los míos pronto parecerían igual de desagradables. Su olor corporal era repugnante, a pesar de que la humedad, el calor y la ausencia de aire acondicionado debían haber hecho que mi cuerpo tuviera el mismo hedor, ya que la camisa que llevaba debajo de mis hábitos estaba pegada a mi torso a causa del sudor.

Una vez más, mi cuerpo estaba en un lugar y mi mente en otro. Me envolvía la personalidad de un monje, pero mis experiencias estaban formadas por los juicios del tipo más ordinario. Me sentía como si estuviera soñando despierto. Este sueño tenía la extrañeza de un ambiente que parece familiar pero de algún modo es diferente. O tal vez quien era diferente era yo. Me sentía desubicado. Estaba fuera de lugar en aquel mundo nuevo. Era casi como si hubiera entrado en el sueño de otra persona y el sueño no me quisiera en él, de la misma manera en que yo no quería estar en el sueño. Pero ahí estaba yo. Era mi sueño, después de todo, y era el sueño que yo había elegido. *No tiene por qué gustarme este sueño. Déjalo estar y ya está. No te quedes encallado en él. Deja que se las apañe solo.*

No sentí ninguna conexión con aquella gente. A pesar de haberme pasado años realizando prácticas que activan la compasión espontánea, tuve que buscar en mi memoria algunos recordatorios que eran elementales: *todo el mundo quiere felicidad; nadie quiere sufrimiento. Esta gente también ha conocido la alegría y la angustia, como yo. Ellos también han perdido a sus seres queridos. Ellos también han conocido el miedo y la bondad. Ellos también morirán, como yo.* Durante unos minutos, repetí estos recordatorios con una sinceridad genuina; más tarde, la aversión volvió a aparecer.

Hasta esa noche, había imaginado mi paisaje de retiro en términos de cuevas, lagos de montaña vírgenes y caminos de pueblo. Un amigo que viajaba en los trenes de clase más baja había descrito los viajes como muy agradables: los bancos son duros, y a veces los vagones van llenos, pero dejan las ventanas abiertas y entra aire fresco y se puede comprar té en cada parada. Eso me parecía bien. Nunca había imaginado algo así.

Durante las horas siguientes me convertí en maestro y en estudiante, repasando las lecciones como si estuviera de vuelta en el jardín de infancia del monasterio. *¿De dónde viene esta aversión? ¿Cómo ha surgido? ¿Proviene de mi mente, de mi cuerpo o del mundo exterior?* Mi respiración era menos profunda de lo normal. Intencionadamente, ralenticé la respiración e inhalé profundo. Pero mi mente seguía cuestionando y comentando, juzgando cada pequeño detalle. Al darme cuenta de ello, comprendí que debía dirigir mi atención exactamente a la mente que juzgaba. *¿Son verdaderas mis reacciones? ¿Son correctas mis suposiciones? ¿De dónde han surgido?* Me estaba haciendo preguntas que mi tutor me había hecho al comienzo de mi primer retiro de tres años.

Cuando tenía trece años, mi tutor Saljay Rimpoché me había pedido que identificara las sensaciones agradables y desagradables de mi cuerpo. Intentaba usar conceptos para producir emociones: pensar en el chocolate crea sensaciones agradables; pensar en la basura crea sensaciones desagradables.

Pero estas imágenes en particular eran ordinarias, carecían de factor sorpresa, y no causaban ningún impacto en mi cuerpo.

Saljay Rimpoché dijo:

—No necesitas pensar. Solo siente. Siente lo que hay en tu cuerpo..

Pero no pude, y le pregunté qué hacer:

—¿Debo morderme la lengua o clavarme las uñas en las palmas de las manos?

—No. No es necesario crear sensaciones. Tal como estás ahora, siente lo que es agradable y desagradable.

No pude conseguirlo.

Un día, Saljay Rimpoché comenzó la clase diciéndome:

—Tengo buenas noticias. Mañana, las clases se cancelan. Tenemos tiempo libre y podemos salir de excursión. ¿Qué deberíamos hacer?

¡Tiempo libre! Me encantaban los picnics y sugerí ir a una zona particularmente bella llamada Manali, al norte de Sherab Ling, al pie de los Himalayas. Me recordaba a mi ciudad natal de Nubri, un municipio al norte de Nepal, justo al sur de la frontera entre Nepal y el Tíbet. Saljay Rimpoché pensó que era una gran idea.

—¿Estás contento? —me preguntó.

—¡Sí! —exclamé.

—¿Qué sensación tienes en tu cuerpo?

—Maravillosa —le dije. Sentía que mi corazón estaba abierto y feliz y que ese sentimiento irradiaba como el sol y se extendía a mis extremidades.

—Esa es una sensación agradable —explicó Saljay Rimpoché.

¡Vaya! Por fin lo había conseguido ¡Más alegría! ¡Más sensación agradable!

Tanto un picnic como el chocolate son imágenes mentales; pero en mi caso particular, uno de ellos causaba un impacto más potente en mi cuerpo. Comía chocolate solo de vez en cuando, pero no era ninguna rareza, tanto como tomarse libre un día de clase con un picnic incluido. En realidad, el cuerpo siempre tiene una sensación de respuesta a la atracción y a la aversión, incluso cuando ocurre a un nivel que es demasiado sutil para que lo detectemos. Por ejemplo, las flores normalmente crean sensaciones positivas. Son objetos de belleza y aprecio que se utilizan para celebrar bodas y para honrar a los muertos. Es costumbre que en los cumpleaños haya flores y que se las llevemos a los amigos enfermos para animarlos. Las flores mejoran y elevan la vida, y las ofrendas florales evocan amor, cariño y devoción.

Cuando llegamos a la edad adulta, estas asociaciones dominan nuestra relación con las flores; y cuando esto sucede, dejamos de sentir la presencia de una respuesta sensorial. La mente se ha encallado en su propia historia circular con las flores hasta tal punto que no presta atención al cuerpo. Y sin embargo, cuando prestamos mucha atención al cuerpo, encontramos que la sensación siempre está presente, independientemente de lo sutil que sea.

Cuando empecé a trabajar con las sensaciones, necesitaba estímulos exagerados. Por ejemplo, después de que Saljay Rimpoché hubiera generado en mí una sensación notablemente placentera, dijo:

—En realidad, no podemos ir. Solo estaba bromeando.

Mi labio inferior sobresalió con una mueca, y de repente me sentí serio y triste.

—Ahora, dime —dijo Saljay Rimpoché—: ¿qué sientes en tu cuerpo?

—Siento que mi corazón está cerrado y tenso. Mi mandíbula también está tensa, y esta desagradable sensación de tirantez se está extendiendo por todo mi cuerpo.

Empecé a reírme. Finalmente conocí la sensación sin tener que pensar en algo.

Sentado en el suelo del tren, pude ver que necesitaba repasar esta lección, porque había imaginado este viaje en tren pero no lo había sentido... hasta ese momento. Había conjurado el mundo exterior, pero había excluido la sensación; sin embargo, los universos paralelos del cuerpo, la mente y los fenómenos externos son siempre interdependientes. La sensación es el vínculo entre el objeto y la mente; y parte del entrenamiento mental consiste en tomar conciencia de las sensaciones más sutiles: conectar la mente con ellas y ver cómo nos influyen. Entonces podemos distanciarnos de nuestra reactividad, y esto nos lleva a la liberación. Sin esta conciencia, podemos perdernos completamente en el mundo exterior.

No huyas de estos sentimientos desagradables. No los manipules para que se conviertan en sentimientos placenteros. Quédate con lo que sea, con todo lo que surja. Lo intenté…, pero la novedad de todo lo que se me venía encima a la vez, y sobre todo la conmoción de estar solo, no dejaba de golpearme. «Finge que eres un anciano viendo a los niños jugar —me sugerí a mí mismo—. Solo observa, contento, aunque conozcas los obstáculos, las angustias, los dolores, los sobresaltos. Tú conoces estas cosas. Ahora es el momento de pararse en la orilla y observar el agua fluir. Solo mira, sin que la corriente te atrape».

3

Nacido con un pan bajo el brazo

Usando una expresión que aprendí en Occidente, he de decir que *nací con un pan bajo el brazo*. Me había enfrentado a problemas personales de joven, incluso a ataques graves de pánico; sin embargo, las dificultades a las que se enfrenta la mayoría de las personas nunca afectaron a mi vida. No me refiero solo a la privación extrema, como la que parecía acosar a mis compañeros de viaje; ni siquiera sabía lo que era comprar un billete de tren o hacer cola. Pedir un taxi y pagar al conductor fueron experiencias novedosas. Trataba de observar cómo compraban los demás sus tacitas desechables de chai, por si quisiera una.

Echar leña al fuego arrancaría el pan de mi brazo, aunque en este momento, mientras estaba sentado, rígido y erguido, en medio de esa pesadilla, cada célula de mi cuerpo parecía protestar por lo que había a mi alrededor. Cada vez que el tren se detenía había pasajeros que bajaban y otros que subían. No hubo ni siquiera uno que mostrara un gesto de respeto por los hábitos del Buda.

Mientras el tren se zarandeaba de un lado a otro, la gente que se abría paso por el pasillo para usar los baños no podía evitar pisar o caer encima de los que estábamos sentados en el suelo. Cada vez que esto sucedía, yo me retiraba. *Quizás lo que dio comienzo a este plan fue más la vanidad que la aspiración. Al fin y al cabo, he pasado toda mi vida saliendo de una comunidad cerrada solo para terminar en otra. Qué arrogancia, pensar que podría jugar fácilmente con las olas de esta aventura de medianoche.*

El ambiente inusualmente protector en el que me crie no incluía las suntuosas residencias palaciegas y las lujosas comodidades del reino de los dioses, pero ofrecía algunas de las mismas protecciones y aislamiento. Cuando era pequeño, el año se dividía entre las temporadas que pasaba en la humilde casita de mis abuelos en Nubri y las que pasaba en el modesto convento de mi padre. Bajo estas circunstancias sin pretensiones, disfruté de mucha comida, ropa de abrigo y seguridad y amor en abundancia. «Reinos» es un término que usamos en mi tradición para describir las emociones negativas. En el reino de los dioses, las emociones dominantes son el orgullo y un deseo excesivo de placer y comodidad, que puede expresarse de muchas maneras diferentes. Por ejemplo, aquellos que viven en el reino de los dioses —o que desean hacerlo—, lo hacen habitualmente embelesados por la fantasía y seducidos por las comodidades. La forma de este reino podría ser un ático, una preocupación por los medios sociales o una actitud perezosa. Independientemente de la forma que adopte, cuando caemos presa de las indulgencias de la mentalidad del reino de los dioses, perdemos el impulso de buscarle significado a la existencia, y entonces surge la ignorancia condescendiente.

Mi entrenamiento monástico fue diseñado para contrarrestar las aflicciones que caracterizan a este reino. Los monasterios en los que crecí no tenían mucho espacio ni tampoco disponían de las comodidades asociadas con el mundo moderno: carecían de agua caliente y calefacción, y nos alimentábamos a base de una dieta limitada. Aunque esta vida estaba muy lejos del mundo del placer y de la comodidad, también me apartó de los problemas a los que muchas personas se enfrentan. No sabía nada sobre el hambre, ni sobre los prejuicios de las castas, ni sobre el racismo; no había vivido la guerra ni los regímenes de terror. No conocía ninguno de los retos a los que se enfrenta tanta gente en el mundo hoy en día, como salir de casa para ir a la escuela o al trabajo. Nunca había tenido que buscar un lugar para vivir, ni que preocuparme por pagar las cuentas o comprar un coche. Muchas personas trabajan mientras crían a sus hijos, y a menudo viven a gran distancia de su familia. Nunca tuve estas responsabilidades. Algunos de mis amigos son padres divorciados que viven separados de sus hijos, y esto lo único que genera es estrés y tristeza. Otros han luchado contra la adicción al alcohol y a las drogas, o se han encontrado con reveses financieros o con tensiones familiares, todas ellas dificultades comunes de la vida moderna que solo conozco a través de personas con las que me he encontrado a lo largo de mis viajes de enseñanzas por todo el mundo. Siempre se ocuparon los demás de todas mis cosas debido a mi rol y mi estatus.

De niño yo era pequeño y tímido, de naturaleza obediente y respetuosa. Quería ser tan robusto como mi hermano Tsoknyi Rimpoché, muy extrovertido, pero comparado con él yo me veía insignificante y un poco patético. Mi pequeñez física y mi comportamiento debieron sugerir que no podría sobrevivir sin medidas de precaución adicionales, ya que siempre tuve más protección de la que necesitaba. Una vez, mi madre, un monje ayudante y yo nos marchamos de Samagoan —nuestra aldea en Nubri— para hacer un largo viaje en autobús a Gorkha, la capital administrativa de nuestro distrito. Me hacía falta un sello de la oficina de pasaportes para un viaje que íbamos a hacer al Tíbet. Mi madre conocía a un funcionario de la oficina y esperaba que personarnos en la oficina acelerara el proceso. Cuando llegamos a Gorkha me dejó en un restaurante, pidió comida para mí y me dijo que me quedara quieto hasta que ella y el monje ayudante regresaran. Media hora más tarde, el monje regresó para asegurarse de que me habían traído la comida. Me explicó que mi madre estaba reunida con los funcionarios y que él tenía que regresar con ella, por lo que yo debía esperar en el restaurante. Al cabo de un rato de que se hubiera marchado, me aburrí y salí a la calle. Después entré en el edificio administrativo y encontré a mi madre, que se sobresaltó al verme. «¡Qué ha pasado! ¿Qué haces andando solo?». Luego reprendió al monje ayudante. «¿Por qué dejaste que Rimpoché anduviera solo?». Pero el caso es que yo no tenía siete años. Tenía diecisiete.

Para romper el molde que resultaba ser mi condicionamiento, había tenido que hacer algo un poco extremo. Para romper con nuestro condicionamiento y enfrentarnos a los viejos hábitos, podemos revertir deliberadamente un patrón común, al menos durante un tiempo limitado: si habitualmente tomamos una taza con la mano derecha, nos comprometemos a usar la izquierda; o nos comprometemos a no mirar nuestros dispositivos más de una vez cada hora; o durante una semana prometemos no exceder el límite de velocidad cuando conduzcamos. No conduzco, pero me han dicho que esto puede resultar bastante difícil. Cualquier cosa que entorpezca la repetición mecánica e inconsciente puede funcionar como una señal de alarma y como un antídoto contra el comportamiento automático e insensato y las fijaciones habituales. Para estimular la curiosidad y la flexibilidad, es importante descubrir nuestros límites y después llevarlos un poco más lejos. En lo que respecta al estilo de vida, un retiro errante para mí representaba estirar mucho esos límites, sin duda alguna. Pero como había aumentado hasta cierto punto mi confianza trabajando con mi mente y había superado los graves ataques de pánico de mi infancia, me había marchado de Tergar confiando en mi capacidad para superar los obstáculos. Así es como terminé en ese tren, solo, en medio de la noche.

Naropa debió marcharse de su monasterio con mucha confianza. Estoy seguro de ello. Me pregunto si empezó su viaje con algo de dinero. Los restos de la universidad de Nalanda son ahora un lugar de peregrinación cerca de Rajgir, en el estado de Bihar, a solo unas horas en coche de Bodh Gaya. He estado allí muchas veces. El tren en el que viajaba pasaría al lado. En el momento de su partida, Naropa era un erudito de renombre. *Me pregunto si se llevó los textos clásicos con él. Me pregunto si estar solo le resultó difícil. Me pregunto dónde pasaría sus primeras noches...*

Las personas de mi entorno probablemente hubieran preferido viajar en primera clase. Pero yo estaba aquí por elección. Algunas personas eligen no tener hogar, pero a menudo están bastante perturbadas, a veces incluso locas, y no son bienvenidas en ningún lugar. Esta no era mi historia. Algunas personas le dan un vuelco a su vida, porque entran en una depresión o sufren una crisis de la mediana edad. Mi vida había sido excepcionalmente maravillosa. Practicar la meditación, explorar la naturaleza del sufrimiento y de la liberación y enseñar lo que había aprendido de mi linaje y mis experiencias eran mis pasiones. No quería hacer otra cosa, excepto aprender a profundizar en lo que estaba haciendo. Lo que pretendía con este retiro errante era crearme problemas de forma deliberada, y tal vez había subestimado la cantidad de problemas con los que me iba a encontrar tan rápidamente.

Aunque era consciente de las muchas redes de seguridad que habían protegido todos los aspectos de mi vida, no siempre había estado dispuesto a derribarlas. Había planeado este retiro convencido de que el enorme valor que tenían estas redes se había agotado, y de que había llegado el momento de conocer el mundo sin ellas. Tampoco era inmune a la atracción de la posición social y disfrutaba de mi papel en la comunidad. Había idealizado el hecho de tener una vida anónima, pero el ser ignorado de repente por todos los que me rodeaban me confundía.

Bueno, no durará para siempre. Este retiro es un precioso interludio en mis responsabilidades monásticas. No estoy haciendo lo que hizo Naropa. Él nunca tuvo la intención de regresar a su monasterio. Yo nunca he considerado mantenerme alejado para siempre. Regresaré y retomaré mis funciones. Volveré a mis responsabilidades y a mi rango. Además del estatus que tenía mi padre, he de decir que el padre de mi madre, lama Tashi, fue un gran meditador cuya herencia se remontaba al rey Trisong Detsen. En el siglo VIII, este monarca utilizó su autoridad real para establecer el budismo en el Tíbet. El hecho de ser el niño más pequeño de esta familia prominente otorgaba numerosos privilegios. Después fui reconocido como un tulku —un lama— que le confirió incluso más estatus a mi condición, ya de por sí honorable. Desde entonces fui mimado y consentido, y crecí tan protegido como una orquídea de invernadero.

Una vez visité un país europeo donde unos amigos me pusieron un documental sobre la familia real de su país. A su princesa nunca se le permitía andar sola por la calle, y pensé: «Igual que yo».

Yo también soy de la realeza, un príncipe dhármico con pedigrí. ¿Qué arrebato me entró para que quisiera pasar mi primera noche en el mundo solo, prisionero en un tren sofocante? Puedo bajarme y comprar un billete nuevo para primera clase... Bueno, eso es una tontería. Necesito averiguar cómo lidiar con la incomodidad.

Según la tradición, una vez que un niño es reconocido como tulku, se le vigila como a un pajarito, se le observa de cerca incluso cuando la madre se va volando. Durante los meses del año que estaba en Nubri, salía a hurtadillas de la casa para explorar las cuevas cercanas o para jugar con otros niños. De alguna manera, mi abuela siempre sabía dónde encontrarme. Yo nunca había cocinado nada, ni limpiado mis habitaciones, ni lavado mi ropa. La educación de un tulku se centraba en mejorar el potencial para el despertar espiritual, un entrenamiento de la mente que requiere intensa concentración. Si tuviera que hacerlo todo de nuevo, no elegiría otro camino, ya que en las últimas horas había sentido que mi entrenamiento me había salvado más de una vez, a pesar de que ese mismo entrenamiento me había garantizado las mismas habilidades prácticas para la vida que las que tiene un perrito faldero.

4

Impermanencia y muerte

Había oído hablar de la impermanencia y de la muerte mucho antes de entrar en el monasterio a la edad de once años. La cultura tradicional tibetana se fusionó tan estrechamente con los valores budistas que el intento de iniciar a los niños en la realidad empezaba a una edad temprana, especialmente si uno crecía, como yo, en el seno de una familia dhármica. Pongamos que estás llorando porque tu hermano te pegó, o porque tu amigo te quitó tu juguete. Te dirán: «¡Chiua mitakpa! ¡Impermanencia y muerte! No seas tan estúpido. Si no piensas en la impermanencia y en la muerte, ¡nunca harás nada en la vida!». Esto podría compararse a cuando un padre occidental le dice a un niño: «Lo hecho, hecho está». Sin embargo, en el Tíbet, el reconocimiento de la impermanencia y de la muerte se usa como unidad de medida para saber lo que es verdaderamente importante.

Un día vi una bicicleta roja en el mercado de Katmandú y me encapriché con ella. «Chiua mitakpa —me dijo mi padre—. Ese juguete se descompondrá, morirá. Aferrarse con tanta firmeza a un objeto que no tiene la cualidad de ser duradero es como tratar de atrapar el aire con las manos. Esto no puede proporcionarte felicidad verdadera».

Yo comprendía que el juguete podía morir, pero eso no lo relacionaba conmigo. Yo también quería crecer grande y fuerte como mis hermanos mayores, pero crecer no tiene nada que ver con envejecer. No solo creía que este cuerpo mío no moriría nunca, sino que además estaba seguro de que mi idea del *yo* no cambiaría. Con el tiempo simplemente adquiriría atributos adultos como Mingyur Rimpoché. Estaba aferrado a la suposición de que el proceso de formación de una personalidad individualizada es un proceso de solidificación; al igual que sucede con la arcilla húmeda, mi tamaño y mi forma cambiarían, pero eso no influiría en el yo *esencial*, el yo *real*, aunque no tenía ni idea de qué significaba eso. Cabe decir que tampoco sabría nunca lo que era aquello en los términos que yo suponía entonces. Incluso después de que ver que nuestros coches mueren y nuestros ordenadores se estropean, y de que hayamos cuidado de mascotas y miembros de la familia moribundos, somos incapaces de aplicar la certeza de la impermanencia en nosotros mismos.

«Suelta el juguete. No te aferres a él —me dijo mi padre—. Cuando nos aferramos a cosas que no duran, ya sean juguetes, comida deliciosa o amigos o lugares especiales, estamos desperdiciando nuestras vidas».

«No estoy desperdiciando mi vida —imaginé que le decía a mi padre—. No me aferro al rol de monje, tulku, maestro o abad, aunque parece que tengan una fuerza vital propia, separada de mis aspiraciones. Pero ahora podré observarlos mejor. Ya conozco su vacuidad esencial; sé que no son duraderos, no son sólidos, y que no existen como entidades independientes. No sabía que eso era así cuando vi aquella bicicleta».

La vacuidad hace referencia a que las cosas no son tan sólidas y reales como parecen. Algo que sujetamos con nuestras manos puede parecer completamente sólido e inmutable, pero esto es una ilusión. Sea lo que sea, todo está cambiando sin parar, y cuando investigamos, encontramos cambio y fluidez donde antes presuponíamos permanencia y solidez. Esto no hace que el mundo fenoménico se convierta en una gran *nada*; al mismo tiempo, su naturaleza esencial no es lo que normalmente pensamos que es. El reconocimiento prolongado de la vacuidad —de la claridad cognoscente y luminosa que existe más allá de los conceptos— es lo que se llama estado despierto o iluminado. Este estado mental trasciende las palabras y los conceptos. Debido a que este estado no puede ser descrito con palabras y no puede ser imaginado por la mente conceptual, se presta a muchos nombres y descripciones diferentes; es una paradoja que mientras nuestra verdadera esencia está vacía de pensamiento conceptual, necesitemos conceptos para expresar esa vacuidad misma. Todos disponemos de unas dimensiones en nuestra mente que son luminosas, espaciosas y vacuas. La cuestión es si reconocemos estos aspectos o no. La liberación surge solo con el reconocimiento, no por el mero hecho de tener estas cualidades naturales.

El reconocimiento de la vacuidad no significa que debamos alejarnos de nuestros roles en la sociedad, o que vivamos sin responsabilidades mundanas. Pero podemos elegir adónde llevar nuestra conciencia. Con la sabiduría que se genera mediante el reconocimiento de la vacuidad, podemos cambiar nuestra relación con las circunstancias, incluso con aquellas que no pueden cambiarse. Y aunque nuestras insatisfacciones son intrínsecamente temporales, insustanciales y esencialmente vacuas, eso no significa que podamos menear una varita mágica para hacer desaparecer el cáncer, o parar arreglar una relación sentimental o una reputación, o para tener un sueldo más alto. Utilizar la vacuidad para justificar el abandono de las responsabilidades cotidianas puede ser una trampa muy peligrosa. Los tibetanos tienen una expresión que mi maestro el gurú Vajradhara Tai Situ Rimpoché repite a menudo: «Mantén la vista tan amplia como el espacio. Mantén tus acciones tan finas como la harina».

La cualidad de la vacuidad a la que nos referimos nunca nació; de la misma manera, no puede morir. Esta naturaleza esencial de nuestras vidas no ha nacido, como el espacio mismo. El espacio no nos ofrece un lugar para permanecer en él, ni un punto de apoyo en el que asegurar nuestros pasos. En la vacuidad, que es comparable al cielo, no podemos quedarnos encallados. Sin embargo, aquí estamos, vivos en este maravilloso mundo de apariencias, que siempre puede ser favorecido con un discernimiento sabio. Con una particularidad tan fina como la harina, discriminamos entre las acciones que pretenden aliviar el sufrimiento, en nosotros mismos y en los demás, y las acciones que pretenden causar daño.

Aunque llevaba puestos los hábitos austeros de un monje budista, me di cuenta de que yo era probablemente la persona mejor vestida en el vagón. Mis sandalias de goma me convertían en uno de los pocos pasajeros que iba calzado. Pensé en mis estudiantes laicos y me pregunté cómo podrían lidiar con esta situación. Pero me imaginé que la mayoría de ellos viajarían en la clase intermedia, no en la más barata.

Bajé la mirada, enderecé la espalda y pregunté: «¿Qué estoy sintiendo ahora mismo?». Sentía angustia recorriendo todo mi cuerpo debido a la tensión. Me sometí a un escáner corporal, un ejercicio que realizo a menudo por la noche una vez que me acuesto para ponerme a dormir. Llevé mi atención a la parte superior de la cabeza y la bajé muy lentamente, deteniéndome para aflojar algunos nudos específicos. Me detuve unos instantes en la frente, y en la zona situada justo encima de los ojos, y especialmente en el entrecejo. Sentía las cejas tan apretadas entre sí que parecía que estuvieran unidas por un imperdible. Después seguí bajando hasta las fosas nasales, donde mantuve la atención hasta que se relajaron y dejaron de aletear. El área donde la mandíbula se conecta al cráneo siempre requería un poco más de tiempo. Moví la mandíbula hacia arriba y hacia abajo para liberar ese nudo resistente, después exploré cuál era el punto medio, entre holgado y tenso, que al mismo tiempo relajaba los dientes. Los hombros eran otra área de tensión frecuente que siempre llevaba un poco de tiempo. Y después desplacé la atención hasta los pies. No sentía tensión en los pies, pero estuve un rato trabajando con ellos como una forma de hacer descender la energía desde la cabeza. Pasé unos diez minutos para ir de arriba abajo. Después simplemente descansé durante varios minutos más, y me sentí menos agitado de lo que había estado durante horas.

El ejercicio tuvo el efecto de traer de vuelta mis receptores sensoriales. Mis oídos y mis ojos se mantenían en alerta, pero dejaron de moverse por todo el lugar como si fueran navegadores de teléfonos móviles. Me quedé dormido durante unos minutos, hasta que me despertó un alarido que cortó la noche como un rayo. En la fracción de segundo que me llevó reconocer que se trataba del silbato del tren, ya me había visto atrapado en medio de una turba enfurecida o devastado por una explosión terrorista. El sonido no era *solo* sonido; era un disparo o una bomba que anunciaba daños y destrucción. Podía oír mis proyecciones mentales, pero no podía oír el sonido en sí. Curiosamente, aunque el sonido era tan potente que parecía consumirlo todo, no había logrado detener mi mente interpretativa. Pensé en las profundas y estrepitosas explosiones realizadas por las trompas de metal de dos metros y medio de largo que se usan en los rituales tibetanos, con un sonido más parecido al de las sirenas para la niebla de los barcos que al de instrumentos de melodía clásicos, y que parece que reverberen desde el fondo de los volcanes. Durante los rituales en el monasterio, a veces me aburría y me angustiaba y empezaba a soñar despierto. Entonces, de repente, una explosión de esas trompas cortaba por completo la mente parlanchina. El sonido invadía mi mente y mi cuerpo con un impacto tan explosivo que, durante unos segundos, no tenía mente ni cuerpo y me convertía en el sonido mismo. ¿Por qué no había sucedido eso con el silbato del tren?

Espera un segundo... Necesito recordar con más precisión, porque no siempre sucedió de esta manera, especialmente cuando era pequeño. A veces, durante los rituales en los que se empleaban mu-

chos instrumentos, de repente me daban ataques de pánico. Se me hacía un nudo en la garganta y tenía que salir corriendo de la sala de meditación. ¿Ha sucedido en el tren lo mismo que en esos tiempos, cuando mi cuerpo rechazaba la entrada al sonido y la mente estaba fuertemente aferrada al miedo?

Los cinco sentidos siempre transmiten información neutral. Para el oído, el sonido siempre es simplemente sonido, nada más. Lo que nos agrada y los que nos desagrada está determinado por la mente interpretativa, que recuerda, añade, modifica y teje: la mente interpretativa crea ficciones enteras en torno al *mero* sonido, a la *mera* visión. La voz que aporta este comentario es la «mente mono». Se aleja charlando, saltando de un objeto sensorial a otro, excesivamente activa y muy excitable.

Tengo un estudiante que una vez alquiló una cabaña para alojarse una semana en la costa de Oregón. Todas las mañanas se despertaba y se acostaba en la cama escuchando los sonidos de las olas que llegaban a la orilla y volvían al mar. Splaash, splaash... Una y otra vez. Me dijo que nunca había oído un sonido más relajante, y que ese mero sonido hacía que se sintiera abrazado por un amor universal. En su último día, preparó su coche y se dirigió a la autopista, con la idea de pasar una noche en la carretera. Un rato después de que hubiera oscurecido, siguió las indicaciones hasta un motel. Se registró; estaba agotado y al cabo de poco se quedó dormido. Por la mañana, no podía creer su buena suerte al despertar una vez más con el sonido relajante del vaivén rítmico de las olas. Cuando se levantó de la cama y se dirigió a la ventana, vio una carretera con seis carriles de tráfico en hora punta.

Las identificaciones erróneas de las percepciones sensoriales ocurren continuamente y convierten al cuerpo en el mejor laboratorio para conocer mejor nuestras mentes. ¿Qué acababa de pasar en el tren? Mi oído había detectado un sonido, ni bueno ni malo: simplemente un sonido, el mero contacto entre el órgano sensorial y el objeto. ¿Y qué pasó después? Mi mente se había enredado en una historia negativa hasta tal punto que se olvidó de que las palabras, las imágenes y las impresiones que crearon la historia no eran verdaderas para ninguna otra realidad que no fuera la que yo tenía en mi cabeza. La mente de mi estudiante se vio enredada en una historia positiva, pero en ambos casos, cuando nos aferramos a una historia, hemos perdido el contacto con la conciencia. Ambas asociaciones oscurecieron la simplicidad del sonido. Por eso decimos que el cuerpo es el hogar de la mente que se aferra.

Los malentendidos sobre la fuente de la sensación se originan debido a que la percepción y la interpretación surgen prácticamente a la vez, tan próximas entre sí que se crea la impresión intensa pero incorrecta de que la realidad interpretativa —ya sea buena, mala, atractiva, aversiva, etc.— está contenida en el propio objeto y no en la mente. Puede ser muy complicado. Cuando nuestras mentes se quedan atrapadas en las nubes —nubes bonitas o nubes feas— no podemos ver que esas nubes son impermanentes, que tienen una vida propia y que pasarán de largo si se lo permitimos. Cuando nos relacionamos con el mundo con una mente llena de prejuicios, levantamos un muro entre nosotros y la realidad *tal como es*.

Retener conceptos erróneos con una mentalidad rígida es lo mismo que aferrarse. Nos aferramos a lo que sabemos, o a lo que encaja con nuestra experiencia limitada, y esto distorsiona la percepción directa e inmediata. Cuando nos sentimos amenazados por el cambio, tratamos de retener las cosas —que es otra manera de describir el aspecto del yo que se niega a dejar que los viejos patrones mueran—. Pero si somos incapaces de permitir conscientemente que los patrones mueran, no podremos aprovechar los beneficios vigorizantes de la regeneración.

La impermanencia —igual que la vacuidad— es una característica inherente a los fenómenos. Reconocer la impermanencia corrige las percepciones erróneas de permanencia; pero reconocer la vacuidad de forma clara es incluso más útil para trabajar con el apego. Reconocer la fluidez de todas las formas anula el poder de las afirmaciones erróneas de la mente rígida. A su vez, esto expande nuestro sentido de ser conscientes de quiénes somos y qué podemos hacer. Puede ser muy liberador saber que nuestras historias sobre los silbatos de tren o nuestras angustias sobre nuestras relaciones o sobre nuestra reputación no están intrínsecamente arraigadas en nosotros, como también es liberador saber que tenemos una capacidad innata de transformación. Pero considerar que la impermanencia es una capa externa de la muerte puede ser aún más efectivo para cortar con nuestros hábitos mentales irracionales. Para que la transformación tenga lugar en los niveles más profundos, no solo debemos reconocer la continuidad del cambio; también debemos reconocer que el proceso de muerte y regeneración se esconde tras la verdad de la impermanencia. Este es el mayor incentivo con el que podemos contar para alcanzar nuestra liberación. Sin embargo, nuestro temor a la muerte física hace que nos opongamos a la idea misma de que morimos cada día. Confundimos la muerte renovable de nuestros estados mentales con la muerte definitiva de nuestros cuerpos. Cuando hacemos esto, toda forma de muerte y de morir se cierne en el horizonte como una pesadilla inevitable, algo que nos pasamos toda la vida deseando que no suceda. En realidad, con un poco de investigación, podemos aprender que lo que tememos que suceda en el futuro está sucediendo todo el tiempo.

Una conversación que tuvo lugar entre dos mujeres estadounidenses describe esta relación íntima entre la forma física y la forma inmaterial de morir. Una de estas mujeres vino a verme poco después de que su único hijo, un chico de veinte años, muriera de una sobredosis accidental por consumo de drogas. Estuvimos hablando sobre cómo ayudarle a vivir con esta trágica pérdida. Unos dos años después, la mejor amiga de esta mujer se encontró lidiando con un divorcio muy doloroso. La primera mujer le explicó a su amiga: «Mi hijo nunca va a volver. No me hago falsas ilusiones. Mi relación conmigo misma y con el mundo ha cambiado para siempre. Pero lo mismo sucede contigo. Tu sentido de quién eres, de quién está ahí para ti y de con quién viajarás por la vida también ha cambiado para siempre. Tú también necesitas llorar una muerte. Crees que tienes que llegar a un acuerdo con esta situación intolerable en tu exterior. Pero igual que yo tuve que permitirme morir después de la muerte de mi hijo, debes permitir morir al matrimonio que una vez tuviste. Lloramos la muerte de lo que tuvimos, pero también nos lloramos a nosotros mismos, a nuestras propias muertes». La profunda desgracia de la muerte del hijo de esta mujer abrió su corazón a una exploración de la impermanencia y de la muerte que fue mucho más allá de su propia historia personal. Ella pudo rebasar los límites porque, como dijo, «después de perder a mi hijo, ya no tenía nada que temer». Convirtió su corazón roto en sabiduría.

Podemos aprender de ella sin necesidad de revivir su tragedia. La muerte del pequeño yo no puede alcanzarse de manera duradera o efectiva si negamos o evitamos el miedo a la muerte física; sin embargo, trabajar con pequeñas muertes puede aliviar la fuerte ansiedad que nos causa la muerte física. Existe un camino natural entre la impermanencia y la muerte, y si somos reacios a la hora de seguirlo, cortocircuitamos los extraordinarios beneficios de la muerte continua. Abordar la finitud de nuestros cuerpos sin prestar atención a las minimuertes de la vida cotidiana es como confundir diamantes con guijarros y tirarlos a la basura. Lo único que perdura es el cambio, y aceptar este hecho contiene el potencial de afrontar el temor de morir y transformarlo en una vida alegre.

Me estaba muriendo en ese momento, en ese tren, después de haber empezado ese viaje. Estaba permitiendo morir a mi antigua vida. Estaba haciendo lo que había planeado. Había tomado el taxi a Gaya y comprado un billete por mi cuenta para

Benarés. Ahora el reto consistía en dejar de lado la resistencia a los cambios para los que me había preparado y aceptar que los sonidos y los olores de ese tren podían ser una ocasión para vivir alegre, igual que lo era cualquier otra circunstancia que hubiera conocido.

5

Permitir que surja la sabiduría

Una vez que superamos la creencia de que las cosas no cambian y entendemos la experiencia de que todo es transitorio, la tensión entre nuestras expectativas y la realidad tal como es comienza a disolverse; en ese momento estamos capacitados para saber que la incomodidad de este momento pasará de largo, y que si nos quedamos con el reconocimiento de la conciencia, el problema se transformará por sí solo. No necesita nuestra ayuda para seguir su curso. La naturaleza intrínseca de *todas las cosas* es el cambio. Es nuestra preocupación por el problema lo que mantiene al problema clavado en el lugar. Sin embargo, esto es más fácil decirlo que hacerlo. No estamos familiarizados con permanecer en los aspectos no conceptuales de nuestra mente, ni en nuestra experiencia directa. Estamos tan acostumbrados a identificarnos con nuestras ideas de quiénes somos, y a fundir nuestras identidades con las personas y los lugares, y con objetos como nuestros coches y casas, que la experiencia de la mente natural, que está libre de todo este material que le es familiar, puede ser aterradora. Puede ser malinterpretada como la nada, como una especie de aniquilación; y si no reconocemos esto como nuestro hogar básico, nos apresuramos a escapar lo más rápido posible y buscamos un lugar para posarnos —lo cual significa que buscamos una identidad que nos resulte familiar, mediante la cual podamos resurgir—. Lo más útil en esta situación es descansar ligeramente la mente en las cualidades de la conciencia. La vacuidad y la conciencia espaciosa tienen cualidades cognoscentes, de conocimiento. Esto no es lo mismo que «la nada». De la misma manera que la respiración puede ser útil para la práctica de tomar conciencia, las cualidades de la conciencia espaciosa pueden ser útiles en sí mismas para descansar la mente en los estados no conceptuales.

Debido a mi interés por conocer mejor cómo lidian mis estudiantes con sus vidas —entre horarios irregulares, atascos de tráfico, préstamos estudiantiles, niños llorando, tareas domésticas, etc.—, me pregunté de nuevo qué tipo de práctica podrían aplicar en mi situación actual. Decidí que el ejercicio más fiable para calmar la mente en medio de las circunstancias que se experimentaban con aversión era probablemente una meditación sencilla para tomar conciencia. La idea es unificar la mente distraída dejando que descanse sobre un objeto sensorial. Como me había visto agitado por los sonidos, elegí el sonido como objeto. Esta práctica de la conciencia utiliza el sonido como apoyo para la meditación: el objeto simplemente sostiene nuestro reconocimiento de la conciencia, pero no es el centro de nuestra atención.

Dediqué un minuto a hacer un balance de los diferentes sonidos que me rodeaban. Entonces seleccioné el más dominante: el chirrido de las ruedas del tren. Llevé mi mente a descansar ligeramente sobre este sonido.

Permanece en el sonido.

Sin comentarios.

Hazte amigo de este sonido.

Permite que los pensamientos, los miedos, el estrés… desemboquen en este sonido.

Usa este sonido para unificar la mente.

Si vienen pensamientos, está bien. Simplemente suéltalos. Son nubes que están de paso. Vuelve al objeto.

Descansa.

Después de unos cinco minutos, retiré la mente del objeto —el chirrido— y permití que mi conciencia permaneciera abierta, para hacer posible que la mente reconociera varios sonidos —las ruedas, tos, conversaciones— pero sin posarse sobre ninguno de ellos. A esto lo llamamos conciencia abierta, o shámata sin objeto.

Déjalo estar.

Cualquier cosa que surja, deja que ocurra.

Muy pronto, los sonidos que me habían perturbado se volvieron relajantes. Después de unos veinte minutos, pude distanciarme un poco de mi malestar. Mi sentido expandido de mí mismo se hizo más grande que el problema. Fui capaz de acomodar la reacción negativa al sonido en una esfera más grande, de modo que yo ya no tenía el tamaño y la forma exacta de mi incomodidad. El malestar seguía ahí. No desapareció, pero ya no estaba estancado en él.

La conciencia es la esencia de nuestra existencia. Está todo el tiempo a nuestro alcance y, sin embargo, la mayoría de nosotros no somos conscientes de ello. Una leyenda tibetana trata sobre una familia pobre que vivía en una choza de barro con una pequeña hoguera en el centro, y un agujero que funcionaba como salida de humo a través del techo de paja. Colocaban ramitas y hierbas en el hueco que habían hecho entre tres rocas planas, que estaban situadas a la distancia suficiente para que encima pudiera ponerse una pequeña tetera. Un día, un cazador de tesoros fue a la aldea y picó de puerta en puerta en busca de algún chollo. La mujer se rio cuando él apareció, diciéndole: «Somos la familia más pobre del pueblo y no tenemos nada que pueda interesarte». De repente, el hombre pegó un brinco de la puerta a la hoguera, con los ojos como platos por la sorpresa. Examinó las rocas y le dijo: «¿Es que no lo ves? ¡Estas rocas contienen cristales de diamantes! Los venderé por ti y seréis las personas más ricas del pueblo». El hombre se fue con las gemas preciosas, y unos cuantos meses después regresó con suficientes monedas de oro para convertir a esa familia pobre en ricos terratenientes. Habían sido ricos todo el tiempo, pero no lo sabían. Nuestra conciencia es nuestro mayor tesoro, y ya disponemos de él, pero no lo sabemos.

Me sentí recuperado al a ser capaz de usar mi mente de manera constructiva, pero esto no duró mucho tiempo. Había participado durante toda mi vida en prácticas de conciencia en salas de meditación, en viajes de avión, en automóviles, en conferencias y reuniones. Sin embargo, el pensamiento de que nunca había conocido una atmósfera más desagradable que la de este tren seguía manifestándose. Era la mente mono, que trabajaba tratando de convencerme de que el problema estaba en el sonido en lugar de en mi mente.

Gracias a la práctica de meditación shámata, los hábitos tumultuosos de la mente se calman; y luego podemos investigar las características de las aguas tranquilas que existen más allá del control del mono. Esto se llama vipashyana —o meditación de comprensión profunda—. Conocía muy bien la mente mono. También sabía que no valorar el hecho de conocer a este mono es como tener un coche sin saber conducir. Cuanto menos sabemos acerca de esa voz parlanchina y chismosa en nuestra cabeza que nos dice qué hacer, qué creer, qué comprar, a qué personas debemos amar, y así sucesivamente, más poder le otorgamos para que nos dé ordenes y nos convenza de que todo lo que nos dice es cierto.

A pesar del alivio que había experimentado gracias a la meditación con sonidos, los sonidos intermitentes volvían a estar condicionados por el miedo, y seguía debatiéndome entre la calma constante, un mono incontrolado en mi mente y las contemplaciones acerca del sonido. «Aquí mismo —pensé—, ahora mismo, es donde surge el sufrimiento. Entre el sonido y la proyección, entre las cosas tal como son y las cosas tal como nos gustaría que fueran. Esto es lo que enseñó el Buda: percibir incorrectamente la realidad es la causa del sufrimiento.

»Pero —me preguntaba— ¿por qué es tan difícil hacerlo bien? En este tren he experimentado el miedo más intenso que he conocido en muchos años. Y he sentido mi cuerpo constreñido por resistirme a estar en el lugar que estoy. Sé que el miedo a soltar las identidades que me son familiares, del propio ego, no es más que el miedo a la libertad misma. Y lo estoy intentando...».

Mi padre solía decirme: «Si no reconoces la verdad de la impermanencia, no podrás alcanzar la realización verdadera. Tienes que permitir que la ilusión del ego muera. Solo entonces puede surgir la auténtica sabiduría. Solo con la muerte de este ego podemos conocer la libertad». Después de todo, por eso había empezado aquel viaje. Pero no había anticipado tanta novedad de golpe.

El término ego —o ego-yo— se usa a menudo para describir la capa externa del yo, elaborada y centrada en sí misma, y a menudo hablamos de soltar el ego, o disolverlo, o transcenderlo. Yo mismo había concebido echar leña al fuego como una misión de suicidio del ego. Sin embargo, el uso común del ego, tanto en el contexto de las enseñanzas budistas como en el mundo en general, hace que parezca una entidad que tiene una forma y un tamaño, y que puede ser extraída como un diente. Esto no es así. El ego no es un objeto; es más bien un proceso que tiene la tendencia a asirse y a aferrarse a ideas e identidades fijas. Lo que llamamos ego es en realidad una percepción que cambia todo el tiempo, y aunque en nuestra historia narrativa es muy importante, no es una cosa. Por lo tanto, no puede morir realmente, ni puede ser asesinado o transcendido. Esta tendencia a aferrarse surge cuando percibimos de forma incorrecta el flujo constante de nuestro cuerpo y nuestra mente y lo confundimos con un ser sólido e inmutable. No necesitamos deshacernos del ego —este sentido inmutable, sólido e insano de uno mismo—, porque, en primer lugar, nunca existió. El punto clave es que no existe ningún ego que matar. Es la creencia en un yo duradero e inmutable lo que muere. Aun así, el término «ego» puede proporcionar una referencia útil; pero debemos tener cuidado de no estar dispuestos a luchar contra algo que no está ahí. Curiosamente, cuando entramos en combate contra el ego, fortalecemos las ilusiones del yo, haciendo que nuestros esfuerzos por despertar sean contraproducentes.

Debido a que el ego es identificado frecuentemente en términos negativos, especialmente entre los budistas, mi padre se esforzó en recordarme que también tenemos un ego saludable, o un sentido saludable de nosotros mismos. Esto tiene que ver con los aspectos del yo que intuitivamente saben distinguir el bien del mal, que pueden discernir entre la protección y el daño, que instintivamente saben lo que es virtuoso y sano. Nos pegamos un tiro en el pie cuando nos aferramos a estos instintos básicos y creamos historias infladas a su alrededor. Por ejemplo, yo había usado el ego de una manera positiva para explorar, y después mantener, la disciplina monástica. Pero si yo pensara: «¡Ah, soy un monje tan puro, mantengo mis votos tan bien!», entonces me habría metido en un lío.

Cuando examinaba mis dificultades ante el hecho de encontrarme tantísima novedad de golpe, era capaz de ver al ego-yo como un proceso, no como una cosa sólida. No logré que todas mis identidades anteriores murieran de una tacada. Necesitaba tiempo. Necesitaba trabajarlo capa tras capa. Aceptaba que los roles que deseaba arrojar a la hoguera eran inventados, que no eran inherentes a mi ser. Pero no se podían extraer como si se tratara de un tumor en una intervención quirúrgica. Me había convertido en ellos, y necesitaba abandonarlos.

Mientras el tren retumbaba durante la noche, seguía sintiéndome extrañamente aislado de mis compañeros de viaje, de mí mismo y de la vida de ayer. Entendí lo que pasaba, pero eso nunca me había provocado una experiencia tan visceral. Deseaba arrancar las capas externas, pero estas capas no se desenganchan como si fueran cinta adhesiva. Tampoco se quedan pasivas en el proceso, sino que luchan por permanecer intactas, como si dijeran: «Si no respetas los hábitos del Buda, entonces los llevaré con más orgullo. Si no puedes reconocer que soy un hombre único, entonces me aislaré de las personas, incluso a costa de que esto me haga sufrir». Vaya, ¡el mono traicionero se lo estaba pasando pipa! Su trabajo principal es convencernos de que en lo más profundo del enredo que es esta fabricación machihembrada se encuentra el yo real, el verdadero yo esencial, que no puede cambiar, que debe mantener la fe en su ficción y en sus hábitos neuróticos.

Recordaba a menudo, con una repetición similar a la de un mantra, las indicaciones más importantes. *Mantra* significa «proteger la mente», y esto es justo lo que estaba intentando hacer: protegerla para que no se escapara muy lejos en asociaciones arraigadas al miedo. Pero este esfuerzo se vio frustrado debido a mi incapacidad para transcender de verdad mi propia reacción a mis circunstancias, lo que quiere decir que rezaba por aquellas personas, aquellos miserables «otros» que iban en el tren.

De nuevo descendí a los reinos helados de la constricción. No quería que aquellos desconocidos desdichados, con su ropa rota y su pelo apelmazado y apagado, me pisotearan cada vez que el tren salía de la estación. *Sí, aspiro a ser un yogui feliz en todas las situaciones..., pero estos bebés llorando... y el hedor de los inodoros rebosando... ¿Quién soy ahora? ¿Quién permitió que estas sensaciones punzantes de la vista, del oído, del olfato, del tacto tejieran una telaraña que me convertía en un ser pusilánime, irritable y solitario?*

En una de las paradas, había podido levantarme del suelo y sentarme en un asiento de madera, y ahora sentía la espalda aplastada contra las tablillas del asiento. Sabía que si realmente quería ser más flexible, tendría que descender a un lugar más profundo que la separación del corazón y la mente. Me senté con la espalda recta y bajé la mirada. Durante unos minutos, me quedé quieto e hice todo lo que pude para relajar el cuerpo y la mente.

Primero orienté la mente a que descansara ligeramente sobre la respiración para observarla.

Después llevé mi conciencia a la sensación en las alas de las fosas nasales, por donde entra el aire.

Conciencia de la frescura del aire al inspirar.

Conciencia de la calidez del aire al exhalar.

Conciencia de los latidos del corazón.

Conciencia de la sangre circulando.

Conciencia del vientre expandiéndose.

Contrayéndose.

Conciencia del pecho expandiéndose.

Contrayéndose.

Después de unos minutos, añadí la reflexión contemplativa. Esto significa pensar con el corazón más que con la mente. Me mantuve consciente de las sensaciones, pero añadí la dimensión del cambio. *Mi cuerpo se mueve..., cambia... El aire de mi aliento entra y sale..., cambia... Estoy inspirando aire nuevo, que cambia; estoy exhalando aire viejo, que cambia. Formo parte de este universo. Este aire es parte de este universo. Con cada respiración, el universo cambia. Con cada inhalación, el universo cambia. Con cada exhalación, el universo cambia.*

Cada inhalación llena mis pulmones. Cada inhalación lleva oxígeno a mi sangre. Cambia. Cuerpo cambiante.

Cada sensación es temporal. Cada respiración es temporal, cada expansión y cada contracción son temporales. Todo cambia, se transforma.

Con cada exhalación, el viejo yo muere.

Con cada inhalación, un nuevo yo nace.

Devenir, renovarse, morir, renacer, cambiar.

A medida que mi cuerpo va cambiando, también lo hace el de todas las personas que conozco. Los cuerpos de mi familia y de mis amigos están cambiando.

El planeta está cambiando.
Las estaciones están cambiando.
Los regímenes políticos están cambiando.
Mis monasterios están cambiando.
Todo el universo está cambiando.
Dentro. Fuera. Expansión, contracción.

Continué manteniendo la conciencia del movimiento y de las sensaciones y después añadí lo que se me ocurría. *Este tren está cambiando: sus partes se desgastan a cada minuto. La estación de Gaya se está desmoronando lentamente; ese hombre al otro lado del pasillo con la camisa de cuadros está envejeciendo; el bebé que la mujer con el sari rojo tiene en brazos está creciendo; los pequeños monjes de mi monasterio están aprendiendo nuevas lecciones.*

Cuando habían pasado unos diez o quince minutos, descansé observando las sensaciones. Tras unos minutos más, aparté mi mente de las sensaciones y simplemente descansé en la conciencia misma —la cualidad viva y sensitiva que registra las sensaciones con una claridad prístina más allá de los conceptos—, y permanecí así durante otros diez o quince minutos.

La confusión que surge cuando nos aferramos a nuestras creencias y expectativas oscurece la claridad innata de nuestras mentes despiertas; al mismo tiempo, esta mente conceptual y confusa sencillamente es incapaz de comprender la mente más allá de los conceptos. Usamos el lenguaje para describir el despertar, la conciencia, la vacuidad, la luminosidad espaciosa, la iluminación, la realización y todo tipo de conceptos que desafían la descripción. Las palabras pueden señalar el camino, y definitivamente podemos experimentar nuestro estado de despertar interior; pero no podemos concebirlo, y cada idea que tenemos sobre el despertar está muy alejada de la experiencia. Esto se vuelve obvio cuando empezamos a trabajar con nuestra mente.

La mayoría de los principiantes empiezan teniendo la idea de que la meditación supuestamente es algo pacífico y tranquilo. Si sienten su mente en paz, llegan a la conclusión de que están haciendo bien las cosas. Muy pronto surge un pensamiento o una emoción perturbadora, y esto se identifica como un problema. No nos gustan los disturbios. Empezamos con esta preferencia dualista. Queremos aguas oceánicas tranquilas y sin olas. Cuando las olas se acercan, decimos que no podemos meditar, o asumimos que la presencia de las olas significa que no estamos meditando correctamente. Pero las olas se acercarán de todos modos, siempre. Lo que cambia es cómo las percibimos. Podemos relacionarnos con estas olas como si fueran monstruos amenazadores e intentar alejarlos. Podemos aplicar ciertas técnicas mentales para someterlos, o podemos fingir que no nos damos cuenta de que están ahí o intentar negar su presencia. Pero no nos liberaremos mientras tratemos de deshacernos de las olas; y de hecho, si examinamos la mente que quiere que nos deshagamos de las olas, descubriremos que en realidad está atrapada en el problema. Está haciendo una montaña de un grano de arena. También podemos decirnos a nosotros mismos intelectualmente: «Estas olas son esencialmente vacuas». Podemos jugar con las ideas y los conceptos de la vacuidad, y utilizar la lógica intelectual para convencernos de que la ola no es *realmente* un monstruo. Pero nuestros corazones todavía *sienten* la amenaza y reaccionan para protegernos de él. Esto caracteriza la primera etapa del trabajo con la mente.

En la siguiente etapa, se nos enseña cómo descansar la mente en su aspecto espacioso y no conceptual, que trasciende el yo limitado. Las olas puede que todavía sean aterradoras, pero empezamos a vislumbrar la extensión ilimitada de agua que se encuentra bajo la superficie, y esto nos da más confianza para dejarlas estar. Todavía no las vemos como *meras* olas, pero nuestra perspectiva se ha hecho mucho más grande que las olas. Nuestras historias personales de miedo y de pérdida, de rechazo y de autocrítica siguen estando presentes, pero no impregnan todo el espacio de nuestra mente. Nuestra mente rígida se ha aflojado un poco, y una vez que reconocemos que nuestra propia versión de lo real existe dentro de una experiencia impersonal y vasta de la realidad, esas mismas historias ya no nos molestan tanto. Podríamos empezar a pensar: «Vaya, hay una ola formándose en la superficie de mi mente». O «Hay un monstruo en mi cabeza». De acuerdo; no hay problema. Podemos reconocer el problema sin reaccionar ante él. Lo vemos, pero no lo *sentimos* con la intensidad de antes. La comprensión de la vacuidad se desploma, cae de la cabeza intelectual al corazón experiencial y sensible. La relación está cambiando: cuanto más descansamos en el reconocimiento de la mente espaciosa y vacua, y cuanto más encarnamos la sabiduría de la vacuidad, menos impacto tienen las perturbaciones. La ola sigue ahí, aunque ahora es solo un pequeño movimiento en la inmensidad del océano. Pero en este punto, todavía estamos atrapados en la superficie donde se mueven las olas y perdemos contacto con el océano que hay debajo.

En la tercera etapa, la ola ya no aparece como un problema. Sigue siendo una ola —grande o pequeña—, pero no estamos atrapados en ella. Nos sentimos cómodos descansando en el océano mismo.

El océano no se vuelve tranquilo y quieto. Esa no es la naturaleza del océano. Pero ahora nos hemos familiarizado tanto con la extensión completa del océano que incluso las olas más grandes ya no nos molestan. Así es como entonces podemos experimentar nuestros pensamientos y nuestras emociones, incluso aquellos de los que nos hemos pasado la vida tratando de liberarnos. Cada movimiento de la mente y cada reacción emocional son una pequeña ola en la vasta superficie de la mente despierta.

Aunque la mente es siempre libre, se halla prisionera de las limitaciones de su propia creación. Concentrarse en un objeto sensorial puede proteger la mente de sentirse dominada por las olas. Por ejemplo, concentrarse en una flor o en mirar el humo de una barrita de incienso puede proteger la mente de obsesionarse con la discordia conyugal, o con un plan de negocios. Este tipo de concentración puede proporcionar un alivio temporal.

No obstante, no nos permite experimentar la libertad. Cuando conectamos con nuestra propia conciencia, podemos hacer sitio para cualquier cosa que surja: las grandes olas de seres queridos que se mueren y de relaciones que terminan, y las olas de ordenadores que se estropean y de vuelos que se retrasan. Ninguna ola se mantiene igual; todas las crestas acaban desplomándose. Déjala estar. Déjala pasar. Vuélvete más grande que el pensamiento, más grande que la emoción. Todo fluye *constantemente*; al permitir ese flujo, simplemente permitimos el movimiento inherente. Podemos detectar preferencias y deseos, pero ir detrás de ellos bloquea el flujo del cambio. Es la conciencia lo que contiene la impermanencia, no al revés. Pero esas olas tienen esto en común: nuestra liberación proviene del reconocimiento.

Dejarlo estar permite ver que nuestra verdadera naturaleza está libre de problemas, de angustia y sufrimiento, y siempre lo ha estado. Cuando abandonamos el deseo de calmar la superficie —y aceptamos que la naturaleza misma del océano está cambiando— empezamos a experimentar esta libertad interior.

Pero esto no es una liberación *de* la angustia y la ansiedad. Es una liberación que se puede experimentar *con* estrés y ansiedad. Nos liberamos del sufrimiento al percibir correctamente la realidad; esto significa que hemos comprendido y experimentado que nuestras mentes son mucho más amplias que lo que generalmente pensamos que son. No adoptamos el tamaño y la forma de nuestras preocupaciones. Reconocer la realidad tal como es hace que el reconocimiento y la liberación sucedan a la vez. En el tren, cada vez que mi mente se dejaba arrastrar por los fuertes vientos, utilicé la continuidad del cambio para regresar a las percepciones incondicionadas. *Déjalo estar.* Gracias a mis propias experiencias y a las enseñanzas que había recibido, confiaba plenamente en que ese cambio es constante y en que nunca nos separamos de la mente espaciosa, que es como el cielo. Pero si no tuviera confianza plena en que eso es así, el coraje que tenía para continuar mi viaje podría haberse visto mellado. Ahora más que nunca, sin amigos, sin amparo, sin ayudante, sin estudiantes, sin el papel de maestro, mi mente era mi única protección. Y tuve que confiar en que la muerte conduce al renacimiento incluso cuando, en el proceso de morir, esta certeza se nos puede pasar por alto.

La mayoría de nosotros hemos experimentado la regeneración a través de la pérdida muchas veces. Un divorcio, que puede parecer la muerte misma, puede llevar a una relación más feliz y saludable. La pesadilla de ser despedido termina siendo lo mejor que nos ha pasado. Una enfermedad extenuante que en un principio se detecta con preocupación y rechazo se transforma en una nueva dimensión de compasión. Pero tendemos a no confiar en que estas semillas para el renacimiento se esconden en el cambio, en la pérdida y en la muerte de las circunstancias. Seguí confiando en que los fuegos que había encendido deliberadamente llevarían a transformaciones positivas, pero de momento no tenía ni idea de cómo iba a suceder eso.

En el tren, a veces recordaba las conversaciones con los estudiantes como una forma de aprender.

Un día una joven amiga de Hong Kong vino a verme. Poco antes había dado un gran paso en su carrera: había dejado el mundo empresarial por un puesto en una ONG internacional. Pero se encontró con que su antiguo trabajo era más agradable. Las funciones y las asignaciones del personal estaban mejor organizadas y sus objetivos se lograban con mayor eficacia. Se sentía más productiva en su antiguo trabajo, y no podía dejar de comparar su nueva situación con la anterior y encontrar fallos en el puesto que ahora tenía.

—Lo dices como si no le estuvieras dando una oportunidad al nuevo trabajo —le dije.

Me reconoció que no podía soltar lo que le era más familiar.

Le pregunté:

—¿Qué tal si pensamos que este momento es una especie de período de duelo? Algo ha muerto y tú estás de luto por la pérdida. Ten presente los sentimientos de esta pérdida, y una vez creas que hay alguna mejora, entonces puedes seguir adelante.

—Entiendo el beneficio de reconocer el cambio y la impermanencia, pero tengo la sensación de que considerar que estos cambios son algo parecido a morir es como invitar a la muerte misma —me dijo.

Le contesté:

—Sí, invita a la muerte. Sírvele el té y hazte amiga de ella. Entonces no tendrás nada de que preocuparte.

Se rio, pero prometió intentarlo.

Yo mismo había invitado a la muerte. Identidad-muerte. Con conciencia, deliberadamente, había deseado dejar atrás mi antiguo trabajo y quemar las identidades externas. Pero al igual que la mujer que había cambiado de trabajo, me resistía a mi nueva situación. *¿Qué voy a hacer en el bardo?*

6

¿Qué vas a hacer en el bardo?

«¿Qué vas a hacer en el bardo?», me preguntó mi padre.

Uno de mis hermanos mayores se había mudado a una zona más poblada de Katmandú, y después de unos meses vino a visitarnos a Nagi Gompa. Mi hermano se quejaba de los coches que tocaban la bocina y andaban petardeando, y de los perros que ladraban durante toda la noche. Se estremecía cuando hablaba de canciones de amor en hindi puestas a todo volumen en los transistores, y falsos gurús que daban sermones por los altavoces.

«No puedo meditar, no puedo mantener la compostura mental. Mi sueño es irregular y siempre me siento estresado», explicaba.

Con una preocupación sincera, mi padre le preguntó amablemente: «¿Qué vas a hacer en el bardo?».

Lo que recuerdo de este diálogo es que la ciudad parecía emocionante y que yo me moría de ganas de ir a visitar a mi hermano para verla; y aunque no tenía ni idea de lo que quería decir *bardo*, intuí que mi padre sutilmente estaba reprendiendo a mi hermano mayor, y su diálogo me parecía muy entretenido.

En mi tradición, se exploran seis etapas de transiciones de la vida y la muerte conocidas como bardos. La impermanencia enmarca todo el ciclo y es especialmente relevante en el bardo natural de *esta vida*, el lapso que transcurre desde el primer hasta el último suspiro. Hasta que aceptemos la verdad de la impermanencia, la ignorancia y la confusión oscurecerán nuestra vida. Para hacer una pequeña introducción: el bardo de esta vida incluye los bardos del *sueño* y de la *meditación*. En estas tres primeras etapas del mapa del bardo —la vida, la meditación y el sueño—, el énfasis se pone en la familiarización con la mente durante todo el día y toda la noche. A lo largo de esta vida, la mejor forma de aprovechar nuestra preciosa existencia humana es familiarizarnos con nuestra mente, y la meditación es esencialmente la herramienta más eficaz para lograrlo. Después de esta vida, entramos en el cuarto bardo, el bardo de la *muerte*, que comienza con el declive irreversible de nuestros cuerpos. El quinto bardo, llamado bardo del *dharmata*, es un pasaje onírico que conduce al último bardo, el del *devenir*. Al final de este sexto bardo, nacemos con una nueva forma, y el bardo de esta vida comienza de nuevo.

Cuando mi padre preguntó de forma coloquial «¿Qué harás en el bardo?», se refería al bardo del devenir, la etapa entre la muerte y el renacimiento, un período intermedio lleno de dificultades para esas personas que no hayan cultivado la ecuanimidad mental en esta vida. Sin embargo, como sugería el problema de mi hermano, ese periodo *intermedio* también se aplica a una mente perturbada en esta vida. Mi hermano se hallaba entre una vida rural tranquila y un experimento urbano ruidoso; se debatía entre lo viejo conocido y lo nuevo y desconocido; entre el pasado y el presente.

La pregunta de mi padre, dirigida a cada uno de nosotros, es: ¿qué harás en medio de sonidos espantosos?, ¿o en un tren apestoso y lleno de gente?, ¿o en un ataque terrorista, o en una guerra, o en cualquiera de los innumerables eventos no deseados de la vida? ¿El diagnóstico de una enfermedad, un pinchazo en la rueda del coche, una sensación de menosprecio, de falta de respeto, de rechazo? ¿Qué harás cuando experimentes que tu vida está siendo interrumpida por circunstancias que no deseas?

¿Mantendrás una mente estable que pueda acomodarse a lo que no quiere, y que realmente sirva de beneficio para ti y para los demás? ¿O explotarás con miedo, arrastrado por el enojo o la pérdida de autocontrol? ¿Cómo actuamos cuando no conseguimos lo que queremos, o cuando no queremos lo que tenemos?

Estoy en el bardo del devenir ahora mismo, entre la muerte del viejo yo y el nacimiento de lo que venga después. Devenir y devenir, siempre en el bardo de lo desconocido, lo incierto, lo pasajero.

Para los tibetanos convencionales, los bardos dividen las etapas contenidas desde el nacimiento físico hasta el renacimiento. Pero muchos maestros, incluidos mi padre y Saljay Rimpoché, transmitieron las enseñanzas del bardo como un viaje interior de la mente, y esta es ahora mi propia comprensión. En la versión convencional del bardo del devenir, entramos en una nueva etapa que se da entre la muerte física de este cuerpo y el renacimiento a una forma nueva; la mente pierde el amarre que ha tenido durante toda la vida y continúa más allá de la muerte del cuerpo. Pero con una comprensión de este concepto más amplia, no necesitamos esperar a morir físicamente para conocer el bardo del devenir. La mayoría de nosotros tenemos mucha experiencia en sentirnos sanos y estables, y a veces nos derrumbamos. No podemos sostener todo el conjunto; los hilos del tejido se deshilachan y la tierra bajo nosotros se desmorona. Nos hallamos entre un estado de ánimo y otro. En casos extremos, nos encontramos en paisajes mentales totalmente desconocidos y aterradores. Estas experiencias de derrumbamiento ocurren habitualmente cuando se dan eventos traumáticos que incluyen situaciones de shock y de agitación. Los acontecimientos cotidianos de angustia y de pérdida pueden ser tan desgarradores e inesperados que interrumpen las ideas que tenemos sobre nosotros mismos, a las que estamos acostumbrados. Este es el mismo tipo de experiencia que podría ocurrir cuando entramos en una estación de tren infernal la primera vez que nos encontramos completamente solos en el mundo.

Eso hace que nos sintamos destrozados, y parece que nos caemos o que nos ahogamos, que nos hundimos; nos esforzamos desesperadamente por pisar suelo firme, con el fin de sentirnos seguros y sostenidos, aun cuando identificamos la seguridad como una pequeña isla de territorio mental acostumbrado a la percepción incorrecta.

Bardo puede ser entendido como «este mismo momento». El ahora de este momento es la interrupción continua (o la pausa) entre nuestras experiencias transitorias, tanto temporales como espaciales, como la pequeña interrupción que existe entre este aliento y el siguiente; o el surgimiento y el desvanecimiento de este pensamiento y el siguiente. El intervalo también puede ser experimentado como el intermedio de dos objetos: el hueco entre dos árboles o dos coches, el espacio que proporciona la definición; o podemos entender este intervalo como la vacuidad que nos permite ver la forma. En realidad, *todo* está entremedias. Por minúsculo que sea el intervalo, siempre existe, y siempre está situado entre paréntesis. Todo en el sistema que es el mundo entero existe en medio de otra cosa. Desde este punto de vista, la connotación especial de *intermedio* que hace referencia al estado entre la muerte y el renacimiento aparece como prototipo de las transiciones que ocurren en este ciclo de la vida en el que nos encontramos ahora; las etapas del bardo explican cómo estas transiciones icónicas de la muerte a la vida aparecen en la experiencia cotidiana.

Sin cierto grado de comprensión de las transiciones naturales, es fácil quedarse encallado. Hace muchos años, leí un artículo en un periódico sobre una mujer que solicitó el divorcio después de treinta años de matrimonio. A diferencia de las quejas más comunes de infidelidad y abandono, esta mujer le dijo al juez: «Él no es el hombre con el que me casé».

¿Qué pasaría —me pregunto ahora— si pudiéramos empezar las relaciones como si nos subiéramos a un tren? Sabemos que el tren se moverá, más tarde se detendrá, volverá a ponerse en marcha y se moverá por paisajes y sistemas meteorológicos que irán cambiando. ¿Qué pasaría si empezáramos las relaciones sabiendo que la emoción de un nuevo romance, o la emoción de una nueva relación empresarial, o el encuentro inicial con un mentor espiritual, no será en el futuro igual que al principio? ¿Qué pasaría si esperáramos que cambiaran las nuevas circunstancias positivas, en lugar de desear que siguieran siendo las mismas? El tren hace muchas paradas. No intentamos prolongarlas, y no esperamos que el tren se quede en un mismo lugar. Pasa por los lugares igual que nosotros pasamos por los bardos. Los bardos nos muestran que todo está siempre en transición. Y ya sea que el *devenir* se aplique a las transiciones entre identificaciones mentales dentro de esta vida o a lo largo de muchas vidas, el desafío sigue siendo el mismo: liberarnos dejando de aferrarnos a la narrativa que nosotros mismos creamos.

No podemos determinar con exactitud el comienzo o el final de nada, incluidas las etapas del bardo; sin embargo, agrupar las cosas en categorías puede ser útil. Cada bardo reúne características propias de cada etapa de nuestro viaje. Las características del bardo natural de esta vida ofrecen oportunidades para despertar que son semejantes, aunque no iguales, a las oportunidades para despertar cuando estamos muriendo. Familiarizarse con las características disponibles para despertar en cada una de las etapas significa reconocer mayores oportunidades para convertir la confusión en claridad.

Con la ayuda de los ejercicios de respiración, la velocidad de la mente que se aferra se redujo, permitiéndome conectar con el nivel sutil del cambio constante. Cada instancia que nos permite visibilizar el cambio nos ayuda a estabilizar la comprensión de la impermanencia como la condición inmutable de nuestras vidas. Como camino a la liberación, el reconocimiento intelectual de la impermanencia debe integrarse con la experiencia encarnada; esto nos ayudará a dejar de aferrarnos a aquellas cosas que no podemos retener, ya se trate de nuestros propios cuerpos o de los de las personas a las que amamos, o de nuestros roles, o de nuestro prestigio.

Incluso en el tren, había tenido vislumbres de la conciencia desnuda, libre de olas; no completamente libre de ellas, pero sí en su mayor parte. Los vislumbres de la conciencia prístina pueden ser transformadores, pero se necesita trabajo para estabilizar la visión. Es por esto por lo que decimos: «Momentos cortos, muchas veces». Muchas muchas veces. Sí, había aprendido algo sobre la impermanencia, y definitivamente había encarnado los beneficios de mi entrenamiento, pero en recintos que me eran familiares, con protección y garantías.

7

Lecciones de Milarepa

Iniciar una vida sin techo se aparta de lo convencional, pero yo seguía los pasos de los santos más queridos del Tíbet: Milarepa, Tilopa y otros adeptos de mi propio linaje. A lo largo de mis años como yogui errante, estos predecesores fueron mis compañeros; y en el tren a Benarés me visitaron con frecuencia, especialmente Milarepa, mi héroe de la infancia.

Milarepa anduvo deambulando por un paisaje que se parecía a la región donde nací, Nubri. Mi pueblo se encuentra en la base del monte Manaslu, la octava montaña más alta del mundo. Me había aterrado la posibilidad de comer tripas de pescado como Tilopa, pero aunque Milarepa se había vuelto de color verde por no comer otra cosa que no fueran ortigas, yo todavía quería hacer lo que él: dormir bajo las estrellas y sentirme como en casa en medio de la naturaleza.

Mila, como se le llama cariñosamente, tuvo tantas encarnaciones en una sola vida que su camino enlazó la compasión y la violencia, la abundancia y la pobreza, la ruindad y la misericordia.

Ni mi comprensión ni mis aventuras le llegan a la suela de los zapatos a las de Milarepa; sin embargo, la totalidad de su vida —que conocemos desde el principio hasta el final— abrió para mí las puertas de la posibilidad de par en par.

De niño, Mila sufrió privaciones que yo nunca experimentaría. Su padre era un exitoso comerciante de lana que murió cuando Mila y su hermana pequeña eran niños. Entonces sus tíos, aprovechándose de una viuda desvalida, reclamaron las tierras de la familia y forzaron a sus legítimos dueños a vivir en la esclavitud. Mila tuvo que arrodillarse para que su tía usara su espalda de asiento, como si fuera la emperatriz de China; en la misma posición, también se convirtió en un soporte para que su tío lo pisoteara al subir a su caballo. La madre de Mila fue testigo de estas humillaciones, y cuando su hijo alcanzó la adolescencia lo animó a que aprendiera magia negra con un hechicero local. Un año más tarde, durante la fiesta de una boda a la que asistieron sus malvados tíos, Mila hizo un hechizo que causó una tormenta de granizo que derrumbó la casa, aplastando a treinta y cinco asistentes de la boda.

En ese momento, Mila ya había nacido en la riqueza, había renacido en la servidumbre y había vuelto a renacer en la retribución. La destrucción de sus enemigos hizo que su madre estuviera exultante y llegase a desfilar alrededor por el pueblo para proclamar su victoria. Pero Mila no participó en esas celebraciones. Pronto abandonó la aldea, habiendo renacido una vez más en la vida de un buscador, decidido a expiar todo el sufrimiento que había causado.

De niños, aprendimos de Milarepa que la felicidad no depende de las circunstancias. Su infinita satisfacción, a pesar de hallarse en un clima helado, sin comida ni ropa, lo convirtió en un ser divino; pero su historia humana hacía que su vida pareciera cercana, incluso aunque su cúspide siga siendo inalcanzable. A pesar de esto, y a pesar de los extremos en la historia de la vida de Milarepa, la muerte y el renacimiento también caracterizan la historia de todo el mundo. Todos nos transformamos con el amor y la pérdida, a causa de las relaciones, el trabajo, la bondad y la tragedia. Pero nos asusta el cambio, porque cuando nos identificamos con un patrón de comportamiento, renunciar a él puede parecer la muerte misma. A menudo el miedo inescrutable de la muerte física y distante se mezcla con un miedo más cercano, diario, más acuciante —aunque no se reconozca—, a la desintegración del yo. En cierto modo, sabemos que las etiquetas que construyen nuestras identidades no son reales, y puede que temamos —incluso más que la muerte física— que estas etiquetas se caigan, como una serie de máscaras que se disuelven, exponiéndonos de diferentes formas que no estamos dispuestos a asumir. Una gran parte del temor a la muerte física tiene que ver con la muerte del ego-yo, la muerte de las máscaras. Pero si sabemos que vivimos en una realidad más grande, tendremos menos miedo a nuestra propia autenticidad.

Cuando Milarepa fue en busca de ayuda, no tenía ni idea de hacia dónde se estaba dirigiendo. Pero tenía algo que podríamos llamar *fe*, algo de confianza en su propia capacidad de encontrar su camino. La confianza no puede madurar sin la aceptación de la incertidumbre, una lección que apenas empezaba a aprender. La primera vez que llegué a Sherab Ling, era uno de los muchos novicios que adoraban a Milarepa y aspiraban a honrar su vida y su linaje, pero no sabía cuál era la mejor manera de hacerlo. Como había escrito en la carta que había dejado para mis estudiantes:

… durante mi primer retiro de tres años, tuve la suerte de estudiar con un gran maestro, Saljay Rimpoché (1910-1991). A mediados del tercer año, algunos de mis compañeros de retiro y yo nos acercamos a Rimpoché para pedirle consejo. Habíamos obtenido un enorme beneficio del retiro y le preguntamos cómo podíamos ayudar a mantener este precioso linaje. «¡Practicad!», nos dijo. Los primeros años de la vida de Milarepa estuvieron llenos de miseria y penurias. A pesar de todo el mal karma que Milarepa cosechó cuando era joven, finalmente superó su oscuro pasado y alcanzó la iluminación completa viviendo en cuevas aisladas en las profundidades de las montañas. Tras iluminarse, Milarepa pensó que ya no tenía necesidad de quedarse en las montañas. Decidió bajar a zonas más pobladas, donde podría ayudar de forma directa a aliviar el sufrimiento de los demás. Una noche, no mucho después de que decidiera marcharse, Milarepa soñó con su maestro Marpa. En el sueño, Marpa le exhortó a permanecer en retiro, diciéndole que gracias a su ejemplo él influiría en la vida de innumerables personas.

... La profecía de Marpa se cumplió. Aunque Milarepa pasó la mayor parte de su vida viviendo en cuevas remotas, millones de personas se han inspirado en su ejemplo a lo largo de los siglos. Al demostrar la importancia de la práctica del retiro, Milarepa influyó en toda la tradición del budismo tibetano. Miles y miles de meditadores han manifestado las cualidades de la iluminación gracias a la dedicación de Milarepa.

Rimpoché respondió: «He estado en retiro casi la mitad de mi vida. Es una manera genuina de ayudar a los demás. Si queréis preservar el linaje, transformad vuestra mente. No encontraréis el verdadero linaje en ningún otro lugar».

Todavía estaba oscuro; nada hacía suponer que pronto fuera a amanecer. Había más gente durmiendo que hablando. No debía de llevar en este tren más de cinco horas, pero me sentía como si llevara allí toda la vida. Había viajado a través de paisajes extraños, habitando el reino del infierno en cada minuto y en el siguiente, anhelando protección como una criatura en el reino de los fantasmas hambrientos que nunca conocen la satisfacción. Entonces, regresaba a la meditación y aunaba mi mente para que simplemente *fuera* —sin las distorsiones—. Miedo, desesperación, destellos de coraje y conciencia amplia. *Mi primera noche. Estoy aprendiendo que no puedo morar en la mente errante de yogui de la noche a la mañana.*

La primera vez que supe de los seis reinos de la existencia fue en una visita a mi hermano mayor, Chokyi Nyima Rimpoché, en su monasterio del municipio de Boudhanath de Katmandú. Yo debía de tener seis o siete años. Designaron a un monje anciano fue designado para que me enseñara el templo y nos detuvimos ante un gran cuadro de la Rueda de la Vida. El viejo monje empezó a explicar con mucha paciencia toda la rueda, un intrincado diagrama de círculos concéntricos. La franja más importante está dividida, de la misma manera en que se cortaría un pastel, en los seis reinos, cada uno caracterizado por una aflicción prominente, y cada aflicción tiene la capacidad de transformarse en sabiduría. Toda la rueda está en manos de Yama, el Señor de la Muerte.

El monje anciano, al igual que muchos maestros estrictos de la vieja escuela —como más tarde descubriría— se regodeaba explicando los reinos inferiores más aterradores: los infiernos, y después el reino de los fantasmas hambrientos, que está habitado por seres delgados como palos con gargantas estrechas y alargadas, y estómagos hinchados. Él hablaba y yo me inquietaba. No quería oír sus enseñanzas sobre el samsara: el sufrimiento y la confusión de esta vida. Además, mi padre, que en mi opinión sabía más que nadie de todas las cosas del mundo, ya me había explicado que el infierno era un estado de ánimo, no un lugar. Él había insistido en que las horribles descripciones de los infiernos calientes y fríos no se referían a la próxima vida, sino a esta. Su verdadera intención, explicó, era hacernos caer en la cuenta del castigo autoimpuesto que nos inflige el enojo. Cuando actuamos por enojo, castigamos a los demás y nos afligimos a nosotros mismos. Nuestra ecuanimidad se evapora. Nuestros corazones se apagan. La capacidad de dar y de recibir amor se congela en el acto. Por nuestro propio disgusto, les decimos a los demás: «Vete al infierno». Mi padre también decía que cuando nos encontramos en la rueda del sufrimiento, los giros neuróticos que realizamos también contienen las semillas de la liberación, y que el reino humano proporciona la mejor oportunidad para despertar. Eso significaba que podía iluminarme en esta vida. Solo quería aprender meditación y salirme de la rueda, y el monje anciano no me decía cómo hacerlo. Me escapé y corrí a buscar a mi hermano.

En la rueda, los seis reinos van de menor a mayor angustia, aunque no los experimentamos en ningún orden en particular, y no deben ser tomados demasiado literalmente. Por ejemplo, no tenemos que ser ricos para conocer las características del reino de los dioses; pero los rasgos de este reino a menudo nos distancian, y la riqueza puede usarse para mantenernos separados —o por encima de los demás—. Mi propio sentido de separación era en parte resultado de mi educación privilegiada, y de mi papel y rango dentro de los recintos monásticos. Estas cosas son en sí mismas una forma de separación, aunque esas mismas circunstancias son las que me incitaron a arriesgarme a la incertidumbre de deambular de forma anónima. Después, en la estación de Gaya y en el tren, sentí el shock de estar solo como si me hallase en un infierno. La primera vez que dejé Tergar y el taxi no apareció, me había adentrado en la ignorancia del reino animal, sin uso de la razón. Volví a experimentar la mente animal más tarde, reaccionando a los sonidos antes de investigar sus orígenes o su impacto. En el reino de los fantasmas hambrientos de la codicia insaciable, el anhelo de protección se experimenta como una sed en el corazón. El reino de los semidioses manifiesta los celos, ya que sus habitantes nunca dejan de desear estar en el reino de los dioses. Cuando era niño, mis celos se dirigían hacia aquellos que tenían más libertad social que yo, especialmente cuando era un chiquillo y anhelaba escapar de los ojos vigilantes de mis cuidadores. Sin embargo, durante este viaje, me había sentido un poco herido cuando fui totalmente ignorado, y mi mente saltó de nuevo al reino de los dioses, porque podía oler el hedor del orgullo.

Sabemos del poder dañino de las emociones negativas. Estudiamos los reinos para aprender sobre la fluidez de la mente. Cualquier cosa —incluyendo la historia de la vida de Milarepa— que demuestre la constancia del cambio ayuda a descomponer nuestros apegos a la fijación. Ningún reino me había designado como su residente de larga duración; yo era un viajero de paso y esperaba poder asentarme en el reino humano, donde sabemos lo suficiente sobre el sufrimiento como para querer ponerle fin, y sabemos lo suficiente acerca de la felicidad como para aspirar a tener más.

La rueda significa circularidad, perpetuación y sufrimiento. Sin embargo, cada momento ofrece una oportunidad para despertar. Si no tomamos conciencia de por qué nos comportamos de la manera en que lo hacemos, los patrones que nos mantienen girando en el samsara se ven reforzados por el comportamiento recurrente. Nuestras actividades de hoy tienden a ajustarse a nuestras ideas de lo que pensamos que fuimos ayer, y esto perpetúa el mismo comportamiento que limita nuestra capacidad de cambio, y transforma nuestras tendencias en patrones que parecen inmutables. Esta es la naturaleza del karma. Aspectos de nuestro pasado tienen lugar en cada nuevo momento. Al mismo tiempo, cada nuevo momento también ofrece la oportunidad de relacionarse con los viejos patrones de nuevas maneras. Si no aprovechamos estas oportunidades, no hay nada que ponga fin al karma heredado de los estados mentales negativos. De forma inherente, disponemos de libre albedrío, pero este solo se manifiesta cuando examinamos la mente. Nuestro futuro está influenciado, pero no determinado ni predestinado, por los condicionamientos del pasado. Hasta que no aprendamos a examinar nuestra mente y a dirigir nuestro comportamiento, nuestras tendencias kármicas obligarán a los hábitos a sembrarse de nuevo a sí mismos.

La gente de hoy en día a menudo habla de sí misma en actitudes mentales estáticas, tales como: «Soy una persona airada», o «Soy una persona esencialmente celosa», o «básicamente codiciosa». Resaltar el rasgo dominante de un reino fortalece las tendencias kármicas. Al canalizar nuestra inmensa complejidad en un perfil reduccionista, nos engañamos pensando que nos conocemos a nosotros mismos, mientras nos perdemos la mayor parte de lo que hay que saber. Esto nos mantiene girando en bucles repetitivos y reduce nuestras opciones para averiguar quiénes somos realmente.

Estos reinos se consideran *aflictivos* precisamente porque nuestro apego a ellos limita nuestra experiencia. Todos pasamos más tiempo en unos estados que en otros, pero cuando priorizamos uno para identificar al *verdadero yo*, disminuimos el acceso a las interminables variaciones que influyen en el modo y el objeto que percibimos, y esto induce a que nuestros hábitos se repitan.

Los reinos pueden ayudarnos a identificar las emociones en términos de movimiento, en lugar de como aspectos estáticos de nuestra personalidad. En vez de decir «Esto es lo que soy», podríamos reconsiderarlo y pensar: «Esto es lo que siento a veces». Dar un paso atrás crea espacio para poder maniobrar. La ira, la avaricia y la ignorancia pueden atraparnos —como trampas turísticas atractivas que visitamos—, pero no son residencias para toda la vida. El término *reino* significa algo vasto, aunque no sea más grande o más pequeño que la percepción que le otorgamos. De esta manera, el reino puede ensanchar nuestro constreñido ancho de banda. Por ejemplo, para poder saber lo que es liberarse del infierno, debemos permitir que muera la agresión. Si moramos en la ira como si esta fuera la piel de nuestro cuerpo, nos parece que permitir esa transformación es la muerte misma. Sin embargo, los intentos de protegernos de esta muerte no hacen más que perpetuar las mismas aflicciones que nos mantienen prisioneros.

El hábito de la mente es experimentar la transición entre los reinos —o entre las respiraciones o los pensamientos— como algo ininterrumpido. Sin embargo, si lo examinamos con más atención, podemos aprender que siempre hay un hueco, un momento de espacio entre las cosas que asumimos que son continuas, al igual que sucede con las respiraciones y con los pensamientos. A pesar de que hablamos de la continuidad del *aquí y ahora*, algunos momentos ofrecen mayores oportunidades para reconocer ese hueco y experimentar un vislumbre de la vacuidad. Pongamos que hacemos una inspiración; cada momento que existe a lo largo del espectro de la respiración es otro momento del *ahora*. Sin embargo, el momento cercano al final de la inhalación —el momento que existe en el límite de una transición marcada— intensifica nuestra sensibilidad al cambio. Por lo tanto, este momento tiene un mayor potencial para tomar conciencia de los huecos que siempre están ahí. En el tren, estaba en medio de una gran interrupción —una interrupción obvia e intencionada de mis patrones—. Estaba en el límite, entre la inhalación y la exhalación. No me había ido muy lejos, y ciertamente no había llegado a ningún lugar.

El sol había salido; no pude detectar cuándo había salido, pero simplemente reconocí que esto había sucedido. «Estoy en el bardo del devenir —pensé—, pasando por reinos diferentes». Con la llegada de la mañana, más vendedores de chai se apresuraron a subir a los vagones en cada parada y a amontonarse en las ventanas. Más envoltorios de plástico de pequeños paquetes de aperitivos llenaban el suelo. El tren había llegado tarde, como siempre, pero pronto alcanzaría la estación de Benarés. *Y estoy en el bardo de la muerte, tratando de soltar mi antigua vida y sin todavía haber nacido en mi nueva vida. Al menos no estoy encallado. Me estoy moviendo.*

8

La estación de tren de Benarés

Había pensado en usar la estación de Benarés para iniciar mi nueva vida, para pasar unos días allí y dormir en el suelo del recinto. Sin duda parecía un punto de partida. Aunque los inicios de este viaje se remontan a mi infancia, su origen exacto era difícil de determinar: fantasías juveniles inspiradas en Milarepa, el momento en que salí de mi habitación la noche anterior, cuando me escurrí por la puerta principal, o cuando entré en el taxi, o cuando me subí al tren en Gaya. Cada evento fue un comienzo, y cada uno de ellos condujo a otro comienzo.

El tren llegó a Benarés a media mañana. El mero hecho de sobrevivir la primera noche me había dejado con una sensación de ligereza y vigorosidad. Aunque no había dormido más de diez minutos en toda la noche, estaba deseando ver qué me deparaba el día. Por primera vez desde que crucé la puerta de Tergar, la emoción de las nuevas posibilidades regresó y saboreé el aroma de la libertad. Pero mientras hacía caminando el recorrido que iba del andén a una estación cinco veces más grande que la de Gaya, mis maneras aparentaban más confianza de la que en realidad sentía, como si quisiera encubrir una lúgubre intuición de que en cualquier momento podría verme desbordado por demasiada novedad o desmayarme, o huir como un caballo asustado.

Pude percibir cómo crecía mi angustia; vi la anticipación como si estuviera observando un relámpago acercarse desde el otro lado de un valle. Reconocí la incomodidad en mi cuerpo. Acogí estas sensaciones con curiosidad por lo que podría pasar después. Me sentí como uno de esos muñecos de plástico con el tamaño de una persona y forma de muñeco de nieve que tienen el peso en la parte inferior. Se les puede atizar por los lados y zarandear, pero no pueden ser derribados. A pesar de la ansiedad, me sentía preparado para continuar con mi aventura.

Tenía una idea de lo que significaría hacer del mundo mi hogar. Siempre había imaginado que la comodidad mental interna podía extenderse a *cualquier* contexto, ya fuera que mi cuerpo estuviera en un hotel internacional de cinco estrellas o en un barrio de chabolas brasileño o caminando por Times Square. Sentirse en casa en cualquier parte significaba no aferrarse a visiones, sonidos y olores que atraen o repelen. Significaba soltar el impulso de seleccionar y elegir, y permitir que los objetos que veía, olía y oía y escuchaba simplemente fueran, sin ir a buscarlos, sin apartarme de ellos; simplemente permanecer con la claridad de la conciencia y permitir que todos los fenómenos que me rodeaban, fueran los que fueran, se desplazaran de un lado a otro como hacen las nubes.

Había deseado entrar en la estación de Benarés con la tranquilidad que muchas personas reservan para volver a casa después de un duro día de trabajo. Pensé en personas de mi edad que habían pasado la última década tratando de hacer planes a largo plazo para su empleo, sus relaciones y sus estilos de vida; de encontrar su rutina y establecer sus identidades personales. La rutina podía ensancharse hasta llegar a ser una trinchera que proveía aislamiento de un mundo impersonal e indiferente. Digamos que llegas a casa después de un día agotador o de un largo viaje desde el trabajo. Entras por la puerta muy agradecido de encontrar refugio de un mundo incontrolable.

Entras en una estación de tren india en una calurosa mañana de junio…

Tantas ratas y palomas. Ciertamente este será un tipo de casa diferente de cualquier otra que haya conocido antes. La mayoría de mis amigos no viven entre ratas y palomas. Y además me pregunto cuántos de ellos se sienten realmente, estando en sus casas, como en casa. ¿No es eso lo que los aboca a la meditación y a hablar conmigo? ¿No era esto lo que Saljay Rimpoché trataba de decirme cuando yo tenía once años en la India y echaba de menos a mi familia en Nepal, cuando me explicó que todos añorábamos nuestra casa, que todos anhelábamos nuestro verdadero hogar?

Cuando pensaba en los amigos de mi edad, de treinta y tantos años, que viven en este mundo, yo ya conocía un poco su desánimo. Demasiado a menudo la rutina protectora se transforma en una repetición, en una rueda de hámster sin salida. Los logros que una vez parecieron brindarnos significado y satisfacción no han estado a la altura de sus expectativas. La oficina con buenas vistas nos ha otorgado un buen estatus, pero no una confianza real; la cuenta bancaria puede haber crecido en valor, pero el dinero nunca es suficiente. Se dedica mucho esfuerzo a crear una superficie para aterrizar, pero las ruedas del deseo y de la insatisfacción no dejan de girar. A la expectativa le sigue la decepción. Y la mayoría de las veces, esto viene acompañado de recriminaciones. La culpa puede estar dirigida a un cónyuge o a un jefe, a una ciudad o a un presidente; entonces cambiar de pareja o de trabajo o de casa parece la manera perfecta de regenerar una vida que se ha quedado estancada. La dificultad aquí reside en que esta repetición de aspecto benigno mantiene el anhelo de libertad escondido debajo de la superficie. Y la «normalidad» de la actividad de las ruedas de hámster mantiene a la gente huyendo de sí misma. Aislada, pero demasiado asustada para estar sola. *Ir corriendo en círculos* describe el mundo de la confusión.

Mis rutinas no se habían vuelto aburridas o insatisfactorias. Pero esta estación definitivamente no se parecía a mis habitaciones del monasterio, limpias y seguras, y solo podía rezar y pedir que este viaje durara lo suficiente como para descubrir por qué no, para averiguar qué era lo que me bloqueaba, qué era lo que me ponía tenso e incómodo.

A lo largo del día preguntamos: «¿Dónde están mis hijos?», «¿Dónde están mis llaves?», «¿Dónde está mi teléfono?». Pero no tenemos la costumbre de preguntar: «¿Dónde está mi mente?». Si podemos entrenarnos para reducir la velocidad y observar nuestros pensamientos —no para dejarnos llevar por ellos, sino simplemente para darnos cuenta—, nos sorprenderemos de los universos que atravesamos un momento tras otro. Por lo general, no observamos nuestra mente y no sabemos muy bien cómo funciona; todo el tiempo, el grado y la movilidad de nuestro devaneo mental habitual desafían las ideas que tenemos acerca de estar encallado o de ser incapaces de cambiar.

¿Dónde estaba mi mente cuando me aventuré en la inmensidad de la estación de Benarés? Definitivamente mirando al exterior. Di una vuelta por la estación desconocida, en alerta máxima por amenazas. La gente caminaba a paso rápido hacia todas las direcciones. Algunos hombres de negocios con ropa occidental llevaban maletines; chicas adolescentes en camiseta, con pantalones tejanos apretados y pelo largo y liso caminaban de la mano; los padres batallaban con sus pertenencias y con sus hijos; algunos viajeros arrastraban maletas que seguían sus pasos, y otros correteaban tras los porteadores; todos tenían que circular al borde de la colisión.

Mi conciencia no se quedaba fija sobre ningún objeto en particular, sino que se movía mientras yo revisaba los distritos de mi nuevo hábitat: donde se permitía dormir a las personas sin hogar; la zona donde los mendigos pululan o están sentados en cuclillas; los puestos diminutos de comida grasienta; los quioscos de venta de prensa; los portones de las salas de espera exclusivas, los inodoros y las casetas de policía; las taquillas para comprar los billetes de tren, y la entrada a las vías.

Este recorrido a pie por la estación representaba un estado de ánimo intermedio. Conseguí cruzar la puerta de Tergar y salir de la ciudad. No había dormido en un lugar público y no había mendigado comida. Me había ido de casa, pero aún no me había quedado sin hogar. Deseaba renunciar a los hábitos de monje, pero seguía teniendo el aspecto de un lama tibetano. Mientras daba vueltas en círculo, a un ritmo lento y deliberado, asumí que aparecería algún lugar seguro para detenerme, y que una vez que llegara allí, las olas de incomodidad disminuirían.

También me sentí así cuando subí al taxi, y cuando finalmente encontré un asiento en el tren, como si ese lugar, un lugar arbitrario, aliviara mi sensación de estar desubicado. No sucedió, pero a menudo nos quedamos encallados en la ilusión de que llegar a un destino predeterminado terminará con la agitación mental que tenemos cuando sentimos que estamos entremedio. Esto sucede cuando no conocemos la continuidad de la conciencia, o cuando la conocemos pero aun así perdemos la conexión.

Dentro de esta vida, estoy en el bardo del cambio, la transición, la impermanencia. No morí de camino a Benarés, y las formas externas que definían a Mingyur Rimpoché no se habían desintegrado. Tampoco era exactamente la misma persona que había dejado Tergar. Había pasado una noche diferente a todas las demás, pero eso no me había convertido en un fantasma o en un cuerpo transparente o cualquier otra forma que pudiera manifestarse tras la muerte de mi cuerpo. Entre Bodh Gaya y la estación de Gaya, yo estaba entremedio. Entre Gaya y Benarés, yo estaba entremedio. Durante las últimas doce horas, mi compostura había sido desafiada repetidas veces. Sin embargo, había aguantado al confiar en que los estados de ánimo eran tan transitorios como la vida misma, como el aliento mismo. Desde el momento en que me marché de Tergar, estuve entremedio de una manera literal. Incluso al entrar en el tren y conseguir un asiento, estaba entremedio —igual que todavía lo estaba, en aquel momento, dando vueltas por la estación—. Sin embargo, el verdadero significado del término «entremedio» no tiene nada que ver con las referencias físicas, sino con la ansiedad de sentirse desubicado, de haber dejado atrás una zona mental de comodidad y de no haber llegado todavía a ningún lugar que restablezca ese bienestar.

En la descripción literal de los bardos, «entremedio» describe un estado de ser, insustancial e inmaterial, en el proceso de buscar el regreso a la sustancia. Pretende solidificarse y volver a ser un cuerpo. Desde el interior de nuestras formas materiales, ya sabemos que, por lo general, la experiencia de nosotros mismos como *no-cosa* y como *no-cuerpo* parece simplemente insoportable. Nosotros, los humanos, no podemos soportar esta posibilidad, a menos que nos despertemos y nos demos cuenta de que este estado transitorio y fluido es nuestro verdadero hogar.

Sin embargo, vivimos todo el tiempo en un estado de desconocimiento y de incertidumbre. Esa es la naturaleza de la existencia. Como experiencia de la vida cotidiana, el bardo del devenir expresa un elevado nivel de desubicación, de desmoronamiento, de desconocimiento de lo que está sucediendo; las condiciones que se esconden tras esos momentos en que experimentamos certeza y en que nunca cambiamos realmente. El cambio viene de nuestras percepciones. Cuando entré en el taxi en Bodh Gaya, la ansiedad de sentirme descolocado disminuyó, aunque viajar con el coche por la noche a una velocidad que superaba con creces el límite no fuera para nada seguro. Cuando estaba de pie en el andén del tren, supuse que subirme al tren disminuiría un poco la ansiedad. Pero el tiempo que pasé aplastado contra la puerta por un muro humano me provocó más ansiedad. Supuse que las cosas mejorarían cuando encontrara un lugar para sentarme en el suelo, pero el contacto continuo con extraños que caían encima de mí me hacía sentir aislado y agitado. Pensé que estaría más cómodo cuando pudiera conseguir un asiento, pero poco después me asusté al oír el silbato del tren.

En aras de la cordura y del discurso social, hablamos de comienzos y finales. Comenzamos y terminamos un viaje en tren, una llamada telefónica, un día. Comenzamos un programa de ejercicios y terminamos unas vacaciones o una relación. Hablamos del bardo de esta vida y del bardo de la muerte, seguido por el pasaje onírico llamado bardo del dharmata, y después entramos en el bardo del devenir; pero cuando desestimamos la conveniencia del lenguaje y de las categorías, cada segundo manifiesta el bardo del devenir. Devenir y devenir. Todos los fenómenos devienen siempre. Así es como funciona la realidad. Cuando nos sensibilizamos con las transiciones sutiles de las emociones, o con los cambios corporales, o con los cambios en las circunstancias sociales, o con las transformaciones ambientales, como las diferencias en el paisaje y la luz, o con los desarrollos en el lenguaje, el arte o la política, vemos que todo está siempre cambiando, muriendo y deviniendo.

Había pensado que de la noche a la mañana podría convertirme en un sadhu, un yogui errante, y desechar todos los roles externos de golpe; pero no había evaluado adecuadamente las formas en que estas identidades se habían arraigado en mi cuerpo. Todavía confiaba en el plan de echar leña al fuego, y de conocer el renacimiento incinerando la influencia que el yo ejerce sobre los sentidos. Sin tener fe en la capacidad de regenerarse, no podemos aprovechar al máximo la muerte de cada día.

Mientras pensaba en dónde sentarme, ni siquiera tenía la ilusión de encontrar un espacio seguro para recomponerme. Encontraría un lugar para sentarme, pero no sería un refugio. Continué dando vueltas por la estación, todo el tiempo diciéndome a mí mismo —aunque siendo consciente de la paradoja— que el ciclo del samsara no está predeterminado y que no estamos supeditados a la repetición infeliz.

Reflexioné acerca de algunos amigos que habían experimentado un cambio de vida sin haber puesto su mundo patas arriba.

«Pero tampoco he puesto mi mundo patas arriba», razoné. Era obvio que había dado un vuelco intencional a mi mundo; pero en esencia estaba perfeccionando un proceso en el que había estado inmerso toda mi vida. *Sí, estoy echando leña al fuego, pero este fuego ha estado ardiendo durante muchos años. No voy a cambiar de rumbo. Estoy dispuesto a quemar las identidades exteriores, pero en lo que respecta a todas las maneras importantes e interiores, este retiro es una extensión, una profundización, de las mismas aspiraciones que han definido toda mi vida.*

Un amigo de mi edad cambiaba de trabajo cada dos por tres; a veces lo dejaba, a veces era despedido. Hacía años que no lo veía, y un día, antes de irme de retiro, vino a visitarme. Esta vez dirigía un exitoso negocio de helicópteros. Primero, había tomado clases para obtener su carnet de piloto. Después alquiló un helicóptero y se ofreció para servicios contratados. Ahora tenía cuatro helicópteros y diez empleados. Le pregunté a qué se debía su éxito después de tantas desventuras. Dijo que siempre había sido demasiado orgulloso para arriesgarse a fracasar. «Hasta que estuve dispuesto a fracasar, a caerme de bruces, no pude hacer nada».

En ese momento, mientras daba una vuelta por la estación de Benarés, pregunté si estaba preparado para fracasar, para caer de bruces. Pero aparte de regresar a mi monasterio, no podía imaginarme qué representaría eso. También me acordé de una mujer que había estado casada con un alcohólico. Después de muchos años espantosos, su esposo entró en un programa de 12 pasos y se recuperó. Ella se sentía sumamente optimista con su nueva vida juntos. Un año después se separaron.

Ella me dijo:

—Mientras él fue un borracho, yo siempre podía ser mejor que él; cuando se hubo curado, ya no podía culparlo por todo y sentirme superior.

Después me dijo que aún estaban muy unidos y que habían hablado de volver a estar juntos.

—¿Qué tiene qué pasar para que eso suceda? —le pregunté.

—Yo misma tendría que aceptar que soy digna de ser amada por alguien que no sea un borracho.

—¿Y cómo lo llevas? —le pregunté.

—Estoy trabajando en ello.

Me había gustado su respuesta, y ahora pensaba: «Yo también. Estoy trabajando en ello». Trabajando para ser consciente de todas las maneras en que se me ha tratado como alguien especial; y dejar que eso exista en la conciencia. Sin empujar. Sin atraer. Y viendo también la necesidad del tipo de protección que me habían proporcionado los ayudantes y los cuidadores, aunque apenas empezaba a descubrir lo dependiente que me había vuelto de esa protección.

Mi desorientación no disminuyó al aprenderme el trazado de la estación. Miré el reloj. Eran casi las once. Pronto se descubriría la carta. En ella, había dejado escrito:

… En mis primeros años, me entrené de diferentes maneras. El tiempo que pasé con mi padre implicó un riguroso entrenamiento de meditación, pero no estaba en retiro estricto, en el sentido en que sabía que lo estaban otras personas, y podía entrar y salir libremente. Mi retiro de tres años en el monasterio de Sherab Ling, por otro lado, se llevó bajo un aislamiento total. Un pequeño grupo de nosotros vivía en un recinto cerrado y no tuvo ningún contacto con el mundo exterior hasta que terminó el retiro. Estas son dos formas de práctica, pero no las únicas. Como lo demuestra el gran yogui Milarepa, también hay una tradición de vagar de un lugar a otro, alojándose en cuevas remotas y lugares sagrados sin planes ni ideas fijas, con solo un compromiso inquebrantable con el camino del despertar. Este es el tipo de retiro que practicaré en los próximos años.

A los pocos minutos de que se descubriera mi ausencia, se informaría a mi hermano Tsoknyi Rimpoché y a mi único maestro vivo, Tai Situ Rimpoché. Me imaginé a mi abuelo, que ahora tenía noventa y tres años, enterándose de mi desaparición y sonriendo con una aprobación desdentada. No estaba preocupado por él, ya que sabía que él no estaría preocupado por mí. Su visión, tan vasta como el cielo, podía acomodar cualquier cosa. Se corría la voz; la gente expresaba su preocupación. «¿Adónde se fue?», «¿Cómo va a comer?». *¿Quién se lo dirá a mi madre?*

Me senté en el suelo de piedra, en el área destinada a las personas que pasan días y noches en la estación. Los mendigos tenían que quedarse fuera. Algunas de estas personas no tenían adónde ir, pero otras pasaban por Benarés y se quedaban una o dos noches allí para hacer sus conexiones ferroviarias. La compañía ferroviaria india es tan barata que hay familias enteras que viajan miles de kilómetros a funerales y bodas donde la comida puede ser abundante.

Crucé las piernas y me senté con la espalda erguida, la mochila en el regazo y las manos en los muslos, perfeccionando la imagen del monje disciplinado, salvo que ahora podía permitirme darme cuenta de mi apego a este papel. Al cabo de unos minutos también me di cuenta de que volvía a estar bastante inquieto. La policía me miraba sospechosamente. La gente a mi alrededor me miraba fijamente. Mis hábitos granate atraían la curiosidad. Cuando estudiaba a los mendigos en Bodh Gaya pensaba: «¡Esto también puedo hacerlo yo!». Pasé horas imaginándome a mí mismo con mi cuenco de limosna, sin lavarme, durmiendo en suelos de piedra o en los bosques. Pero la garra de la desnudez social con la que me había encontrado por primera vez en la estación de Gaya se había escapado de mis proyecciones.

Me había concentrado en la ausencia de cosas como la comida, los colchones limpios y cómodos, el jabón y las duchas de agua caliente. Naturalmente me había imaginado estas austeridades dentro de mis habitaciones ordenadas, comiendo mis comidas favoritas y rodeado de personas a las que amo y que me aman. Lo que me pilló desprevenido fue una sensación de vergüenza, de no tener un lugar donde esconderme, de que me miraran fijamente, de sentirme devorado por mis inhibiciones. Había encontrado mi lugar entre la gente, y ellos también lo habían encontrado. Cuando viajaba, lo hacía como emisario de una esfera social selecta, y me trataban como tal. Nunca había superado completamente la timidez de mi infancia. No siempre tuve un comportamiento público tranquilo o un estilo social llevadero; pero la intensa vergüenza que estaba sintiendo en ese momento se correspondía con la ola que se estrelló contra mí cuando entré por primera vez en el tren la noche anterior. Mi propia alienación se transfirió a la alienación de los demás. En cuestión de minutos, ya no estaba entre los mansos y los indigentes, sino que era alguien a quien los lunáticos miraban fijamente. Mientras caminaba por la estación, veía personas que saltaban a las vías para orinar y defecar.

Entonces inicié el mismo tipo de escaneo que había realizado en el tren, como una forma de relajar el cuerpo, o lo intenté, yendo desde la parte superior de la cabeza hasta las plantas de los pies. Después de unos cinco minutos, el esfuerzo se dirigió a sentir los cambios dentro del cuerpo.

Llevé mi conciencia a la frente.

Sentado en silencio, traté de sentir cualquier sensación que hubiera allí, tal vez calor, hormigueo o vibración.

La sensación sutil siempre existe, pero yo estaba demasiado estresado para detectarla.

Después de uno o dos minutos, llevé la mano a la cabeza y mantuve la palma a medio centímetro de mi frente, sin llegar a tocarla. Entonces mi palma pudo sentir el calor que venía del interior, y algo de hormigueo.

Bajé la mano y volví a llevar mi conciencia a la frente. La mantuve allí hasta que pude sentir un cambio en la sensación de calor, de la presión a la relajación.

Me mantuve consciente de esta sensación, que siempre cambia. *Suéltala. Déjala estar. Por muy agradable que sea, no te aferres a ella.* Intenté descansar en la experiencia de la conciencia estable.

Entonces, manteniendo la conciencia estable, trasladé la atención a la parte superior de la cabeza. La intención era conectar con cualquier sensación. Sentía tirantez en los nervios, en los músculos, en la piel. Mi mente revoloteaba sobre la cabeza, moviéndose entre el pasado y el futuro. Volví a traer la mente a la cabeza. A mi cuerpo. *Intenta sentir las sensaciones.* Si no podía sentir la sensación, intentaba reducirlo a eso: la conciencia de no tener ninguna sensación.

Observa si la sensación se percibe como agradable, desagradable o neutra. Luego descansa.

Hice descender la atención por la cara, los músculos de la mandíbula, la boca, los labios. *Atente a lo que sea que esté sucediendo, y mira si puedes notar cambios, tanto en la sensación como en tu reacción.*

Quería reafirmar que cada átomo de la superficie del cuerpo, cada pizca de piel, cada poro es un receptor sensorial que cambia continuamente.

Necesitaba volver a experimentar la continuidad del cambio, recordar que cada momento esconde la oportunidad de trascender la mente rígida, que es el caldo de cultivo para la ansiedad y el estrés. Entre cada respiración, y cada pensamiento, existen huecos totalmente libres de concepción y memoria, pero nuestros hábitos mentales oscurecen esta información.

Debido a que el escáner me permitió registrar el cambio, se confirmó que yo no estaba destinado a esta intensa incomodidad; pero no conseguí relajarme y permanecí sentado con una determinación espartana y voluntaria. El orgullo, esa maldición del reino de los dioses, me impedía moverme, tan solo porque las ratas correteaban entre las personas que habían ocupado el suelo.

Echando la vista atrás, es fácil entender por qué atraía tanto la atención. Estaba demasiado bien acicalado para encajar en el lugar. Mis ropas aún parecían planchadas; mi cara y mi cuero cabelludo estaban recién afeitados; mis uñas, cortadas, y mis gafas aún no se habían roto. Mi presencia debía parecer un experimento social de la clase media en los suburbios. En cierto modo, lo era. *Muchos de mis jóvenes estudiantes deambulan con mochilas, sin mucho dinero. Supongo que la mayoría de ellos han pasado tiempo a solas, en trenes y aviones y conduciendo por las carreteras. Seguramente han comprado billetes de tren y cafés para llevar, y han averiguado los horarios de viaje y han pedido comida y han comido solos en restaurantes.*

Me levanté para usar los baños públicos, y cuando regresé, una familia se había acomodado cerca de mí. Por primera vez, alguien me habló.

El hombre preguntó:

—¿Eres de China?

—Soy de Nepal —le contesté.

Su curiosidad quería decir algo. Los indios son curiosos con los extranjeros, pero Nepal no es lo suficientemente extranjero, y creen que al pueblo nepalés no merece la pena conocerlo. Aun así, era amistoso y tenía ganas de hablar.

Iba vestido con un dhoti andrajoso y una camiseta sin mangas arrugada.

Llevaba bigote, pero el resto de la cara afeitada. Nadie en la familia tenía zapatos. La mujer llevaba puesto un sari de algodón ligero arrugado, de color naranja descolorido, con el extremo envuelto holgadamente sobre la cabeza. Los niños tenían el pelo despeinado, como si llevaran un tiempo sin lavarse, y la ropa no era de su talla. Entre sus sacos, había una bolsa enorme de arroz y un pequeño fogón para cocinar. El hombre dijo que venían de su aldea, que estaba más al este, y que se habían detenido en la estación de camino al sur para visitar a sus parientes. Pasaban mucho tiempo en los trenes más baratos y el hombre conocía bien la estación. Me enseñó cuáles eran los mejores puestos para el té, para los cacahuetes y las galletas.

Disfruté hablando con él, pero pronto giré el cuerpo para ponerme mirando al frente, y él cogió el mensaje de que yo prefería estar sentado en silencio.

9

Vacuidad, no la nada

Un amigo inglés una vez me regaló un recuerdo de una estación de tren diferente, el metro de Londres. Era una gorra de color rojo brillante con letras doradas que decían: «CUIDADO CON EL HUECO». Se trata de un aviso a los viajeros para que sean conscientes del espacio que hay entre el andén y el tren. De lo contrario, uno podría pisar en ese espacio intermedio y romperse una pierna.

«Cuidado con el hueco», me dije a mí mismo, porque también existe un hueco entre reino y reino, y entre pensamiento y pensamiento, y entre emoción y emoción. Sin embargo, a diferencia del hueco entre el andén y el tren, este tipo de hueco es sutil: difícil de notar y fácil de pasar por alto. En una visita a Singapur, me llevaron a un restaurante de lujo en lo alto de unos grandes almacenes, en un edificio de seis pisos. Mientras subíamos por la escalera mecánica, fantaseé con estos huecos. Imaginé que estaba perdido en el sótano de una tienda enorme. Desconcertado y asustado, vagaba entre generadores y calderas chisporroteantes, tuberías de vapor, pistones parpadeantes y motores hidráulicos estruendosos. No hay ventanas. No hay aire. No hay cosas bonitas para comprar. No hay señales de salida. En contraste con esta atmósfera infernal, el piso más alto, el sexto, al que me llevaban, tenía suelos de mármol rosa, paredes de vidrio y terrazas con flores hermosas. Veinticuatro horas al día, siete días a la semana, las escaleras mecánicas van del reino del infierno del sótano hasta la morada de los dioses y vuelven a bajar, reflejando la fluidez continua de las transiciones mentales.

Mientras me desplazaba en la escalera mecánica, vi que no podemos tomar las escaleras móviles en un solo viaje continuo de abajo hacia arriba, o al revés. Para cada piso debemos bajarnos y luego volver a subirnos al siguiente grupo de escaleras en movimiento. En otras palabras, hay un hueco. Con entrenamiento, es posible tomar conciencia del *espacio intermedio*: el espacio entremedio de nuestros pensamientos, nuestros estados de ánimo, nuestras percepciones y nuestras respiraciones.

¿Qué es lo que hace que este hueco sea tan valioso? Pongamos que estamos viendo un cielo nublado. Algunas nubes son más claras o más oscuras que otras; se mueven rápida o lentamente, se dispersan y cambian de forma y se disuelven unas en otras. Entonces, de repente, hay una abertura, y por un instante vislumbramos el sol. Esa abertura en las nubes es el hueco. Las nubes representan todo el contenido normal de la mente indisciplinada, el cuchicheo interminable que esta arroja sobre nuestros días, sobre nuestras comidas, sobre nuestros horarios, sobre nuestras dolencias, sobre nuestros problemas del pasado, sobre nuestras proyecciones. Además, estos pensamientos surgen influenciados por nuestra historia psicológica y por nuestro condicionamiento social, y pasan a través de nuestra mente moldeados por tonalidades emocionales de deseo, avaricia, enojo, envidia, orgullo, y así sucesivamente. Una nube tras otra, moviéndose en la mente, saliendo de la mente, despacio o de forma turbulenta, creando sorpresas e inculcando miedos. Podemos encallarnos tanto en historias que nos contamos a nosotros mismos que ni siquiera intentamos mirar tras las nubes. O podemos confundir esta corriente de nubes mentales en movimiento con la mente natural que se esconde detrás de ellas. Pero si prestamos atención, podemos reconocer el hueco, el espacio fugaz entre los pensamientos.

Un estudiante dijo una vez: «Lo único que quiero es cerrar el grifo». Eso describe la experiencia común de nuestra mente mono: un torrente de pensamientos en cascada y sin interrupción. Pero a través de la conciencia, podemos detectar que, aunque el murmullo parece ser incesante, existen huecos, momentos intermedios, espacios vacuos que ofrecen oportunidades experienciales para reconocer la mente despejada. En estos huecos, experimentamos la percepción pura. Sin tiempo, sin dirección, sin juicio. Las nubes de murmullos y memoria se aclaran, y el sol brilla.

El hueco entre los pensamientos —al igual que el hueco que hay entre las respiraciones o entre los estados de ánimo— nos permite vislumbrar la mente desnuda, la mente que no está oscurecida por las preconcepciones y los patrones de la memoria. Es ese resplandor fresco que nos sobresalta para que despertemos y nos recuerda que las nubes son preocupaciones superficiales temporales y que el sol brilla, lo veamos o no. Darnos cuenta del hueco nos adentra en la mente que no se aferra a una historia de pérdida, o de amor, o a una etiqueta de fama o de desgracia, o a una casa o a una persona o a una mascota. Es la mente liberada de esas percepciones erróneas que nos mantienen atrapados en ciclos repetitivos.

Hueco es otra palabra para «bardo». Hacer una distinción entre el bardo de esta vida y el bardo de la muerte nos proporciona un enfoque para estudiar las etapas del ser; pero en realidad, estas etapas no tienen bordes ni límites nítidos, ni finales, ni comienzos. Todo está en movimiento. Todo está continuamente emergiendo, cambiando, transformándose, surgiendo y desvaneciéndose. Si nuestra mente no se queda encallada en algún reino en particular, o no se apega a un conjunto limitado de identidades, y puede iniciar el movimiento y responder a él y apreciar la transitoriedad, estamos creando una atmósfera interna que conduce al reconocimiento de los huecos.

La claridad a la que se puede acceder a través de esos huecos es el estado despierto natural y sin artificios que me acompañaba en el reino infernal de la estación Gaya y en el reino de los dioses de mi vida anterior. Existía incluso cuando sentí asco por los inodoros que rebosaban, cuando ansié protección y cuando me asustó el silbato de un tren. Este estado despierto no depende de las circunstancias. Existe ahora. Ahora mismo. No aumenta ni disminuye con actos de bondad o crueldad. Lo que llamamos *el hueco* se refiere a un momento fugaz de conciencia desnuda, una apertura de fracción de segundo que nos introduce en nuestra mente original y nos permite probar el sabor de la ausencia de confusión.

El yo que se aferra puede resistirse a entregarse a sí mismo de una forma bastante feroz. Su trabajo es mantener el control. El ego de este abad había experimentado una noche ajetreada. Incluso cuando había sido capaz de cortar a través de las percepciones erróneas, estas se reconectaron como un pastel de mochi, esos pasteles japoneses de arroz tan pegajosos: puedes cortarlos por la mitad y ver cómo se desparraman formando otro trozo nuevo. Así es la tiranía del ego que se aferra. Pero incluso una pequeña degustación del sabor que tiene la libertad puede llevarnos a una nueva dirección.

A menos que hayamos desarrollado cierto grado de comprensión de los muchos aspectos diferentes de la mente, los vislumbres de la vacuidad no tienen por qué ser necesariamente beneficiosos, y a veces pueden crear perplejidad. Las personas no saben qué hacer con ellos. Una amiga estadounidense contó una historia de cuando ella era adolescente y pasaba un día en la playa. Era verano y estaba relajándose con los amigos; de repente «desapareció». «Todo estaba allí —los amigos, la playa, el agua— y todo era brillante y resplandeciente. Podía ver, podía oír, pero yo no estaba allí». Esto duró como mucho dos minutos, y me dijo que nunca había tomado drogas alucinógenas. No dijo ni una palabra de esa experiencia a sus amigos. La experiencia se convirtió en una vergüenza inexplicable que no compartió con nadie. Pensó que tal vez había perdido la cabeza, que este evento podría ser un indicio de locura. La posible asociación entre la psicosis y esta pausa la persiguió durante años, hasta que comenzó a practicar la meditación. Solo entonces pudo utilizar esta experiencia espontánea para acceder a niveles más profundos del estado de despertar.

Esta mujer también me dijo que décadas más tarde, cuando rememoró este episodio con amigos que también habían encontrado su camino en la meditación, muchos de ellos manifestaron que habían experimentado momentos similares de vislumbres espontáneos, así como el miedo a explicarlos. Me enteré de estas historias a través de personas que siguieron practicando la meditación. Sin embargo, apuntan a la naturaleza universal e inherente de nuestra mente original, la mente no fabricada.

Durante las siguientes ocho horas, el suelo de la estación parecía engullirme. Me dolían los huesos, el trasero y las rodillas de estar sentado encima del mármol. No había pensado en practicar estos últimos meses sentado sin cojín. Me había cansado bastante y me di cuenta de que sentía una mezcla de fatiga y molestia. La gente que me rodeaba parecía muy antipática. Finalmente, opté por ir al albergue-dormitorio de la estación en la planta superior de la estación.

Podría haber seguido con mi plan de dormir en el suelo de la estación. A pesar de los obstáculos, y más aún debido a ellos, todavía me sentía muy entusiasmado por enfrentarme a los desafíos. En el nivel más profundo, había conocido el reconocimiento de la conciencia durante muchos años, e incluso cuando perdí la conexión, confié en la sabiduría de la vacuidad. A pesar de que las olas habían sido más fuertes de lo que había previsto, y a pesar de que me habían puesto en apuros para respirar, nunca perdí completamente de vista la gran mente espaciosa, y eso me salvó. Nunca dudé realmente de mi capacidad de permanecer en el reconocimiento de la conciencia, o de volver a ella después de algunas pausas reales. Esto es lo que me habría permitido dormir en el suelo si lo hubiera elegido. Pero tomé otra decisión. No quería hacerme el Superman. No quería demostrar ninguna heroicidad. Y sabía que forzar intencionadamente la situación haría que la mente rígida se embrollara. Requeriría mucho esfuerzo, y significaría ir a la guerra contra mí mismo. No valía la pena. Decidí: «Si no puedo cambiar de la noche a la mañana, está bien». Pagué cien rupias (aproximadamente un euro con cincuenta céntimos) por una estancia de doce horas y me asignaron una habitación con unos veinte catres de armazón metálico. La habitación no tenía un aspecto agradable ni limpio; hacía bastante calor y no olía bien. Pero después de haber dormido en el suelo de la estación, caí en mi catre como en el regazo de los dioses.

Reconocer la incomodidad y el sueño en el dormitorio era más afín a mis intenciones: avivar las llamas para poder ver mejor lo que pasaba en el interior. Quería saber todo lo que pudiera sobre esta sensación de vergüenza, en lugar de desactivarla para tener la sensación de que dormiría cómodamente en el suelo de la estación cuando en realidad no lo haría. Sabía que para que una emoción se transformara tenía que ser más grande de lo normal, más clara, más visible. En los ejercicios que había estado haciendo durante el viaje, siempre había un testigo; por ejemplo, *yo, aquí, estoy trabajando con este sonido que está allí*. El testimonio nunca desapareció. Siempre había un observador. Ahora, en el dormitorio, tenía que preguntar: «¿Quién está experimentando la vergüenza?». ¿Quién era el «yo» que el monje Nagasena señalaba en uno de mis cuentos favoritos de infancia?

Tumbado en mi catre, me desvié hacia la historia de un rey y un monje. Unos 150 años después de la muerte del Buda histórico, un rey llamado Menandro se encontró con el venerado monje budista Nagasena. El rey no conocía a este monje y le preguntó cómo se llamaba. El monje le dijo que su nombre era Nagasena, pero después añadió:

—Esto es solo un nombre, una denotación, un asunto de uso convencional. No hay ninguna persona aquí. Nagasena es solo una designación.

Mingyur Rimpoché también es solo una designación. Yo no soy mi nombre. No es mi título. No soy mis hábitos. Medito con la misma aspiración que me llevó a acostarme en este catre en el albergue del tren: desidentificarme con el nombre, los títulos, los hábitos, y así conectar con la mente no condicionada. Solo con una mente inconmensurable puedo prestar un servicio inconmensurable a los demás.

Entonces el rey Menandro preguntó:

—¿Quién es el que lleva puestos los hábitos, quién los disfruta, quién medita, quién practica?

—La designación «Nagasena» —contestó el monje.

¿Quién está tumbado en este dormitorio de la estación? La designación Mingyur Rimpoché.

Presionándolo todavía más, el rey le preguntó a Nagasena:

—¿Podría ser que los pelos de tu cabeza sean de Nagasena?

—No —le contestó el monje.

El rey le preguntó si su verdadera identidad podría encontrarse en otras partes del cuerpo, tales como las uñas, los dientes, la piel, la carne, los tendones, los huesos, la médula ósea, los riñones, el corazón, el hígado, la piel, el bazo, los pulmones, los intestinos, el estómago, los excrementos, la bilis, la flema, el pus, la sangre, el sudor, la grasa, las lágrimas, la saliva, el moco o la orina. ¿En el cerebro, quizás?

Escaneé mi cuerpo, como cuando era niño, buscándome a mí mismo. *Definitivamente no soy mis uñas, ni mis dientes, ni mi piel.*

El monje le dijo al rey que su identidad no se encontraba en ninguna de esas partes del cuerpo.

Entonces el rey le preguntó si el monje era... «una sensación de placer o de dolor, una percepción, un impulso o un estado de conciencia».

Resultaba más fácil estar seguro de que no era una parte del cuerpo que estar seguro de que no era una percepción o un estado de conciencia, ya que varias veces durante el último día mis sentimientos habían hecho que perdiera mi compostura mental. Apostaría mi vida a que no era mi vergüenza, ni mi fracaso, ni mi orgullo, ni mi pánico. Sin embargo, estas cosas, dondequiera que se escondieran, estaban pellizcando mis sentimientos.

El rey acusó al monje de mentirle:

—Dijiste que eras Nagasena, cuando no existe tal persona.

En este punto, el interrogatorio cambió de rumbo. El monje le preguntó al rey cómo había llegado a aquel lugar. El rey informó que había llegado en carro.

El monje preguntó por el carro:

—¿Es el eje, las ruedas, el yugo, las riendas?

¿Era el tren a Benarés las ruedas, el coche, la turbina, la estructura metálica, el motor?

El rey dijo que el carro no era ninguna de esas partes en particular. Entonces el monje preguntó si había un carro separado de estas cosas.

—No —respondió el rey.

Nagasena sugirió que el rey también estaba mintiendo:

—Dices que llegaste en carro, pero no puedes decir lo que es un carro.

—No estoy mintiendo, porque es a causa de estas partes por lo que un carro existe como un nombre, una denotación, un uso convencional —contestó el rey.

—Exactamente —convino el monje—. Debido a mi cuerpo, sensaciones, percepción, etc., Nagasena existe como una denotación, un uso convencional, un nombre. Pero, en última instancia, no se puede encontrar a ninguna persona.

Llegué al final del diálogo tal como lo recordaba. Así que yo no era mi meditación, ni mis roles, ni mi estatus especial. *Quién se levantará de este catre? ¿Quién estaba tan estresado en la sala de espera? ¿Dónde residen la paranoia y la vergüenza? ¿Cómo surgen? Si no pueden localizarse, o percibirse con los sentidos, si sus formas —su tamaño y su peso— se mueven como nubes, pasarán*

de largo. ¿Pasar por dónde? Mis manos no pueden sostenerlos. Ah,
esta mente mía. ¡Cuántos problemas llega a causar!

Mentes vacuas, cuerpos vacuos, emociones vacuas, pero no la
nada. Las ondas que emergen en forma de emociones, deseos y
aversiones también son vacuas, y su fuerza también es vacua. Sin
embargo, la fuerza vacua de la ola vacua tiene el poder vacuo de
arrollar una mente que también es esencialmente vacua, aunque
no lo sabe y está llena de ideas. Pero si no creamos una historia
acerca de la ola, tenemos agua vacua disolviéndose en el océano
vacuo, como agua que se vierte en el agua. No hay problema. Las
emociones en sí mismas no son el problema. Lo es cómo nos
relacionamos con ellas.

Aunque nuestros sueños hacen que nos despertemos riendo,
llorando o gritando, decimos que *no son reales* —pero insistimos
en que el miedo, el pánico, el orgullo y la vergüenza son reales—.
Nos metemos en nuestros sueños y decimos: «Ese no soy yo». Nos
metemos en nuestros miedos y nuestra confusión e insistimos en
que ellos son el verdadero yo.

¿Este cuerpo es real? ¿Existe un yo «real» o un yo «falso»? Na-
gasena dice que su nombre, su rango, sus partes del cuerpo, etc., no
son falsos. De la misma manera, mi propio nombre, cuerpo, temores
o aflicciones no son falsos. El término *no-yo* no significa «falso yo».
Sin embargo, no es real en los términos que imaginamos. Ni nosotros ni el mundo que nos rodea estamos hechos de cualidades
sólidas, independientes y duraderas que proyectemos. Nuestras
percepciones son falsas. Los objetos de nuestra percepción no
son ni falsos ni verdaderos.

Millones de personas mueren cada año, pero si a nosotros, o
a alguien cercano a nosotros, se nos diagnostica una enfermedad
terminal, nos preguntamos: ¿cómo ha sido? Una pregunta incluso más asombrosa es: ¿cómo podemos mantener fijas esas percepciones erróneas tan obvias? No podemos agarrarlas con las

manos. No podemos atarlas con cadenas. Solo la mente tiene la capacidad de encarcelar afirmaciones totalmente falsas acerca de quienes somos. *Solo hay un obstáculo para llegar a conocer mi propia vacuidad esencial: la nube de la mente que se quedó atrapada en la fijación de la vergüenza, o en el apego a los roles, y la incapacidad o la falta de voluntad para dejar pasar estas nubes.* La información no fue suficiente para crear tranquilidad, pero me permitió regenerar el entusiasmo por echar leña al fuego.

Para darnos cuenta de que la vida misma es cambio solo tenemos que fijarnos en nosotros y en las personas más cercanas. Esto nos proporcionará más información de la que necesitamos. Pero no queremos ver esto, y la negación causa *dukkha*, que se traduce como «sufrimiento». *Dukkha* abarca desde el tormento y la agonía hasta la insatisfacción, la angustia, la agitación y la molestia. Cada variedad refleja una perturbación mental que surge cuando sustituimos la realidad tal como es por la que deseamos que sea.

Mi propia experiencia me enseñó que aprendemos esta lección, y después los viejos hábitos regresan y tenemos que aprenderlos de nuevo. Y otra vez. El engaño de la mente habitual se me hizo evidente a través de un incidente muy específico de mi infancia en Nubri. Nuestra casa estaba en la cima de una colina, y los chicos de mi edad vivían abajo. Nuestra manera secreta de reunirnos era: yo me escabullía de mi casa, ponía las manos alrededor de la boca y hacía el sonido del canto de un pájaro cuco. *Cu-cuuuuuu*; si me oían, me devolvían el *cu-cu* y corríamos a un bosquecillo escondido lleno de árboles altos. Los troncos y las ramas se habían torcido con el tiempo; algunos formaban arcos, mientras que otros se entrelazaban o se inclinaban en dirección al suelo.

En la arboleda, competíamos para ver quién podía escalar más alto y más rápido. Como un mono, me colgaba de una rama con una mano y me columpiaba hasta la rama de arriba. Un día, cuando me balanceaba de rama en rama, oí un fuerte chasquido.

Aterricé bocarriba con los hábitos cubriéndome la cara. Todavía sujetaba en la mano una rama rota. Cuando por fin desenredé los hábitos de la cabeza, vi a mi abuela mirándome fijamente. Me quedé inmóvil, esperando a que me regañara por haberme escapado. En vez de eso, dijo con bondad: «Dame ese palo. Quiero enseñarte una cosa». Me senté y se lo di. Me dijo: «Creíste que esto era fuerte y duro, pero mira». Debajo de la corteza, la madera estaba podrida y blanda como el fango.

En los días siguientes, pasé horas pensando en ese árbol, tratando de comprender que las cosas no eran lo que parecían ser. Mis ojos me habían engañado. El árbol me había traicionado. Si no podía confiar en las apariencias, ¿entonces con qué podía contar? Quería seguridad. Quería que la rama me prometiera que no se rompería, que no me caería. *¿Cómo podemos vivir en un mundo sin certeza, en el que no existe ni siquiera una sola entidad que sea fiable ni siquiera por un segundo?* Qué idea más insoportable.

A partir de entonces, cuando competía con los demás chicos, tanteaba cada rama superior antes de soltar la de abajo. Pero sobre todo, de aquello extraje una lección que tendría que aprender una y otra vez. ¿Qué se necesita para percibir un árbol como proceso en lugar de como objeto, como forma viviente y moribunda que crece, envejece, muere y se transforma? ¿Qué hay de la persona que más amamos, o… qué hay de nosotros mismos?

No integramos las lecciones sobre la impermanencia de la noche a la mañana. Nuestros hábitos están demasiado arraigados. Aprendemos, tenemos comprensiones profundas, pero no las aplicamos, o estamos demasiado intimidados por ellas. El Buda identificó la confusión entre la impermanencia y la permanencia como una de las causas principales del sufrimiento. Conocido como el Médico Supremo, ofreció una cura para la enfermedad del samsara. Pero hasta que identifiquemos esta enfermedad por nuestra cuenta, no aceptaremos la cura.

10

Si ves algo, dilo

A la mañana siguiente, regresé al suelo de piedra con la intención de dormir allí. Después de pasar la noche en el dormitorio, al bajar las escaleras sentía como si estuviera descendiendo otra vez al infierno, aunque era una versión menos densa que la del día anterior —un infierno con más aire, más luz—. La gente parecía menos enfadada, no estaban tan enfurruñados; la policía parecía menos amenazante y el ruido no era tan intenso.

Había bebido agua, pero llevaba sin comer nada desde que había salido de Tergar. Me dirigí a un puesto de tentempiés donde compré un paquete de galletas y una taza de té masala, un té negro intenso y delicioso preparado con leche hervida y azúcar. Normalmente, tomo el té sin azúcar, pero esa mañana pensé: «Todo esta cambiando, no hay normalidad».

Cogí mi desayuno y me dirigí a un banco en la sala de espera principal. Las galletas estaban hechas con cacahuetes y lentejas amarillas y tenían un gusto delicioso, pero eran muy saladas, y pronto volví a la tienda para buscar otra taza de té. Y luego otra. Al principio había dejado algunas galletas para después, pero más tarde también las devoré rápidamente.

Regresé a la misma zona del suelo de piedra, pero estaba tan sediento por haber comido las galletas saladas que al cabo de un rato me levanté y salí de la estación para comprar agua a un vendedor ambulante. También compré unas nueces tostadas que venían metidas en un cono de papel de periódico enrollado y sucio. Después volví a la estación. *¿Qué clase de mendigo compra agua embotellada? ¿Que pasa si este monje parece un impostor? Tal vez alguien informe sobre mí a la policía porque parezco una persona sospechosa.*

En una visita a la ciudad de Nueva York, había visto carteles en las estaciones de tren que decían: «SI VES ALGO, DILO». El mensaje tiene la intención de alertar a las personas sobre actividades sospechosas, como el tipo de merodeo que yo estaba realizando por la estación, aunque en Benarés yo era uno más de muchos. Sin embargo, desde la ciudad de Nueva York hasta Benarés, algunas cosas que vi se parecían bastante: encarnamos momento a momento los cambios físicos, atravesamos varios reinos de aflicción cada día y vivimos cambios continuos e interminables en nuestra vida diaria y en el medio ambiente. El tiempo cambia, nuestras mentes cambian, nuestros cuerpos cambian. Cambiamos de trabajo, de casa, de lugar. Aceptar la impermanencia intelectualmente es la parte fácil. Pero parece que carecemos de una buena comprensión sobre cómo usar esta información, cómo utilizarla para enriquecer nuestras vidas y las de los demás. Salir de casa, no decirle a nadie adónde iba y planear vivir en las calles confirmaban la verdad de la impermanencia y también sacaba ventaja de ello. No tenía que quedarme atrapado en mi identidad de Mingyur Rimpoché. No lo haría. *Esto es lo que no veo: el lastre que tengo ahora mismo. Qué confuso es que nuestras costumbres prometan tanto consuelo, incluso cuando van en contra de nosotros. Basándome en lo que veo, digo que la resistencia al cambio se opone a la realidad, y esto crea una insatisfacción inacabable.*

Esperaba que los santuarios y las imágenes de Buda y los textos sagrados de la vida en el templo fueran reemplazados por bosques y plazas de aldeas; que los demás pasajeros fueran mi sangha —mis compañeros— en el camino; que aquella estación fuera mi sala de meditación; que los viajeros que iban corriendo a sus destinos fueran las expresiones vivas de los bodhisattvas de piedra en el templo Mahabodhi. Pero en ese momento, me hubiera gustado mirar a través de un caleidoscopio y sacudir la composición de este sueño, porque no podía verlo como una tierra búdica. No podía ver que cada persona tenía allí naturaleza búdica —es decir, la capacidad innata para la sabiduría y la compasión— y exactamente en el mismo grado que yo la tenía, ni más ni menos.

Alrededor del mediodía, estaba hambriento. Para mí, la comida significaba arroz con dal. No importaba si comía algo más: si no tomaba arroz con dal, no había comido. Hacía ya un día y medio que no comía arroz con dal. Miré a mi alrededor y localicé al hombre con el que había hablado el día anterior. Le pedí que me recomendara un buen lugar para comer arroz con dal. Me llevó a un puesto de comida que había fuera de la estación. Le pregunté dónde comería su almuerzo. Me explicó que no tenía dinero y que él y su familia cocinarían su propio arroz para la cena. «Hoy os pagaré el almuerzo a ti y a tu familia», le dije. Cogieron sus pertenencias y los cinco fuimos al puesto y llenamos el estómago y nos divertimos. Después regresamos al suelo de piedra.

Los estados de ánimo seguían moviéndose a través de una puerta giratoria. De manera similar al viaje en tren, a los momentos de tranquilidad les siguieron la aversión, el desagrado y el juicio. Después, poco a poco, los sonidos se convirtieron en el agente dominante de la angustia, y en particular me refiero a los anuncios públicos que gritaban los números de las vías.

Recordé a un estudiante de Europa del Este, un tipo grande, más alto que yo. Era un poco brusco, pero nunca grosero. Explicó que el rigor intelectual del budismo tibetano le atraía, pero consideraba que la tradición estaba demasiado ligada a la cultura y era demasiado *religiosa*, una palabra que pronunciaba con es-

114 | ENAMORADO DEL MUNDO

pecial desdén. Lo que más le irritaba era el canto que iniciaba cada sesión de práctica.

—Lo único que quiero es sentarme y meditar —decía quejándose.

—Bien —le dije—. No hay problema. Hazlo.

Lo intentó durante el retiro de nuestro grupo, pero le resultó imposible, porque la habitación era demasiado ruidosa.

Le sugerí que pasara ese tiempo practicando meditación con sonido.

Lo intentó, pero no pudo practicar ese tipo de meditación porque estaba demasiado irritado por el sonido de los cánticos. Le sugerí que usara ese tiempo para preguntarse: «¿Cuándo empieza la irritación?».

Reconoció que mucho antes de entrar en la sala de meditación; estaba tan apegado a su aversión que su mente no tenía espacio para indagar.

¿Dónde había empezado mi propia irritación?

Cada hora que pasé planeando este retiro me llenó de alegría. Me había sentido profundamente confiado. En los meses anteriores a mi partida, hubo momentos en los que temí que, de la misma ilusión que me hacía, revelaría mi secreto, especialmente cuando estaba cerca de mi hermano Tsoknyi Rimpoché. De todos mis hermanos, él es el que tiene una edad más cercana a la mía, y era la persona con la que más cosas compartía.

Cruzar la puerta de Tergar había tenido un impacto tan trascendental —como si fuera un choque violento, o un rayo que cae sobre la mente mono— que por un minuto todos los murmullos, todo el comentario conceptual se detuvo abruptamente. Se interrumpió. Y la sensación fue maravillosa. Una mente que está más allá de las palabras, más allá de los conceptos. Iluminadora, vívida. Pero entonces el taxi no llegaba, y yo había resbalado en el barro, y tenía miedo a que me vieran, y no tenía ayudante. *Así no es como empezó la irritación. Esa explicación es demasiado simple.* Sabía que yo no era la etiqueta «rimpoché», ni ningún otro título. Pero pensaba que estas realidades ilusorias podían ser descartadas más fácilmente de lo que lo fueron —al fin y al cabo, no eran más que ideas—. Eran conceptos vacuos. No existían realmente. No eran parte de mi verdadero yo. Incluso sospechaba que estas identidades podrían estar arraigadas más profundamente en mi interior de lo que podía reconocer en la rutina de mis días, pero no había sabido hasta qué punto se habían establecido en mi cuerpo. Puesto que son fabricadas, construidas, no inherentes, sin duda alguna podrían ser transformadas, pero con más trabajo y más tiempo y más paciencia de lo que había previsto. No se las podía obligar a dejar de actuar de forma voluntaria, como alguien que se quita un sombrero al llegar a la sombra. Eso sería como decir: soy vacuidad, la comida es vacuidad, el hambre es vacuidad, y después morirse de hambre, sin beneficiar a nadie.

Sentado en el suelo de la estación, sabía que si estas sensaciones me perturbaban con tanta intensidad significaba que debía estar percibiéndome incorrectamente a mí mismo. Así es como siempre funciona el sufrimiento: nuestras percepciones erróneas nos convierten en objetivos listos para recibir un impacto. Me acordé de ver a personas en los parques del sudeste asiático practicando el arte marcial del taichí. Lo había visto desde un lado, sorprendido al descubrir que la defensa se basaba en la fluidez más que en la resistencia. En el taichí, según un maestro de artes marciales, el golpe del oponente no tiene ningún lugar para impactar. Lo mismo sucede con un maestro de la mente. Cuanto más rígido sea nuestro sentido del yo, más superficie proporcionaremos para que las flechas impacten. *¿Quién está recibiendo estas flechas? ¿Quién se siente ofendido por estos ruidos tan intensos? ¿Quién sino el lama de rango con modales impecables, asqueado por el olor de los inodoros sucios y el olor corporal? Ojalá pudiera ver a estos vagabundos con el mismo amor y aprecio que tengo por mis estudiantes... Pero estas personas no me adoran, no se inclinan ante mí y no me respetan.*

¡Tú te lo buscaste! Sí, sí, sí. Lo sé..., pero..., pero... Todavía llevo puestos sombreros arrogantes en la cabeza arrogante, pero nadie puede verlos. Estas personas a mi alrededor, ignorando a Mingyur Rimpoché, no están actuando apropiadamente, y esto es confuso, y no sé qué hacer.

Me senté en silencio mientras mi respiración volvía a su ritmo regular. Durante varios años había notado un creciente apego a mi rol como maestro —que crecía como la espuma—. Imperceptiblemente crecía una pequeña cáscara a mi alrededor. Compartir el dharma era muy gratificante. Era lo que deseaba hacer más que nada en el mundo. Pero poco a poco intuí que había empezado a hincharme como un pavo real con la atención que provenía de estar viajando por todo el mundo y de que siempre me trataran como alguien especial e importante. Casi podía verme a mí mismo —pero no del todo— inclinándome en dirección a la adulación como una flor que se inclina hacia el sol. Esto me hacía sentir amoroso y vivificante, hasta que poco a poco los peligros ocultos se condensaron y me sentí como si hubiera perdido el rumbo. Mi padre me había dicho muchas veces que me asegurara de cortar mis ataduras tan pronto como pudiera. Cortar mi apego a ser maestro había sido parte de la motivación para empezar este retiro, aunque nunca había experimentado este sentimiento con tanta precisión. Sentía como si mi silencioso arrebato con las personas que estaban a mi alrededor fuera la explosión de un furúnculo tóxico, y que en ese momento podía comenzar la curación.

Necesitaba moverme y me levanté para comprar otra botella de agua. Di vueltas por el quiosco. Estuve merodeando por la estación durante unos minutos y después regresé a la misma zona de antes. La familia a la que le había pagado el almuerzo estaba durmiendo serenamente; los niños usaban a sus padres como almohadas. Echaba de menos a mi familia. Echaba de menos que me cuidaran —no solo la protección que me proporcionaban, sino también el afecto— y me aguanté las ganas de llorar.

11

Una visita del pánico, mi viejo amigo

Después de haber estado sentado durante una hora con una calma relativa, la incomodidad creció de nuevo como espinas que me perforaban la piel. Pronto llegué a la conclusión de que esta pesadilla superaba los ataques de pánico que había sufrido de niño. Durante unos cinco años, a partir de los nueve, estos ataques se desencadenaban por el clima salvaje, como tormentas de granizo, truenos y relámpagos, y también por el hecho de estar cerca de extraños. Me mareaba y me entraban náuseas, y entonces me quedaba congelado, como hace un ciervo ante los faros de un coche. Se me hacía un nudo en la garganta. Empezaba a sentir angustia y a sudar. Era incapaz de acceder a la razón. Nada me consolaba; no escuchaba las explicaciones lógicas de adultos de confianza. No podía discernir correctamente mis circunstancias. Mi mente estaba sobrecogida por el miedo, y mientras el viento rugía, yo temblaba en un rincón como un cachorro enfermo.

Tenía la esperanza de que cuando comenzara el tradicional retiro de tres años, a los trece, y me alojara todo el día en el monasterio, superaría por arte de magia estos ataques. Pero las crisis continuaron y a menudo se desencadenaban con las sesiones de grupo. Dos veces al día la comunidad se reunía en un salón para rezar y para celebrar ceremonias. El canto se acompañaba de largas y ruidosas trompas tibetanas de bronce, címbalos enormes y tambores grandes y pequeños. Había una veintena de monjes, todos en una habitación, envueltos en un incienso espeso y humeante. Esto seguramente manifestaba un reino búdico de paz y oración —pero no para mí—. Algunos días, a medida que el ruido aumentaba hasta llegar a un crescendo ensordecedor, mi garganta se tensaba y yo huía de aquel recinto claustrofóbico a la soledad de mi habitación. El pánico capturaba mi mente como un ejército invasor, y había llegado a odiarlo.

En una reunión privada con Tai Situ Rimpoché, el abad del monasterio, le hablé de estos ataques y del miedo y la ansiedad que los rodeaban. Le dije que las sesiones de oración en grupo me estaban volviendo loco. Dijo: «Cuando la aflicción de las emociones negativas está ardiendo como el fuego, la sabiduría también arde como el fuego». Eso me dio ánimos, pero lo malinterpreté. Pensé que con *sabiduría* se refería a un enfoque más hábil o esforzado para deshacerse del pánico, no a la sabiduría a la que se puede acceder cuando nuestras aflicciones se amplían como si fueran fotos proyectadas en una pantalla gigante en el cielo. Mi mente no podía admitir la posibilidad de que el pánico y la sabiduría pudieran coexistir.

El peor y último ataque tuvo lugar cuando yo tenía casi catorce años. El primer año del retiro estaba llegando a su fin. No conseguía ser más grande que el sonido, o el miedo, y me sentía humillado al percibirme a mí mismo, y ser percibido por otros, como débil y frágil. Pero como todo el mundo sabe en el infierno del enojo, nada te ata más al objeto del enojo que tu propia aversión. Sin embargo, estaba decidido a no pasar los siguientes dos años de retiro de esa manera. Usaría las enseñanzas y las prácticas y las aplicaría a este pánico. Al fin y al cabo, razoné, si el árbol con la rama rota no era permanente, entonces seguramente mi pánico tampoco lo sería. ¿Podría ser que los truenos, las tormentas de granizo y los extraños no fueran el problema? ¿Que este intenso sufrimiento dentro de mi cuerpo —y no un juguete o una rama que había por ahí— fuera también producto de las distorsiones mentales? ¿Era cierto entonces, como enseñó el Buda, que en última instancia el sufrimiento es creado por uno mismo?

Pasé tres días a solas en mi habitación, observando mi mente. Solo observándola; sin control, sin manipulación. Solo observando para asegurarme de que nada era durable, que todo estaba en movimiento: las percepciones, las emociones, las sensaciones. Llegué a la conclusión de que había aceptado contribuir a solucionar estos ataques con los dos aspectos del ansia: *alejando* el problema para deshacerme de él —lo que solo alimentaba el miedo al pánico, así como el miedo al miedo en sí mismo— y *atrayéndolo* —como queriendo atraer a mi vida lo que consideraba que era lo contrario—. «Si al menos pudiera estar libre del pánico, mi vida sería maravillosa». Todavía estaba dividiendo el mundo en opuestos: bueno-malo, claro-oscuro, positivo-negativo. Aún no me había dado cuenta de que la felicidad no consistía en una vida sin problemas. Estaba empezando a entender algo sobre cómo estaba contribuyendo a mi propia angustia, pero esto no era suficiente para soltar mis patrones habituales. Estaba atrapado en una oscura nube de pánico y no podía separarme de ella. Los ataques de pánico parecían rocas de hierro que me aplastaban, machacando mi capacidad para experimentar cualquier cosa que no fuera su traumática presión. Pero una vez terminaba lo peor de un ataque, y trataba de examinar lo que había sucedido, esa misma roca se fragmentaba y se transformaba en materia tan suave y llena de aire como la crema de afeitar. De esta manera, pude ver el cambio en mis propias percepciones. Pero para convencerme de manera duradera, tendría que reafirmar la impermanencia con todas las cosas que pudiera.

Para ello, cada objeto y cada evento se convirtió en una oportunidad para afirmar que mi pánico era impermanente: cada suspiro, cada sonido, cada sensación. El árbol que veo a través de mi ventana envejecerá y morirá. Saljay Rimpoché es anciano y morirá. Las pinturas de las deidades en el templo se desintegrarán, los cachorros de los alrededores crecerán. Mi voz está cambiando. Las estaciones están cambiando. Las lluvias monzónicas terminarán. Cuanto más examinaba la naturaleza transitoria de todos los fenómenos, más confiaba en que mi pánico no era más que otra nube temporal; y al cabo de un tiempo, ya no podía identificarlo como la única cosa en el mundo incapaz de cambiar. «Vale, así que esto también puede cambiar. Esta nube no tiene ningún ancla. ¿Y ahora qué? Solo porque pueda cambiar no significa que lo vaya a hacer».

A estas alturas estaba aprendiendo algo sobre descansar en la conciencia y confiar más en la cualidad de saber que transciende la mente conceptual. Hacer que la mente regresara cuando se perdía en objetos sensoriales o en problemas no significaba que la mente desapareciera o muriera. Todo lo contrario. Retirar la mente de su preocupación por una serie interminable de objetos, pensamientos o problemas específicos la hacía más grande: vasta, clara y más allá de la imaginación.

Llegué a comprender que si permitía que el pánico permaneciera y me mantenía dentro del reconocimiento de la conciencia, vería que el pánico no es más que el despliegue de la mente. De esta manera, se libera por sí mismo, lo que significa que tanto él como nuestros pensamientos, emociones y percepciones ya están libres en sí mismos y de sí mismos. La liberación viene con un cambio en la percepción. Nuestros problemas no necesitan ser liberados por ninguna fuerza externa. Vi que la liberación no se originaría —nunca se originaría— concentrándome en el pánico, o en cualquier problema, y tratando de deshacerme de él. Lo dejamos estar, y entonces la siguiente nube llegará y se irá, y vendrán olas tranquilas, y también olas turbulentas. «Los problemas de la vida nunca terminarán, y las personas a las que amo no vivirán para siempre, y me encontraré con nuevos miedos y ansiedades. Pero si permanezco en el reconocimiento de la conciencia, estaré bien. Seré capaz de lidiar con las nubes y las olas, montarlas, jugar con ellas, ser derribado pero no hundido. No me quedaré atrapado». Finalmente descubrí la única liberación fiable del sufrimiento: no intentar deshacerme del problema. Entonces la ola ya no trató de deshacerse más de mí. Estaba allí, pero no era dañina. La comprensión crucial surgió de contemplar la impermanencia. «Mis pensamientos no duran; este cuerpo está cambiando, esta respiración está cambiando. Mi pánico está cambiando, la vida que deseo llevar cambiará. Todo lo que experimentamos es como olas en la superficie del océano, que se levantan y se disuelven». Poco a poco, en lugar de relacionarme con el pánico como un bloque de hierro inamovible, pude localizar una visión más amplia e impersonal del movimiento perpetuo: nubes, plantas, aviones, personas —que van y vienen, que surgen y desaparecen—; el vientre que se expande y después se contrae.

Vi que en lugar de tener que deshacerme de mi pánico, tenía que familiarizarme con el rígido sentido del yo que seguía tratando de mantener fijas las cosas. Podía dejar que el pánico tuviera vida propia. Se disolvería para siempre o tal vez surgiría otra vez, e incluso más veces, pero en cualquier caso, podría vivir con ello; y vi que incluso si me libraba de mi pánico, otras olas surgirían y siempre habría circunstancias difíciles, tristeza, enfermedad, ansiedad y emociones intensas. Pero sin una mente rígida, estos problemas de la vida diaria podrían regresar a la mente-océano, que es más grande y espaciosa. Tratar de detener las olas sería como tratar de detener la mente o intentar agarrar el aire con nuestras manos. No es posible.

Desde ese último ataque de pánico, no había surgido un sufrimiento más intenso, ni pensé que surgiría. Había deseado hacer un retiro errante precisamente por las dificultades que eso entrañaba; sin embargo, después de superar los ataques de pánico, había asumido que ningún obstáculo derrotaría mis esfuerzos. Había matado un dragón al comprender su verdadera naturaleza, y durante más de veinte años todos esos demonios habían permanecido alejados, hasta que me encontré con una vergüenza insoportable y con el miedo al rechazo que experimenté por primera vez en la estación de Gaya y que se intensificó en Benares.

Cuando era niño, llegué a aceptar que el miedo al pánico en sí mismo podía provocar un ataque, como si el poder de la proyección obligara a que el evento se materializara. Por lo tanto, además del pánico, el miedo también se convirtió en un enemigo, en otro tormento que rechazar y despreciar. Todo lo que quería hacer con las partes de mí mismo que no me gustaban era deshacerme de ellas, desecharlas como si fueran basura. No entendía su valor como abono para mi salud mental.

Ahora, en el suelo de la estación, podía ver que el miedo se alzaba como vapor saliendo por la brecha existente entre los demás y yo. Relacionarse con los demás como «otros» los convertía en presagios de calamidad. Para eliminar el miedo, tendría que *convertirme* en el otro, lo que no era diferente de morir como Mingyur Rimpoché. Sin embargo, en ese momento, ni siquiera a cuarenta y ocho horas de distancia de casa, a solas por primera vez, y a pesar de mis ingenuas expectativas de liberar instantáneamente mis identidades, estas identidades se habían solidificado más. Pero había soltado los ataques de pánico y había permitido que el niño que yo había sido muriera. Una vez pensé que el pánico me acosaría durante el resto de mi vida, pero resultó que eso también era esencialmente vacuo. Mis roles eran esencialmente vacuos, pero mi experiencia con ellos implicaba que no eran la nada. Habían dormido apaciblemente durante mucho tiempo. No había previsto la activación de dragones dormidos al principio de mi viaje, pero ahora que los había sacado a la superficie, recibí con agrado la oportunidad de verlos a la luz del día. Me di cuenta de todo esto, y entonces decidí que ese día ya lo había hecho todo lo mejor que había podido. En lugar de pasar la noche en la sala principal, regresé al dormitorio de la estación y pagué de nuevo cien rupias por otras doce horas.

«Yo no soy mi vergüenza —me dije a mí mismo— ni mi confusión ni mi paranoia», incluso cuando estos sentimientos parecían lo suficientemente sólidos como para poder darles una bofetada. El monje Nagasena coincidía con ello al afirmar: «Debido a mi cuerpo, sentimiento, percepción, etc., Nagasena existe como una denotación, un uso convencional, un nombre. Pero, en última instancia, no se puede encontrar a ninguna persona».

Pero, pero, pero...

Mi segunda noche en Benarés me encontré de nuevo en un catre en el dormitorio de la estación, esta vez con la mentalidad de un pequeño boxeador. Levanté los puños; estaba peleando con Nagasena, como cuando era niño, igual que solía discutir con mi tutor, Saljay Rimpoché, insistiendo: «Estoy aquí. Yo existo. ¿Cómo no voy a estar aquí?». Una y otra vez, Saljay Rimpoché me lo había dicho: «Estás aquí y no estás aquí. Ambas cosas. Como una cuerda de hierba y una cuerda de ceniza. Igual y diferente».

Los rollos de cuerda de hierba, que se encuentran en toda la India y Nepal, a veces se utilizan como combustible para cocinar. Cuando el material grueso se quema, la cuerda se transforma en ceniza. La forma permanece exactamente igual, pero está vacía de masa. Saljay Rimpoché estaba comparando la cuerda de hierba con el yo, y la versión de ceniza con el *mero yo*. Este mero yo es el *yo* totalmente funcional, limpio de preocupaciones egoístas. Es el yo despierto, libre del yo que se aferra —y por lo tanto libre del apego a las etiquetas que conforman nuestra identidad—. Este es el yo sano, que toma el rumbo desde su propia cordura y que no está tiranizado por los hábitos del aferramiento. El *mero yo* socava la percepción errónea de la existencia de un yo inmutable, y *la cualidad de «mero»* se convierte en una especie de holograma, una forma visible que no se ve afectada por los patrones habituales de comprensión y por la tendencia a fusionar nuestras identidades con los fenómenos externos.

Todos tenemos las partes del cuerpo, las emociones y las percepciones que Nagasena enumeró, pero la tesis de Nagasena es que esas cosas no se unen para formar un *yo* cohesivo e inherente. Por lo tanto, es totalmente posible funcionar como el *mero* yo, desprovisto de conceptos erróneos sobre el yo y libre de visiones erróneas —especialmente del malentendido de que la suma de las partes conforma algo real e independiente por derecho propio, que no depende de nuestra narrativa ni de las circunstancias—. Todos somos víctimas autoinfligidas de la identidad incorrecta. Cuando confundimos todas las piezas con un yo esencial e inmutable, entonces le cedemos todo el control al ego. Pero podemos aprender a hacer que el ego trabaje en nuestro nombre de una manera sana y constructiva. El *mero* yo funciona sin apego; no se dedica a manipular constantemente el mundo para su propia satisfacción.

Buscamos la liberación que proviene del reconocimiento del yo que no se define por el aferramiento y que, por lo tanto, es capaz de reconocer su estado original. *Entonces, ¿por qué me hallo en este viaje y qué estoy buscando? Ahora mismo, estoy tratando de soltar los sombreros ilusorios que llevo puestos en esta cabeza ilusoria, y que viven dentro de esta mente engañada por la confusión y confundida por la percepción incorrecta; sombreros que nunca han existido, todos ellos identidades falsas, creadas por una mente de falsa identidad, sustentadas en un yo fabricado y construido, reafirmado por percepciones deformadas, consolidadas a través del hábito... Y como no son reales, pueden pasar de largo sin quedarme yo atorado por ellas, ni atascado en ellas. Las echaré al fuego. Tiraré el rollo de cuerda de hierba de estas identidades de sombrero a las llamas. ¿Y entonces? ¿Me convertiré en cenizas, en «meramente» Mingyur Rimpoché? ¿O me convertiré en un cadáver: un cadáver vivo o un cadáver muerto? Estar vivo sin despertar a la verdad de la vacuidad es lo mismo que estar muerto en vida.*

Me acosté en mi catre, sin soga ni ceniza: en algún punto intermedio.

12

Un día en los ghats

En mi tercer día en Benarés, bajé del dormitorio y salí por la entrada principal, evitando el suelo de la estación, y seguí andando hacia los ghats, que estaban a unos ocho kilómetros de distancia. Cada ghat es un conjunto de escalones enormes que bajan hasta el Ganges, y Benarés cuenta con más más de ochenta, lo que convierte el lugar en el corazón sagrado del hinduismo. Tomé una carretera que seguía el río. Mi ritmo no era ni lento ni rápido, pero pronto el movimiento de caminar se fusionó con la sensación de relajación de la meditación de andar. Expandí mi conciencia para incluir la experiencia del movimiento. Noté las sensaciones en las piernas y en los pies mientras se movían, el sonido de los pies en el camino polvoriento y los colores y los intensos olores a mi alrededor.

Durante un rato, llevé mi atención a estas sensaciones y dejé que mi conciencia se moviera con ellas. Después de unos minutos, mi conciencia se expandió todavía más para asimilar los pensamientos y las impresiones que pasaban por mi mente. Los pensamientos no son necesariamente un obstáculo para la meditación; con la conciencia, pueden usarse para ser un soporte para la meditación, igual que la respiración. Abrí mi mente y dejé que todas las experiencias fluyeran como nubes de diferentes formas y tamaños moviéndose por el cielo.

Mis pensamientos se dirigieron a mi última visita a los ghats, y el movimiento de mi cuerpo —levantar, mover, poner un pie delante del otro— acompañaba el movimiento de mis pensamientos. Unos cuantos años atrás había ido a este lugar con un séquito de monjes y unos quince o veinte estudiantes. Nos alojamos en un hotel de cuatro estrellas en el viejo cantón que hay detrás de los ghats. (*Levantar, mover, colocar*) Para la primera mañana de nuestra visita, se había organizado un paseo en barca al amanecer por el Ganges. Entré en el vestíbulo y fui recibido por monjes y estudiantes con sonrisas y las palmas de las manos juntas, con las espaldas inclinadas desde la cintura en señal de respeto; algunos me ofrecieron la bufanda blanca ceremonial. (*Levantar, mover, colocar*). Me subí a una limusina y me llevaron al río, donde nos esperaba una gran barca. Un paño bordado y un cojín cubrían el asiento de madera reservado para mí. (*Levantar, mover, colocar*). Los remeros nos alejaron de la orilla mientras el sol se elevaba para pintar los escalones de piedra caliza de color rosa, y la gente empezó a llegar a la orilla del río para hacer sus abluciones matutinas. Habíamos comprado guirnaldas de caléndulas y las depositamos en el río, algunas como ofrendas para los que acababan de morir, y también ofrecimos velas encendidas sobre hojas de palma flotantes.

Los peregrinos recorren grandes distancias para bañarse en este tramo del Ganges. Vienen a purificar sus almas (*levantar, mover, colocar*) y a ser liberados de los ciclos del samsara. Los que mueren en Benarés se considera que son bendecidos, y las pensiones atienden específicamente a los hindúes devotos que vienen aquí a morir y a ser quemados a la orilla del río. Las familias, si pueden organizarlo, llevan a sus muertos a las piras de madera y hacen que se lleven sus cenizas a las aguas consagradas. El olor del incienso y la carne carbonizada flota en el aire. Regresamos a nuestro hotel y nos sentamos en unas mesas larguísimas que había en un exuberante jardín, donde camareros con turbante servían platos de frutas frescas, cuajada, cruasanes y café «latte». (*Levantar, mover, colocar*). Ahora pensaba en que llevaba lejos de Tergar solo unos días y ese recuerdo ya parecía pertenecer a una vida diferente. Entonces recordé a uno de mis amados maestros, Nyoshul Khen Rimpoché. Nadie ha caminado por esta tierra con mayor facilidad que él. Se movía por su habitación con la gracia de un patinador artístico. No parecía que sus pies se movieran arriba y abajo, sino que se deslizaran. Entre mis principales maestros, solo él había vivido en las calles como un sadhu. Procedía de orígenes humildes y apenas había sobrevivido a su huida del Tíbet; pedir limosna no habría sido su primera experiencia con el hambre. El título *khen* define a un practicante avanzado que también es un estudioso de los textos tradicionales. Como no se identificaba como un tulku, es decir, un adepto reencarnado, no había heredado responsabilidades del pasado; y a diferencia de muchos otros lamas venerados, él tenía menos obligaciones formales, como la de mantener monasterios.

Yo sabía lo especial que era Khen Rimpoché gracias a mi padre. Y no tenía nada que ver con cosas que dijera mi padre. El mero hecho de referirse a Khen le hacía rebosar de felicidad, y su nombre siempre iba acompañado de las sonrisas más alegres. No conocí a Khen Rimpoché hasta los diecisiete años, en 1991. Estaba haciendo un descanso entre el primer retiro de tres años y el siguiente, cuando tenía el cargo de maestro de retiro, y me habían invitado a Bután para asistir a las ceremonias de cremación del gran maestro del budismo tibetano Dilgo Khyentse Rimpoché. Como Bután era el país de residencia de Khen Rimpoché, concerté una cita para verle. En ese momento, mencioné la posibilidad de estudiar con él, pero esto no ocurrió hasta mucho más tarde. Él había vivido en las calles muchos años antes de que comenzara mi entrenamiento con él, aunque yo había crecido escuchando la historia de cómo había decidido convertirse en un mendigo.

A finales de la década de 1960, tanto el decimosexto Karmapa, el venerado jefe de la escuela Karma Kagyu de budismo tibetano, como Khen Rimpoché se sumaron a otros lamas de alto rango y a los funcionarios del monasterio en una conferencia que tuvo lugar en Delhi. La reunión se organizó para discutir el destino del Tíbet y de la comunidad de exiliados. Cuando se encontraron, el Karmapa miró a Khen Rimpoché con gran afecto y dijo en un tono algo burlón: «Eres un khenpo. No deberías meterte en política». Khen Rimpoché se lo tomó muy en serio. Poco después, un monasterio le pidió que se convirtiera en el tutor personal de uno de sus tulkus. Khen Rimpoché aceptó el trabajo. El tulku, que entonces tenía unos veinte años, necesitaba ir a Calcuta y pidió a Nyoshul Khen que lo acompañara. El tulku reservó para los dos una habitación en un hotel de cinco estrellas. Después de dos o tres días, el tulku dijo que tenía asuntos que resolver en la ciudad. «Quédate aquí —le dijo a Khen Rimpoché—; regresaré en unas horas». Pero nunca regresó. Khen Rimpoché no tenía dinero y la cuenta de su habitación ascendía a un montón de dinero; después de uno o dos días más, le explicó la situación al gerente del hotel. El gerente se enojó, pero al final dijo: «Puedes saldar tu deuda lavando los platos».

Nyoshul Khen no hablaba hindi, pero disfrutaba del trabajo y dormía contento en las habitaciones de los sirvientes. Mientras tanto, la gente se empezó a preocupar por su desaparición. Después de unas tres semanas le siguieron la pista hasta el hotel, pagaron la cuenta y lo llevaron a un monasterio. En ese momento, decidió ir a ver otra vez al decimosexto Karmapa, así que fue a Rumtek, la sede del Karmapa en Sikkim.

El Karmapa dijo:

—Khenpo, eres muy afortunado. ¿Sabes por qué?

—No, no lo sé. ¿Por qué tengo tanta suerte? —le contestó Khenpo.

—Porque ese tulku te despidió, así que ahora eres libre —afirmó el Karmapa.

Khenpo regresó a su habitación pensando: «¿Por qué soy afortunado?». Revisó sus encuentros con el Karmapa. «Primero me dijo que no era un político. Ahora dice que tengo suerte». De repente, pensó: «He entrenado toda mi vida para transformar los

obstáculos en oportunidades. Hoy, finalmente lo entiendo. Le sa-
caré partido a no tener trabajo, ni dinero, ni responsabilidades».

En ese momento, tomó la decisión de vagar. Durante tres
años fue alternando su estancia entre varios monasterios y vivió
como un sadhu en las calles. De Nyoshul Khen me inspiraba
todo: la forma elegante en que caminaba, manteniendo constantemente su conciencia; cómo enseñaba, su vida como un mendigo. Había muerto hacía doce años, y yo lo echaba de menos más
que nunca. Ojalá le hubiera hecho preguntas sobre cómo había
vivido en la calle.

Me alejé del río para poder pasear por las estrechas callejue-
las que conducían a donde empezaban los ghats. En muchas
de las tiendas de esta zona venden ropa, y me detuve a comprar
ropa de sadhu. Compré dos paños de algodón teñido de color
azafrán, uno para enrollarlo a la cintura en forma de pantalón
tipo dhoti, y el otro para cubrir los hombros. No me puse los
chales de sadhu al salir de la tienda, sino que los guardé en mi
mochila. Si bien podría haberle dicho con valentía al rey Menandro que *no soy mis hábitos de monje*, en ese momento se hizo
evidente que parte de mi identidad residía en un trozo de algodón granate de dos por tres metros. Aunque la renuncia a mis
hábitos monásticos podría haber sido una señal de la muerte que
anhelaba, no estaba preparado para eso. Me hubiera gustado saber si Khen Rimpoché se había puesto ropa de sadhu o se había
dejado puesta su ropa tibetana. Ojalá se lo hubiera preguntado.
¿Habría usado sandalias o andaría descalzo?

Bajé hasta la mitad de una escalera y encontré un puestecito
de té al aire libre bajo la sombra. Pedí un masala chai y me senté
mirando al paseo marítimo que se extiende a lo largo de los ghats.
Hacía demasiado calor para muchos turistas, pero los monos,
como siempre, estaban atentos a lo que podían atrapar. Algunos
sadhus y algunos shaivitas —hindúes que veneran a Shiva como
el dios supremo—, desnudos y cubiertos de ceniza, se movían
lentamente bajo un calor abrasador con sus tridentes tintineantes.

Sentado en el puestecito de té, no estaba menos entremedio de lo que había estado en los últimos dos días, especialmente porque todavía llevaba puestos mis hábitos tibetanos. Pero había estado en los ghats muchas veces antes, y la familiaridad con el lugar hizo que esta hora del té fuera un intervalo particularmente relajante antes de regresar a la tumultuosa estación y seguir con mi retiro —o seguir con el retiro que había empezado y que estaba haciendo ahora mismo—. Todavía no me sentía cómodo estando solo, pidiendo té y gestionando dinero, pero estaba disfrutando de ese momento de tranquilidad.

En la tradición tibetana prestamos atención a tres aspectos del retiro: el externo, el interno y el secreto. Por *externo* se entiende el entorno físico. Algunos ambientes son más propicios que otros para alterar nuestros hábitos repetitivos y favorecer una exploración del paisaje mental interno. Sin embargo, el camino del dharma nos anima a cultivar las cualidades inherentes y duraderas que no dependen de situaciones externas. Si tenemos acceso a circunstancias que nos favorezcan, maravilloso; esto es muy útil, especialmente para los principiantes. Pero es una trampa confundir el entorno y los accesorios con las necesidades. Lo que se necesita es la voluntad de conocer las profundidades de la mente.

Yo entendía que, con la intención correcta, la estación de tren de Benarés era tan adecuada para la meditación como una sala de meditación o un jardín de flores. Después de todo, razoné, yo no era un principiante, y la percepción define el contexto, no al revés. Sin embargo, la estación de Gaya y más tarde el viaje en tren y el hecho de sentarme con los sintecho habían puesto en un apuro a mi compostura mental. Por ahora, necesitaba llevar mi cuerpo a lugares que aliviaran mi mente. De nuevo, no tenía sentido fingir que podía lidiar con más de lo que realmente era capaz.

El retiro *interno* tiene que ver con el cuerpo físico. Debido a que creamos o disminuimos el sufrimiento a través de las acciones físicas y el habla, el retiro interior equivale a crear un ambiente que nos proteja de los patrones ordinarios de los chismes y las calumnias, o de sustancias que oscurecen la mente, o de situaciones domésticas en las que se han formado patrones de indolencia o impaciencia.

Desde la niñez, había estado impregnado de los preceptos que guían el comportamiento y el habla, y no cuestionaba seriamente mi disciplina. También sabía que tendría que diferenciar entre romper las convenciones culturales y romper los votos reales. Por ejemplo, el hecho de que un tulku se sentara en el suelo suponía que se infringía una costumbre tibetana. En algunas tradiciones monásticas, no se sirve comida después del almuerzo; en otras, se permite ingerir alimento líquido por la noche —como zumo o sopa—, pero no alimento sólido. Había dejado de comer carne, pero para mi retiro aceptaría lo que me dieran, y no podía controlar las horas de recibir comida. Los principales preceptos relacionados con no hacer daño o robar o mentir, etc., no eran únicamente reglas de comportamiento específico, sino que también funcionaban para promover la vigilancia y para llegar a sensibilizarse con las tendencias que conducen a aferrarse en lugar de soltar. Confesar, o reconocer, cuando se rompe un precepto puede ayudar a purificar la mente y a restablecer el equilibrio kármico. Pero sin haber purifcado la mente del propio apego, el comportamiento negativo tiende a la repetición.

Cuando era pequeño y vivía aún en Nagi Gompa, mi padre tenía un estudiante alemán que poseía la bicicleta de montaña más cara que el dinero pudiese comprar. Solía ir en bicicleta desde Katmandú hasta Nagi Gompa, no por el estrecho camino de tierra, sino a través del bosque. Podía hacer que la bici saltara a través de zanjas y arroyos, y a veces se dirigía rápido como un tiro directo a la cima de Shivapuri, la montaña que hay detrás del convento, y parecía que volaba por el aire en lugar de mantener las ruedas en el suelo. Este hombre era un ciclista tan extraordinario que en ocasiones se sacaba un dinero compitiendo con nepalíes en el valle.

Un día le dijo a mi padre:

—Te he escuchado enseñar sobre la importancia de soltar, y no sé qué hacer con mi bicicleta de montaña.

Mi padre contestó:

—Sé que te encanta tu bicicleta. Pero deshacerse de ella no ayudará a destruir tu apego. En realidad, podría reforzarlo.

El hombre se quedó aliviado y a la vez confundido. Mi padre me explicó que el deseo de deshacerse de algo también surge de la mente rígida. «Si estás aferrado a la bicicleta y la regalas, tu mente se quedará adherida a la bicicleta, la tengas o no, a pesar de que te sientas orgulloso de tu acción. Si no trabajas con la mente que se apega, la mente se aferrará a una cosa u otra. Tienes que liberar el aferramiento y después podrás decidir si te quedas la bicicleta o no. No rechaces, no invites. Trabaja desde el punto medio y lentamente transformarás el apego en una mente abierta que te permitirá tomar las decisiones apropiadas».

Con respecto al retiro interior, sabía que estar solo en el mundo ofrecería opciones diferentes a las que yo había conocido, y que hasta cierto punto mis votos monásticos habían sido salvaguardados por mis hábitos budistas. Cambiarlos por las nuevas prendas de yogui significaba renunciar a la protección que proporcionaban los hábitos. En ese momento, todavía me sentía demasiado vulnerable para cambiarme de ropa. A pesar de que allí no había nadie de mi entorno que representara el significado de los hábitos, o que reflejara su estatus, en la privacidad de mi mente los hábitos tenían la función de atestiguar. Seguiría usándolos por ahora.

El retiro secreto se refiere a la intención. He tomado votos durante toda mi vida para ayudar a liberar del sufrimiento autocreado a los seres sintientes y para iniciarlos en su propia sabiduría. La intención de este retiro no se desmarcaba de la establecida para cualquier otro retiro o para cualquier práctica que yo hubiera hecho con anterioridad.

Una vez me quedé muy sorprendido cuando unos occidentales me pidieron que les explicara los beneficios de un retiro errante. Les parecía un tanto egoísta, una idea que nunca se le ocurriría a un tibetano. «¿Por qué no quedarse en el lugar y continuar enseñando dharma para ayudar a otros a despertar? Podrías apoyar los esfuerzos en Bodh Gaya para limpiar el agua subterránea, o promover la educación de las niñas. Hay muchísimas causas que valen la pena; ¿por qué irse de retiro en solitario?».

Las personas en todas partes se esfuerzan por mejorar el mundo. Sus intenciones son admirables, pero pretenden cambiarlo todo menos a sí mismas. Hacerse mejor persona es hacer del mundo un lugar mejor. ¿Quién construye fábricas que llenan el aire y el agua de residuos tóxicos? ¿Cómo llegamos a hacernos inmunes a la difícil situación de los refugiados o nos endurecimos ante el sufrimiento de los animales criados para ser sacrificados? Hasta que no consigamos transformarnos, somos como una muchedumbre de personas enfadadas que gritan a favor de la paz. Para mover el mundo, debemos ser capaces de estar quietos en él. Ahora más que nunca, confío en el enfoque de Gandhi: «Sé tú el cambio que deseas ver en el mundo». Nada es más esencial para el siglo XXI y el futuro que la transformación personal. Es nuestra única esperanza. Transformarnos a nosotros mismos es transformar el mundo. Por eso había empezado yo el retiro, para desarrollar más plenamente mis capacidades de iniciar a otros en el conocimiento de su propia sabiduría y sus propias capacidades para una vida pacífica.

Me acordé de un hombre de Estados Unidos que conocía y que visitó los ghats en su primera visita a la India. Se había ido a la India como estudiante universitario en un programa de estudios en el extranjero y le llevaron al río Ganges a dar un paseo en barca. Se sorprendió y se horrorizó a partes iguales al ver a la gente bañándose, incluso lavándose la boca, a poca distancia de donde los cadáveres estaban siendo quemados y sus cenizas esparcidas en el río. En el agua flotaba un torso humano y el estudiante se sentía desbordado por la intensidad de la experiencia. Hasta ese momento, él había dado por hecho que el camino espiritual tenía que ver con el orden —que era limpio, agradable y silencioso, y lo asociaba con monasterios zen inmaculados y meditaciones silenciosas—. Ese día aprendió que no hay una realidad espiritual separada de la vida diaria, y que para saber algo que sea valioso sobre uno mismo, y sobre la vida en el mundo, tendría que viajar a lo más profundo de sí mismo.

Para regresar a la estación, alargué el camino de vuelta tomando una carretera que estaba más alejada del río. Me detuve a comprar un paquete de fideos instantáneos secos y me los comí directamente de la bolsa de plástico. El camino discurría por una zona de pastoreo, con tramos verdes menos transitados por personas y coches. Hacía un calor abrasador y echaba de menos la sombra de una sombrilla. En un campo que había a un lado de la carretera, vi dos caballos pequeños y me detuve a mirar. Un campo de pasto exuberante se extendía detrás de ellos. Como si quisieran demostrar que nunca estamos contentos con lo que tenemos, sacaban el cuello entre los barrotes de la cerca mientras se esforzaban para comer la hierba que había al otro lado. *¡Igual que nosotros! Anhelando continuamente lo que no tenemos. Esa hierba es mejor que esta otra, y así todo el día.*

Nuestra agitación continua revela una insatisfacción de bajo nivel que nunca cesa del todo, con la excepción de unos pocos momentos pico de vez en cuando. Nos inquietamos por el olor de algo mejor que está cerca de nosotros pero fuera de nuestro alcance. Es como una fiebre baja. No lo suficientemente preocupante como para ir al médico pero tampoco aceptable del todo. Seguimos convencidos de que la temperatura perfecta, o la pareja perfecta, o el trabajo perfecto, están a la vuelta de la esquina, o al otro lado de la valla; imaginamos que nuestras compulsiones se debilitarán, que superaremos nuestros antojos inmaduros, que alguna nueva amistad o trabajo nos rescatará del odio que sentimos hacia nosotros mismos, o de la soledad, o de pensar que estamos todo el tiempo cometiendo errores. Ilógicamente, estas fantasías de querer cambiar para mejorar perduran —incluso durante décadas—, mientras que muy pocas de estas cosas que deseamos, o ninguna, suelen llegar a buen término. Pero la orientación de nuestras fantasías y nuestros deseos va a la par con nuestra satisfacción y se aleja de nuestra insatisfacción.

Aunque nuestras aspiraciones no se cumplan, esta tendencia a querer alcanzar la felicidad y a alejarnos de la insatisfacción apunta a una cualidad innata. Incluso el comportamiento equivocado o destructivo, como el robo de dinero, o las relaciones sexuales inapropiadas, o el uso de sustancias adictivas, están motivados por el deseo de felicidad. La constancia universal de esta orientación a la felicidad es un reflejo de nuestra bondad básica. Por muy equivocada que sea la expresión de la felicidad, la causa del anhelo es el deseo inherente de cuidarse, la comodidad y el querer experimentar bienestar, e indica que el deseo de felicidad surge del núcleo mismo de nuestro ser. No podría surgir de una creencia en el bien moral, o de la imposición de un dogma religioso, o de valores sociales. Las creencias y los valores son conceptos y, por lo tanto, están sujetos a cambios y caprichos. Esta orientación a ser bondadosos con nosotros mismos —o a lo que llamamos *bondad básica*— se halla en nosotros del mismo modo que lo hace la conciencia, se reconozca o no. Nunca estamos sin ella.

Cuanto más reconocemos la conciencia, más acceso tenemos a nuestras propias cualidades amorosas. La amabilidad y la compasión son las expresiones naturales de la conciencia, porque las expresiones genuinas de un corazón abierto trascienden las ideas y las actitudes conceptuales, y existen más allá de la dualidad, más allá de las palabras y la lógica. Las mismas cualidades se hayan en la conciencia, y cuanto más descansemos en el estado ilimitado de la conciencia, más ilimitados se volverán nuestro amor y nuestra compasión.

Conocía las enseñanzas. Confiaba en ellas. Las había experimentado en diferentes grados. Pero la diferencia entre no haber estado solo jamás y encontrarme más solo que la una causó una ruptura sorprendentemente dura. Me había vuelto temeroso y me sentía tenso hasta un grado que no había experimentado en décadas. En esos momentos, cualquier ilusión que hayamos albergado con respecto a que nuestros pies están pisando firmemente el andén de una estación, o están sobre cualquier cosa que parezca fiable, desaparece. ¿Qué hacemos? ¿Podemos aprovechar la oportunidad inesperada de explorar este nuevo territorio mental de amplitud indefinida, que en realidad siempre está ahí? Habitualmente regresamos tan rápido como podemos a los límites circunscritos de los componentes mentales o físicos de nuestro mundo conocido.

La estación de Gaya ofrecía una gran oportunidad de desplazarse a lo largo de la brecha creada por la ruptura, y de experimentar el yo incondicionado con el fin de explorar la realidad, una vez que la mente que se aferra había sido abatida por el impacto, y antes de que volviera a reconstruirse por sí misma. Una hora antes de llegar a la estación de Gaya, la emoción de bajar de puntillas las escaleras de mi casa, eludir el aviso del vigilante y escapar por la puerta de Tergar también había destruido mi mente conceptual. Sin embargo, en ese momento pude reconocer el estado de ánimo libre de ideas preconcebidas. Esto había permitido que prevalecieran las cualidades luminosas y sabias de la mente desnuda, y había contribuido a una despedida sublime. Pero entonces me resbalé en el barro... y el taxi no llegaba... y... y... este destello de vacuidad se desvaneció como un arcoíris que desaparece.

No conseguí aprovechar ese hueco. No me permití estar en ese espacio sin forma, y en lugar de eso me esforcé para recuperar el sentido de mí mismo, lo que representaba en ese momento reconstruir mi idea de Mingyur Rimpoché tan rápidamente como pudiera.

Estas rupturas en el bucle mental no pueden reconocerse a voluntad. Sin embargo, podemos entrenarnos para ser más sensibles a su presencia, especialmente con respecto a los acontecimientos más comunes, como, por ejemplo, los estornudos. En muchas sociedades, las reacciones a los estornudos ofrecen protección contra la invasión de un espíritu maligno; o se cree que los estornudos pueden expulsar el alma del cuerpo, y que decir «salud» ayuda al alma a regresar a su lugar interno. En todas estas reacciones se identifica el estornudo —al igual que en el entrenamiento tibetano— con una interrupción de la cháchara habitual de la mente, un hueco. ¡*Achís!* Por una fracción de segundo, la corriente mental es interrumpida. La mente parlanchina es silenciada. No puede coexistir con un estornudo. Esta es la verdadera bendición.

Ser sobresaltado de forma repentina, o ver un animal salvaje, o tropezar y caer, o enterarse de un diagnóstico que amenaza seguir con vida, o ver un fenómeno natural o una obra de arte exquisita, o cualquier cosa que haga que nuestro corazón dé un vuelco, funciona de la misma manera. Sin embargo, tendemos a colocar la mente en el exterior —en la fuente proyectada de nuestra reacción— y no en la mente misma. Sin mirar directamente a la mente, no podemos reconocer su naturaleza clara y vacua en ese momento. Aun así, es importante saber que todos compartimos estos momentos ordinarios de mente desnuda. Y podemos aprender a reconocerlos.

Una vez que empezamos a examinar estos momentos y conseguimos cierto grado de aceptación de su presencia habitual, llegaríamos a sorprendernos si supiéramos la frecuencia con que distintas situaciones de la vida diaria detienen nuestra mente. Entonces podemos aprovechar estos eventos naturales para acceder a información valiosa sobre la verdadera naturaleza de quienes somos. Con estos destellos de mente desnuda se produce una minimuerte. Por un instante cesa el yo que identificamos como nuestra propia existencia. El yo que define nuestra identidad y dirige nuestro funcionamiento muere temporalmente. Pero no morimos en la dimensión de la nada; morimos en la dimensión de la conciencia inmortal.

Bostezar funciona de manera parecida a estornudar. Los estiramientos hasta el límite pueden funcionar de esta manera. Parar repentinamente después de correr u otro tipo de esfuerzos pueden tener este efecto. Una vez que adquirimos cierta familiaridad con los acontecimientos físicos que detienen la mente, podemos explorar estados mentales similares que surgen en situaciones más ambiguas, como sentirse eufórico al salir de la oficina un viernes por la tarde, después de una intensa semana de trabajo.

Muchas personas temen que la aniquilación de la mente conceptual desemboque en la nada. En realidad, revela la vacuidad luminosa de la mente que nos acompaña todo el tiempo y, por lo tanto, sigue con nosotros en nuestro viaje en el momento de la muerte física. Lo que aprendemos al tomar conciencia de la muerte antes de morir es que morir es renacer. Reconocer la vacuidad luminosa es reconocer la muerte. Familiarizarse en este momento con la vacuidad disminuye nuestro miedo a perder nuestros cuerpos, porque cuando perdemos nuestros cuerpos la vacuidad es la única cosa que perdura. ¿Por qué razón? Porque nunca ha sido construida. Todas las cosas condicionadas desaparecen tarde o temprano. La confianza en la realidad incondicionada solo puede surgir mediante la experiencia. Sin embargo, cuando empezamos a prestar atención a nuestras mentes cotidianas, la versión construida de nosotros mismos se desmorona; pero no morimos, y tal vez queramos investigar lo que queda.

Una gran pregunta que se hacen a menudo las personas en Occidente es si algo de nosotros continúa tras la muerte física. Si podemos conectarnos con cualquier aspecto de la realidad que esté más allá de los límites normales de la mente pensante, debemos preguntarnos de dónde viene esta realidad y cómo llegó a existir. Si podemos comprobar a través del análisis y la investigación que no tiene principio, entonces quizás podamos aceptar que no tiene fin. No es necesario pasar por experiencias dramáticas de luminosidad que den un vuelco a nuestra vida para responder a esta pregunta. Podemos empezar con estornudos, o bostezos, o ejercicios de meditación, o notar los detalles de inspirar y espirar —cualquier cosa que naturalmente contenga un hueco—. Pero para que nuestra investigación produzca algún resultado, tenemos que estar dispuestos a relajar nuestra mente rígida y soltar nuestra idea de lo que es real. El hecho mismo de soltar es un ejemplo de morir. Pero reconocer este morir es lo que nos permite morar en el ciclo continuo de morir y renacer con tranquilidad.

Además de las minimuertes que aparecen con vislumbres de vacuidad, el sueño ofrece una experiencia más profunda de morir antes de morir, y esto puede entenderse como una especie de muerte mediana, lo que nos acerca un paso más a la gran muerte final que ocurre cuando nuestros cuerpos se agotan.

Para dejarlo bien claro, el único beneficio real se obtiene con el reconocimiento, no solo con el evento físico. Entrenar la mente para ser consciente de todo el proceso de quedarse dormido no es fácil. Pero incluso hacer ajustes conceptuales sobre la forma en que nos relacionamos con esta situación diaria transforma nuestra relación con la muerte. Por ejemplo, los tibetanos tienen la costumbre de dar la vuelta a su taza antes de irse a dormir, lo que significa no solo el final del día, sino el final de la vida de la persona. Por la mañana, primero pensamos: «Estoy vivo, puedo ver, puedo oír, puedo sentir». Entonces ponemos la taza bocarriba. «Mi nueva vida comienza, y estoy listo para recibir». Por la mañana, la mente está muy fresca, y dedicar un instante a apreciar que estamos vivos puede orientarnos durante todo el día y recordarnos el ciclo continuo de la vida y la muerte.

Después de terminar mi larga caminata bajo un sol de justicia, entré otra vez a la estación, agradecido por estar protegido del sol y por haber comprado los chales de sadhu. Pero también estaba un poco preocupado, porque las reglas del albergue de la estación no permitían alojarse en él más de tres noches consecutivas, y esta sería la última. De vuelta en el dormitorio, me acosté en un catre, cansado e inquieto. Como siempre, me preparé para participar en la meditación de los sueños, el último ejercicio de entrenamiento mental de cada día. Estaba listo para morir al día y deseoso de ver lo que el renacimiento de mañana me podía traer.

13

Del sueño y de los sueños

Empecé la meditación de los sueños con una exploración corporal de la cabeza a los pies, llevando la conciencia al cuerpo y notando cómo los nudos de tensión se disolvían al hacerlo. Después llevé mi mente con suavidad a la disolución de los sentidos a medida que se desvanecían: la vista, el oído, el olfato, el tacto...

Solemos pensar en el sueño como si este fuera un descanso biológico necesario de la vida. Damos por sentada la disolución de los sentidos y normalmente no prestamos atención a lo que sucede. Nos quedamos inconscientes como si estuviéramos drogados o borrachos. Sin embargo, este proceso de disolución es análogo a la muerte física; noche tras noche en realidad sufrimos una minimuerte.

Cada noche nos metemos en la cama con un sólido sentido de identidad. A medida que nuestra conciencia disminuye, las ataduras que mantienen sujeta la mente convencional se deshacen. El apagón físico de la red fundamental del cuerpo absorbe en este proceso los parámetros fijos del yo limitado, liberándonos automáticamente en universos que existen mucho más allá de los límites de nuestra vida de cuando estamos despiertos. Los contenidos de los sueños no son más que proyecciones de nuestra propia mente, pero sin los controles o las manipulaciones que imponemos durante el día. La mayoría de nosotros no podemos monitorear la disolución de los sentidos mientras nos quedamos dormidos; en medio del proceso, nuestra conciencia se somete al sueño, igual que lo hacen los órganos sensoriales. Poder mantener el reconocimiento de la conciencia a lo largo de todo el proceso requiere de mucha práctica y de una mente extraordinariamente sensible, tan evolucionada como la de su santidad el decimosexto Karmapa (Rangjung Rigpe Dorje, 1924-1981). Cuando hablaba de conciencia, se refería a la conciencia pura, no dualística, la conciencia sin un observador.

Nunca conocí al decimosexto Karmapa, pero uno de mis hermanos mayores era su ayudante y compartió con él una historia extraordinaria. El Karmapa había preparado un encuentro entre él y un gran monje erudito no sectario que había dado clases a su santidad el Dalái Lama. El Karmapa quería hablar sobre un problema que tenía con su meditación. Mi hermano, el muy pícaro, les sirvió refrescos y después se escondió detrás de la puerta para escuchar.

El Karmapa dijo que él podía mantener su conciencia durante todo el día y seguir las disoluciones hasta *casi* quedarse dormido. Una vez dormido, reconocía de nuevo su conciencia. Pero había unos instantes cada noche, justo antes de caerse dormido, en que perdía el reconocimiento de su conciencia, y buscaba consejo sobre cómo eliminar esta interrupción.

El venerado invitado escuchaba atónito. Nunca se había encontrado con un relato tan impresionante sobre el reconocimiento continuo de la conciencia, e inmediatamente se postró ante la sabiduría encarnada que tenía delante de él. Luego le dijo al Karmapa que él no podía aconsejarlo, pero sí que conversaron sobre textos que mencionaban que la mente no establecía ninguna diferencia entre el día y la noche.

Por muy inspiradora que fuera esta historia, nunca había estado cerca de ese nivel de reconocimiento constante de la conciencia. Mis esfuerzos para practicar la meditación de los sueños durante mi primer retiro de tres años resultaron complicados.

En el plan de estudios formal, teníamos tres meses para aprender esta práctica. Cuando nos acercábamos a la cifra de noventa días, seguía cayendo muerto en el sueño de cada noche. Después, un día, tuvimos una reunión de recitación de plegarias en la sala principal, que comenzó a las cinco de la mañana. Se nos mandó despertar a las dos de la madrugada y hacer nuestras prácticas de meditación y recitación en nuestras habitaciones hasta que nos reuniéramos en la sala principal. Esa noche no dormí bien. Una vez dentro de la sala principal, me quedé dormido. Intenté todos los trucos para mantenerme despierto: poner los ojos mirando hacia arriba o clavarme las uñas en los muslos; pero me quedaba dormido. Entonces pensé: «Bien, intentemos practicar la meditación de los sueños». Al principio, me sentí como si estuviera cayendo; después mi mente se calmó y pude descansar en la conciencia meditativa durante unos cinco minutos antes de perder este estado y dormirme como de costumbre. Después de unos minutos, me desperté, y por primera vez pude observar mi conciencia mientras me dormía de nuevo.

Cuando me desperté me sentí muy descansado, muy ligero, y mi mente estaba en meditación. Tranquila, relajada. Abierta con claridad. Esa fue la primera vez. Para mí, el mejor momento para practicar la meditación de los sueños sigue siendo durante una sesión de meditación, cuando tengo mucho sueño y me permito dormir, o durante una de esas ceremonias indescriptiblemente largas y aburridas.

Durante mi última noche en el dormitorio de la estación, me llevó un tiempo quedarme dormido, y en algún momento perdí la conciencia. Entonces tuve un sueño que no supuso ningún consuelo. Estaba de camino a mi ciudad natal, en Nubri, un viaje que había hecho muchas veces. A pie, este viaje dura unos ocho días, ascendiendo por senderos peligrosamente estrechos con vistas a las brillantes cumbres del Himalaya. En algunos tramos el sendero serpentea precariamente a lo largo de una caída escarpada de más de trescientos metros hasta un río que baja enfurecido. A un lado del acantilado sobresalen rocas amenazantes. Si alguien se cayera de ese camino, jamás se encontraría su cuerpo.

En mi sueño caminaba por una de esas sendas cuando de repente unos sonidos ásperos y fuertes invadieron el aire, y las rocas de arriba empezaron a caer encima de mí y me aplastaron. Me desperté sobresaltado. Me senté a un costado de mi catre con el corazón agitado y la boca seca. Miré a mi alrededor las filas de camas llenas de hombres durmiendo, algunos roncando como morsas. No había despertado en el sueño y había permanecido lúcido cuando fui aplastado por las piedras, tal como me habían entrenado para hacerlo. Había reaccionado como si fuera una víctima desafortunada. Me sentí aliviado de haber escapado de la pesadilla, pero todavía estaba casi llorando, tratando de convencerme de que este sueño representaba miedos irracionales y de que no sería ningún presagio de mi viaje.

Cuando practicamos la meditación de los sueños, nos entrenamos para poder despertarnos dentro del sueño y saber que estamos soñando. A menudo hablamos de la iluminación en términos de *despertar*, lo que significa ver directamente las cosas tal como son. De día o de noche, el mensaje es el mismo: «¡Despierta!» Si las rocas nos caen encima y reconocemos que *es un sueño*, podemos saltar apartándonos del camino, o tirarnos por el acantilado al río y no resultar lastimados. Ya sabemos que en los sueños puede pasar cualquier cosa: caer, volar, encontrarse con los muertos, cambiar de forma, etc. Sabemos que la realidad onírica no tiene límites ni inhibiciones. Sin embargo, incluso reconociendo que nuestro cuerpo del sueño surge de nuestra propia mente, insistimos en que nuestros sueños son *ilusorios*, no son *reales*.

Los sueños pueden revelar información psicológica útil a la que no siempre podemos acceder con nuestra mente del estado de vigilia; pero cuando usamos los sueños para investigar la realidad, no intentamos interpretar o entender su significado, o buscar signos y símbolos. Trabajamos con la experiencia directa que nos ofrece soñar para desafiar nuestras suposiciones y expandir nuestras percepciones. Una mente rígida requiere que todo se ajuste a sus expectativas, incluidos nuestros sueños. Por esta razón, cuando soñamos con seres queridos muertos, o con que nos ahogamos o volamos, inmediatamente concluimos que el sueño no es real. La realidad de los sueños se descarta, y nuestras percepciones estáticas y confusas siguen siendo la piedra angular de la realidad. No obstante, esta visión cambia una vez que iniciamos nuestras exploraciones del no-yo y el reconocimiento de la impermanencia reduce nuestro apego a la fijación. Entonces podemos observar de nuevo los sueños, ya que representan lo contrario de una mente cerrada y rígida. Las imágenes de los sueños tienden a ser insustanciales, filmográficas, translúcidas; son como un espejismo y están fuera de nuestro control —aunque no fuera de nuestras mentes—. Puede que los sueños nos aturdan, o que tratemos de sacudirnos para despertarnos de las pesadillas, o de reprimir la información tabú que emerge a la superficie. Sin embargo, nuestros sueños somos nosotros, porque estas imágenes solo pueden surgir de nuestras proyecciones.

Nada parece demasiado estable en los sueños; más bien, todo es efímero o cambiante. Durante el día, asumimos la existencia de un *yo* individualizado y controlador, mientras que en los sueños este mismo yo pierde materialidad en todo tipo de fenómenos, tanto concebibles como inconcebibles.

El período de transición entre soñar y volver a entrar en la vida diurna convencional ofrece otro ejemplo del bardo del devenir. Podemos despertarnos sintiéndonos asustados o desorientados, como me pasó a mí cuando soñé con las rocas que me aplastaban; después, en vez de permanecer con estos sentimientos para descubrir qué pueden ofrecernos, por lo general nos apresuramos a reconstituirnos en términos de la realidad de ayer: «Esta es mi cama, mi habitación, mi cuerpo». Una vez más, la ansiedad de sentirse desubicado nos aleja de lo que es transitorio, desconocido e insustancial y nos lleva hacia imágenes familiares que parecen sólidas y duraderas. Deseamos volver a lo que mejor se ajusta a nuestras expectativas. «Gracias a Dios que ese sueño no era real. Mi pareja no me dejó. Mi hijo no está en la casa en llamas. No me estoy ahogando. Soy de nuevo quien soy, quien realmente soy». Huimos del miedo y buscamos consuelo en lo que nos es familiar. Sin embargo, puesto que de lo que estamos huyendo proviene de nuestras propias mentes, estamos huyendo de nosotros mismos, y como estrategia para la felicidad, esto nunca funciona.

No me aplastaron las rocas. Eso no me hace sólido. Estoy vivo. Y estoy muriendo día tras día. Todavía me estoy haciendo la pregunta que me hizo mi padre: «¿Eres Mingyur Rimpoché? ¿Eres igual o diferente al Mingyur Rimpoché del sueño?». Puedo tocarme el brazo, la cara. Si alargo la mano para tocar al yo del sueño, no sentiré nada. Las rocas no me hicieron daño. Si el techo se derrumbara ahora mismo, me aplastaría. Podría sangrar. ¿Es lo mismo o diferente? Nagasena dijo que él solo existe como una etiqueta, una denotación, un uso convencional, un nombre; que él no es su sangre. Pero aun así podría sangrar. ¿Quién sangraría, entonces?

Los sueños son como cualquier otro aspecto de nuestra existencia: ocurren, los experimentamos, pero no son reales; su apariencia es engañosa, y reconocemos fácilmente este aspecto irreal de nuestros sueños. Es por eso por lo que los sueños son tan valiosos para entender el aspecto vacuo de la realidad. Todo está infundido de vacuidad, y eso incluye nuestros cuerpos y nuestra sangre, nuestras rocas, nuestros nombres y nuestros sueños. Durante el día, los fenómenos parecen ser más densos. Esto tiene como resultado que el día sea un aula más difícil para aprender sobre la vacuidad. Es mucho más fácil reconocer la vacuidad en los sueños. Decir que *la vida es un sueño* es reconocer la incesante e ilimitada cualidad de la vacuidad en nosotros mismos, en nuestros seres queridos, en nuestros iPhones, en

nuestros aviones, en la comida, en la ira, en la lujuria, en la riqueza, en todas las cosas. Los fenómenos no tienen existencia inherente; todo surge de la vacuidad y nunca se separa de la vacuidad. Sin embargo, es mucho más fácil percibir esto en los sueños
nocturnos que reconocer nuestra propia vacuidad mirándonos
en el espejo.

Me desperté sabiendo que acababa de pasar mi última noche
en la estación de Benarés. Me preguntaba dónde estaría por la
noche, dónde dormiría. La incertidumbre era ligeramente aterradora, pero también emocionante.

14

Aprender a nadar

Al salir del albergue por última vez, regresé al suelo de piedra de la estación de tren. Pronto me sentí inquieto al saber que no podía regresar al dormitorio. No quería quedarme en la ciudad de Benarés, ya que era un lugar demasiado popular para peregrinos y turistas, incluso en el calor del verano. No estaba preparado para dormir en el área designada para los sintecho. Había anhelado vivir sin planes y sin estar todo el día revisando mi reloj. Ahora tenía la sensación de que este horizonte abierto era desconcertante. Tenía que tomar decisiones, igual que antes. Reflexioné sobre los últimos tres días e intenté examinar detenidamente mi resistencia, mi vulnerabilidad y mi aversión hacia aquellas personas que me rodean. No solo había sentido asco, sino que además me avergonzaba de mi asco. No quería volver a experimentar esas sensaciones. No quería regresar a la confusión. Esta estación todavía no era mi hogar, pero ya no sentía la intensa alienación de mí mismo y de los demás que había sentido antes. Estaba empezando a bajar un poco la guardia, al menos lo suficiente como para acercarme con una actitud de curiosidad y amabilidad a las personas que había en el suelo sentadas a mi alrededor.

Pude ver que cada movimiento que hacía, desde un parpadeo a tomar aire para una respiración, comprar té e incluso hacer proyecciones negativas, todo esto surgía del hecho de desear el cambio, y que este deseo estaba siempre orientado a la felicidad. Juzgar a alguien por parecer impuro u oler mal, o por ser ruidoso, o *cualquier* cosa, es una forma bastante neurótica de buscar la felicidad, pero proporciona un punto de apoyo desde el que encaramarte y te permite disfrutar temporalmente de la ilusión de que tú eres mejor que otra persona. Nunca es simplemente: *ellos son malos*. También es: *por lo tanto, yo soy bueno*. Vi que incluso en el momento en que yo tenía una disposición más cerrada, seguía anhelando conectarme con mi propio yo verdadero y con los demás. Incluso las distorsiones y las proyecciones estaban sujetas al deseo de ser interiormente libre expulsando la negatividad fuera de mí, bien lejos —esto son todos los medios no hábiles para lograr la felicidad—, aunque las intenciones para ponerlos en práctica eran básicamente sanas.

En el tren, mi cuerpo había estado rígido y encerrado en una muralla mental, haciendo que las olas fueran grandes y fuertes; pero no sabía cómo jugar en un oleaje tan fuerte. No podía, de ninguna manera que fuera sincera y empática, conectarme con los demás. No podía conocer completamente, con mi cuerpo y con mi mente, su propio anhelo de felicidad hasta que no reconociera antes el mío propio.

Cuando estaba en Nubri me encantaba observar cómo cambiaban las estaciones: las hierbas verdes de verano volviéndose marrones, los árboles en pleno follaje dejando caer sus hojas en otoño, los cielos de un azul intenso volviéndose grises, los cielos nevados del invierno y la llegada de nuevos brotes al inicio de la primavera. Nuestra casa tenía un patio de piedra con una hilera de flores que mi abuelo cuidaba con cariño. Yo esperaba con gran emoción que esas plantas florecieran, en particular las exuberantes dalias que él tanto apreciaba. Una vez que aparecían los brotes, yo examinaba las plantas diariamente. Una primavera florecieron dos dalias y durante varios días se convirtieron en el centro de atención de todo el mundo. Esperé con impaciencia a que los demás brotes florecieran también. Después hubo una tormenta inesperada al final de la primavera y las temperaturas bajaron. A la mañana siguiente, todas las plantas del jardín estaban muertas. Me eché a llorar. Mi abuelo trató de explicarme que todo era impermanente, y mi abuela quiso animarme dándome caramelos, pero yo sollozaba desconsoladamente. Entonces mi abuelo me recordó lo mucho que me gustaba ver cambiar las estaciones. «Ese placer —me dijo— proviene de la impermanencia; las bayas de verano, que te encantan, son resultado de la impermanencia. Todo surge de la impermanencia. La próxima primavera tendremos una nueva cosecha y nuevas plantas debido a la impermanencia».

Si comprendemos que las semillas de la regeneración se hallan en el cambio, podremos sentirnos más cómodos al morir cada día, al morir antes de morir, al deleitarnos con los castillos de arena a medida que se desvanecen. Podemos sentirnos cómodos con el proceso de disolución y reedificación en el ahora. Podemos remodelar la forma en que pensamos acerca de dormir, soñar y despertar. Toda esta posibilidad del momento presente descansa sobre la impermanencia.

Este no es un proyecto que se pueda realizar de la noche a la mañana. Los viejos hábitos son difíciles de erradicar, pero terminan muriendo. En el tren, regresaba continuamente a la percepción de que este era un viaje sobre el cambio y la transformación, y que las semillas de la regeneración ya estaban creciendo. «Y no, no morirán de raíz como las dalias de mi abuelo», me dije.

Que yo sea feliz. Que yo sea libre.
Repetí este estribillo hasta que pude sentir que el significado se deslizaba por mi garganta como un jarabe espeso que se toma su tiempo, envolviendo lentamente mi corazón, mis pulmones, filtrándose en mi estómago, habitando mis piernas, rezumando en mis pies. *Que yo sea feliz. Que yo sea libre.*
Lo repetí hasta que el significado de las palabras inundó completamente mi ser, hasta que me ablandé, y mi corazón se

abrió, no de forma tan completa como lo había sentido en otras ocasiones; pero lo sentía tan intensamente que, a diferencia de los días anteriores, rompí a llorar con agradecimiento. *Que yo sea feliz. Que yo sea libre.*

Después de unos treinta minutos me sentí lo suficientemente estabilizado como para extender esta aspiración a los demás. A diferencia de cuando repetía los recordatorios en el tren, no observaría una masa, *los otros*, sino que dirigiría mi atención a una persona en particular. Elegí a la esposa del hombre con el que había conversado, que había venido a almorzar con nosotros el día anterior. Era tímida, mantenía la mirada baja y no hablaba mucho, pero se comportaba con cariño y bondad. La miré el tiempo suficiente como para mantener su rostro en mi mente; después bajé los ojos y repetí: «Que sea feliz, que sea libre». Pensé en su vida, en sus dificultades. «Que tenga comida, que tenga refugio. Que sus hijos estén sanos. Que sea feliz, que sea libre».

Lo repetí hasta que sentí su dulzura, sus cualidades adorables, su valía para ser amada y respetada tanto como lo puedo ser yo. Compartimos la misma sabiduría, la misma vacuidad luminosa fundamental. Más allá de las dualidades, ambos permanecemos en el entorno ilimitado del amor y la conciencia incondicionados. La compasión que surge con la empatía reconoce que la ignorancia causa sufrimiento. No me refiero al sufrimiento de la pobreza y de la falta de hogar, sino al sufrimiento de la percepción incorrecta, de considerar los fenómenos como algo real de manera incorrecta. *La mujer es igual de preciosa que yo, pero no hay indicios de que sepa cómo liberar su mente de la percepción incorrecta.*

Me quedé con la imagen de esta mujer hasta que supe que la amaba incondicionalmente. Amaba a su marido y a sus hijos. Les deseé la misma felicidad y la misma liberación del sufrimiento que a los niños de mi propia familia y a los pequeños monjes de Tergar. Expandí mi corazón a todas las personas de la estación: las personas que estaban en el suelo, las personas que pasaban a toda prisa, los vendedores que me habían vendido arroz, dal y té, el encargado del dormitorio. Expandí mi amor para incluir a todas las personas que iban en el tren de Gaya, a los que me habían pisado y habían caído sobre mí, y sabía sin duda que ellos también querían la felicidad. Era lo mismo para todas las personas de este mundo entero, lo mismo para cada mascota, cada animal salvaje, cada insecto, cada rata que se escabullía buscando la felicidad en una migaja de comida.

Descansé. Silencio y calma. No me hice ilusiones de que este respiro terminaría con mis dificultades, pero supuso una lección para la ansiedad que sentía por no tener adónde ir. Las imágenes de mí mismo como nadador principiante seguían apareciendo en mi mente. Las fuertes corrientes, en especial la vulnerabilidad a estar solo que experimentaba cada vez con mayor intensidad, me habían apartado de mi propia protección interna. Había mantenido la cabeza por encima del agua, pero había luchado y resistido. Ahora la marea había cambiado y estaba subiendo. Me imaginé a un buen nadador sin miedo dentro del agua. No, no solo sin miedo; negar el miedo no era suficiente. Un buen nadador aceptaría las aguas bravas como un desafío. En la estación de tren más sucia de toda la India, aprendería a nadar. *¡Sí, puedo hacerlo!*

Me había ido de casa y seguido con mi plan de ir a Benarés. Sin embargo, ahora no tenía más planes. Pero podía dirigir mi futuro. Tenía muchas opciones. Podía regresar a Bodh Gaya, o a Katmandú; tal vez incluso dirigirme hacia el norte, a mi monasterio en el Tíbet. *No. No me atrae ese tipo de refugio, a pesar de las dificultades de los últimos días. Quiero renacer como un yogui errante. Estoy tomando esta decisión voluntariamente, de forma consciente. La oportunidad de hacer este retiro es un regalo de prácticas anteriores. Estas son mis semillas kármicas y no las desperdiciaré. La alegría y la emoción de este retiro son resultado de mi práctica. Mi confianza y mi valentía son el fruto de mis estudios: prácticas de conciencia y de comprensión profunda, y meditaciones del sueño y de los sueños; prácticas de vacuidad, prácticas de compasión, todas estas cosas.*

No me voy a rendir. La vergüenza persiste. La conmoción sigue conmigo. Pero todavía puedo dirigir mi futuro —no para continuar sin estos compañeros que no han sido invitados, sino para continuar con ellos—. Conciencia inalterable en medio de la turbulencia. Estoy dirigiendo este cuerpo para que siga con la vergüenza y el impacto de estar solo, sol y nubes juntos. Desnudo y vestido. Aprendiendo a nadar con las olas.

15

Memento mori

Como las reglas de la estación me prohibían regresar al dormitorio, era hora de dejar de sentarme en el suelo de piedra. Tenía que pensar en mi siguiente movimiento. Me di cuenta de que había un grupo de occidentales de pie cerca de mí, mirándome, y rápidamente bajé la cabeza y me quedé congelado, examinándolos con los ojos entrecerrados. Hombres y mujeres, quizás un poco más jóvenes que yo, blancos, hablando inglés, tal vez americanos. Vestidos de manera informal pero con pulcritud. Llevaban mapas y guías y estaban haciendo planes para visitar Benarés y después Sarnath, donde el Buda había dado su primera enseñanza. A diferencia de la familia de al lado, ellos ocupaban mucho espacio, haciendo gestos con las manos y abriendo mucho los brazos; algunos de pie, con las manos en las caderas, con los codos lejos del torso. Eran incontenibles, confiados, quizás arrogantes. Vi a un joven que caminaba hacia un puesto de té, muy seguro de sí mismo a pesar de ser extranjero en el lugar. No obstante, estaban allí porque claramente querían algo de aquel rincón sagrado del mundo antiguo que no podían encontrar en sus vidas modernas.

Tal vez estaban buscando una transformación interior. *Espero que encuentren algo que les sea de beneficio, alguna forma de entender el mundo, y su lugar en él, que pueda tener una influencia positiva en su orientación, y que puedan compartirla con sus amigos en su país de origen. Espero que no se dejen seducir por la moderna máquina de la codicia, el dinero y el poder que está destruyendo nuestro planeta. Seguramente irán a los ghats, donde los rituales públicos para los moribundos crean una intensa experiencia espiritual para los vivos. Los turistas vienen aquí a ver los ghats. Me pregunto qué pensarán del lugar.*

Una vez oí una historia sobre un hombre que había estado esquiando en los Alpes franceses. Sin previo aviso, una tormenta de nieve cegadora envolvió la región, y se separó de sus amigos. Fue dando tumbos con los fuertes vientos de la ventisca durante muchas horas hasta que casualmente se topó con un remoto monasterio católico. Era bastante tarde y estaba oscuro, y no parecía que hubiera ninguna señal de vida. Golpeó con fuerza en la puerta de entrada de madera hasta que finalmente un monje anciano llegó y le dejó entrar. Le trajeron un tazón de sopa caliente y lo llevaron a una celda con una sola cama. Encima de su cabeza había colgada una imagen de Jesucristo. Estaba durmiendo profundamente cuando oyó un fuerte golpe. Abrió la puerta y se encontró con un monje que llevaba una linterna. El monje dijo: «Memento mori». Después siguió andando por el pasillo, llamando a la puerta de cada celda. *Recuerda la muerte.* El esquiador agotado miró su reloj. Llegó a la conclusión de que se trataba de un ritual de medianoche y se durmió profundamente. Una hora más tarde, el mismo golpe, el mismo monje y el mismo mensaje: «Memento mori». Cada hora durante toda la noche. A estos monjes nunca se les permitía olvidarla.

Los jóvenes occidentales se prepararon para marcharse. Recordar la muerte cada hora no podría ser más diferente de la visión dominante —especialmente entre las personas parecidas a las de este grupo— de que contemplar la muerte es morboso y hablar de ella en público es descortés. *Tal vez ahora se dirijan a los ghats. Si tienen suerte, verán un cuerpo ardiendo a la orilla del río, y respirarán el olor a carne quemada, y sabrán sin duda que van a morir.*

Cuando ya se habían ido, me levanté y empecé a vagar por la estación, tratando de averiguar adónde ir. Me detuve en un puesto de periódicos y cogí una guía sobre la India que tenía unos mapas excelentes con rutas y las distancias de una ciudad a otra, y un recorrido especial por los cuatro principales lugares de peregrinación budista. Siguiendo la ruta convencional, el trayecto empezaba con el lugar de nacimiento del príncipe Siddhartha Gautama, posteriormente el Buda histórico, en Lumbini, que hoy se encuentra en el sur de Nepal. Sin mucho más por hacer, me sumergí en la historia de la vida del Buda como si me tropezara con ella por primera vez.

El libro describía la predicción que hicieron cuando el Buda nació, que pronosticaba que crecería hasta convertirse, o bien en un líder político, o bien en una persona espiritual influyente. La idea de que su hijo fuera un líder espiritual alarmó a su padre, que era el jefe del clan Shakya. Determinado a que su hijo perpetuara su legado político, el padre construyó un palacio colmado de placer e indulgencias sensoriales y diversiones con la intención de intoxicar a Siddharta y así frenar su curiosidad por cualquier otra cosa. Las imágenes que se consideraban desagradables, estresantes o atemorizantes fueron prohibidas en las instalaciones. No solo fracasó el plan, sino que le salió el tiro por la culata. Siddhartha, de camino a una aldea cercana, vio por primera vez una persona mermada por la edad, otra asolada por la enfermedad y un cadáver, y entre ellos un asceta tranquilo y sereno. A Siddharta se le cayó la venda de los ojos y pronto huyó al bosque en busca de la verdad.

Una vez, cuando estaba visitando Mumbai, me llevaron a ver un decorado para una película de Bollywood que había sido construido para parecer un barrio de las afueras de la ciudad. Entonces pensé: «¿Qué pasaría si un futuro Buda moderno escapara de la vida artificialmente perfecta, una especie de versión cinematográfica unidimensional de un barrio ideal, un palacio-prisión, y viniera a Benarés?».

Tal vez los occidentales que acababa de ver provenían de un pueblo como aquel, con todas las casas iguales, con todos los jardines iguales —cuidados pero sin vida—. Benarés era el mejor lugar para aprender sobre la enfermedad, la vejez y la muerte. Pero ¿qué hay del cuarto encuentro que Siddhartha tuvo en la aldea, con el asceta contenido y moderado que vestía con hábitos, alguien que podría haberse parecido a mí? *¿Qué inspiraría yo, pasando el rato con la nariz metida entre las páginas de esta guía porque no sé qué hacer, adónde ir?*

Cuando el príncipe huyó de la propiedad de su padre, murió como Gautama. Renunció a su vida de lujos para seguir los principios ascéticos de los yoguis del bosque. Apenas comía, nunca se lavaba, dormía en el suelo —prácticas que negaban la comodidad al cuerpo como un medio para despertar la mente—. Pero después de seis años, las austeridades extremas no habían liberado su mente. Para poder seguir su camino, necesitaba renunciar a la ascesis.

La guía mencionaba Bodh Gaya, el lugar donde Gautama se sentó bajo el árbol bodhi en lo que hoy es el templo Mahabodhi. Aquí es donde Siddhartha renació como el Buda, el «despierto». No importaba que yo conociera Bodh Gaya más íntimamente que el escritor de la guía. Seguí leyendo con una fascinación furiosa. Leería la historia de mi herencia durante todo el tiempo que fuera necesario, para dar el siguiente paso, que requería dejar la estación.

El texto decía que el Buda *alcanzó* la iluminación bajo el árbol bodhi. Empecé a hacer correcciones. Con demasiada frecuencia la iluminación se entiende como un nuevo estado de conciencia que se alcanza, como si fuera un objeto que obtener, o algo a lo que aspirar, que está fuera de nosotros mismos. Sin embargo, el Buda entendió que el problema era la mente que se aferraba. Había dado un vuelco a su realidad. Después de años tratando de controlar su mente y negar las necesidades más básicas de su cuerpo, tomó la decisión de dejar de intentar iluminarse y simplemente se sentó y examinó su propia mente para ver qué podía aprender observando directamente su experiencia en el momento presente. Eso es lo que hizo bajo el árbol bodhi. Lo que descubrió es que nuestra verdadera naturaleza ya es despierta, ya es perfecta tal como es, y que lo que inicialmente buscaba alcanzar ya existía en su interior.

La comprensión profunda que el Buda alcanzó es bien simple y, sin embargo, extremadamente difícil de aceptar. Sus enseñanzas nos inician en una parte inactiva, oculta y no realizada de nosotros mismos. Esta es la gran paradoja del camino budista: que practicamos para saber lo que ya éramos, y por lo tanto no *conseguimos* nada, no *obtenemos* nada, *no vamos* a ninguna parte. Buscamos descubrir lo que siempre ha estado ahí.

En Sarnath, a tan solo unos diez kilómetros de Benarés, el Buda dio su primera enseñanza. La guía decía que su primera enseñanza presenta la verdad del sufrimiento. De acuerdo, es razonable que solo diga eso; sin embargo, hacer esta simple afirmación a veces ha llevado a personas no budistas de todo el mundo a considerar erróneamente que esta tradición es nihilista, incluso morbosa, y preocupada por la angustia mental.

¿Cuál es la fuente del sufrimiento? Funcionar como si nuestras propias vidas y las de nuestros seres queridos duraran para siempre es claramente una percepción incorrecta. Pensar que nunca nos separaremos de la familia o de los compañeros es una idea equivocada. Pensar que nuestras relaciones, nuestra salud, nuestras finanzas, nuestra reputación, etc., son estables es un error inestimable, como muchos de nosotros ya hemos aprendido mediante experiencias de pérdida y cambio abrupto. Incluso ahora, después de que las Torres Gemelas se hayan caído, y el Titanic se haya hundido en el fondo del océano, y los gigantescos Budas de Bamiyán hayan sido hechos pedazos, la percepción de que las estructuras son duraderas —y que cuanto más grandes sean más duran— todavía nos embauca.

La verdad del Buda es que, efectivamente, la vida es sufrimiento, y la naturaleza de nuestra vida tal como la conocemos ahora es de descontento, de frustración y malestar de todo tipo, mientras permanezcamos encallados en nuestras percepciones erróneas; pero estas percepciones erróneas no son fijas: no están sujetas a nada. Por lo tanto, tenemos una posibilidad. La tendencia a evadir nuestros demonios internos —nuestros miedos al cambio y a la muerte, nuestra rabia y nuestros celos— solo infunde mayor poder a estos adversarios. Cuanto más huimos, menos posibilidades tenemos de escapar. Debemos enfrentarnos al sufrimiento, entrar en él; solo entonces podremos liberarnos de él. Esta es la primera verdad noble.

De repente me di cuenta de que me sentía extremadamente a gusto y podría quedarme allí durante mucho tiempo, porque había vuelto a mi rol de maestro. Estaba en mi vieja piel, que me resultaba tan familiar como los hábitos que llevaba puestos. *¿Dónde está mi mente de peregrino, la mente que avanza con la cabeza gacha en señal de humildad, y el corazón que le suplica a todo lo que surge? No puedo quedarme en este lugar para siempre.*

El último sitio importante es Kushinagar, donde el Buda murió, alrededor de 483 a. E. C. Allí terminaba el recorrido de la guía. Dos mil seiscientos años después, inspirado por el Buda, mi propia ruta apenas empezaba ahora. *O ya ha empezado. O comenzará cuando me quite mis hábitos de monje. O cuando... No hay nada que me ate a este suelo. Incluso mientras estoy parado, mi sangre, mi corazón y mis pulmones circulan, laten y respiran; mis células mueren y se regeneran, mis órganos envejecen. Si supiera adónde ir, me marcharía.*

Kushinagar resultó estar a tan solo ochenta kilómetros en dirección al noroeste. Solo había estado allí una vez, muchos años atrás, con mi hermano Tsoknyi Rimpoché. En general, Kushinagar no recibe el mismo tráfico de peregrinos que los otros lugares budistas, los cuales había visitado muchas veces.

Con unas temperaturas que en el mes de junio alcanzan los 48 grados, incluso los devotos se mantienen alejados, especialmente los tibetanos, que todavía están adaptándose a los climas del sur de su exilio. Ese fue un detalle útil, ya que no quería que me reconocieran. Compré un billete para el próximo tren a Gorakhpur; desde allí tomaría un autobús a Kushinagar.

Unos quinientos años después del diálogo entre el monje Nagasena y el rey, la misma deconstrucción del yo fue reformulada por el maestro indio del siglo VIII Shantideva, solo que el le dio una vuelta de tuerca:

> Los dientes, el pelo, las uñas no son el «yo».
> Y el «yo» no es los huesos o la sangre;
> la mucosidad de la nariz, y la flema, no son el «yo».
> Y tampoco está hecho de linfa o pus.
>
> El «yo» no es la grasa ni el sudor del cuerpo.
> Los pulmones y el hígado tampoco lo componen.
> Tampoco los órganos internos son el «yo».
> Menos aún los excrementos y los residuos del cuerpo.

Para demostrar cómo el yo engañoso crea su propio sufrimiento, Shantideva pregunta:

> Si existe aquello que es el «yo»,
> entonces los terrores, sin duda, lo atormentarán.
> Pero dado que no existe ningún «yo»,
> ¿queda algo que los miedos puedan aterrar?

Lo que *yo* llamaba Mingyur Rimpoché se había estresado en la estación de Benarés. Y esto me lo preguntaba Shantideva, igual que nos pregunta a cada uno de nosotros: «¿Queda algo para que los miedos puedan aterrar?». O, dicho de otra manera: *¿Quién soy yo?*

Si les seguimos el juego a Nagasena y a Shantideva —incluso a un nivel de juego de palabras intelectual— es fácil concluir que este yo —el contenedor de los temores— no existe en ninguna forma esencial. *Y sin embargo..., este yo que no se puede encontrar, que es esencialmente transparente y fluido como el agua, puede resultar muy herido.*

Si no hubiera contado con algo de entrenamiento, podría haber llegado a la conclusión de que el problema era la estación de tren, no mi mente. Cierto, esa estación podría haber usado algún tipo de control de población de ratas, y tener servicios más eficientes para limpiar la basura y las heces. Eso habría estado bien. Pero cuando miramos nuestras vidas de clase media, o las de aquellos que viven libres de insectos, con suficiente comida y sillas cómodas, no encontramos demasiada satisfacción. El Buda enseñó que la mente es la fuente del sufrimiento y la fuente de la liberación. Cuando empecé a viajar a países modernos e industrializados, no había nada en el mundo que ratificara esta verdad fundamental, con la excepción de los encuentros directos con la angustia atormentada que coexiste con el esplendor del reino de los dioses. Sin transformación personal, y sin un cierto grado de humildad —incluso con relación al universo mismo— la avaricia y la ira nos empujan hacia el precipicio. Parece que, sin reconocer que cada uno de nosotros se tiende una trampa para terminar recibiendo el impacto de las flechas, seguimos arrojándonoslas el uno al otro, malinterpretando que la fuente de nuestra angustia existe fuera de nosotros mismos.

Esta vez, cuando subí al vagón, me sentí como si fuera un veterano del tren de tercera clase, menos intimidado por los atropellos y los empujones. En vez de luchar contra mi incomodidad, me volví más complaciente. *Me siento tenso, ¿y qué? No me gusta que la gente me mire como si fuera un sospechoso; está bien. Date cuenta, no finjas, déjalo estar.* Aunque Benarés había resultado más difícil de lo esperado, me iba sintiendo menos desorientado que cuando llegué. Sin cierto grado de confianza básica en la verdad del cambio, podría haber regresado a Bodh Gaya.

Con una mente más relajada que en mi primera excursión en tren, descubrí que mis compañeros parecían tan indigentes como en el viaje anterior, pero ya no parecían una brigada extranjera y no mostraban ninguna de las señales de hostilidad que había encontrado la primera vez en Benarés. Me di cuenta de la frecuencia con la que sonreían, de cómo compartían sus escasas provisiones de comida, de la delicadeza con la que abrazaban a sus hijos. Una vez más, llegué a la conclusión de que la gente urbana moderna parece más estresada y agitada que la gente rural pobre. Tener comodidades materiales parece hacer que la gente se aferre excesivamente, ya que tienen más miedo a perder sus posesiones. Siempre están queriendo más y más y nunca están satisfechos. Las personas desfavorecidas de Nepal y la India, con expectativas mucho más bajas, parecían más satisfechas con lo poco que tenían. Había empezado a reconocer que los problemas que acosan a las personas de la época moderna en la cúspide de su vida familiar y laboral son temas comunes que surgen de forma parecida sin importar de donde sean las personas en el momento final de su vida: la incapacidad de aceptar la impermanencia, de aferrarse a lo que no está disponible y de no ser capaz de soltar.

En el mundo moderno, el miedo a la muerte se esconde tras una enorme ansiedad: qué sucederá, cómo sucederá. ¿Será doloroso? ¿Será difícil? ¿Habrá culpa, remordimiento, redención? Las personas, sean de donde sean, tienen miedo a morir, pero el miedo a la muerte y la negación de la muerte parecen estar reforzados por los valores materiales, por nuestra tendencia a aferrarnos a la vida que conocemos.

Me preguntaba cómo afectaría el hecho de morir como Mingyur Rimpoché a mi propia relación con los cambios futuros, así como al trabajo con la impermanencia y la muerte física, suponiendo que pudiera conseguirlo. Me preguntaba cómo los maestros de la generación de mi padre habían echado leña al fuego. Muchos maestros de la antigua generación, incluido mi padre, habían querido hacer un retiro errante. Sin embargo, tras la invasión china del Tíbet en la década de 1950, los lamas, especialmente los tulkus y los sostenedores de linaje, sentían una responsabilidad enorme de mantener la tradición. Dieron más prioridad a la reconstrucción de los monasterios en el exilio y a la formación de jóvenes monjes que a sus retiros personales. Tuve la suerte de haber nacido en Nepal y nunca hube de soportar la azarosa huida del Tíbet. También tuve la suerte de que, para cuando quise empezar un retiro prolongado, el budismo tibetano ya estaba suficientemente estabilizado en Nepal y la India como para que pudiera ausentarme temporalmente de las responsabilidades en mi linaje, así como en los monasterios que había heredado de mi anterior encarnación. El trabajo de reconstrucción de los monasterios que había realizado la anterior generación de maestros tibetanos había hecho posible este retiro. Ahora que estaba en camino, recordé sus sacrificios con un agradecimiento renovado.

En las semanas previas a mi partida, todo lo que dejaría atrás se alzaba como una montaña de oro que reflejaba aquello en lo que yo confiaba y que atesoraba. Durante semanas, mi mente había pasado de mirar con emoción hacia el futuro a echar la vista atrás con un ligero matiz de tristeza. Había superado muchos momentos de incertidumbre acerca de si podría seguir adelante con este plan. Incluso en el tren a Gorakhpur vacilaba entre la firme determinación y la duda de si tendría el valor de cambiar la calidez radiante de este amor montañoso por la hospitalidad cuestionable de las calles. Cuando sentía que la balanza se inclinaba demasiado hacia la oscuridad, recordaba historias para aumentar mi confianza. Gran parte de mi iniciación al dharma —como la de todos los niños tibetanos— había adoptado la forma de historias inolvidables. Una en particular trataba acerca de un pariente de mi padre.

164 ENAMORADO DEL MUNDO

Cuando era un joven monje de unos veinte años, este hombre estaba deseando ver a Patrul Rimpoché (1808-1887), uno de los más gloriosos maestros tibetanos. Patrul Rimpoché normalmente prefería viajar solo y a menudo trataba de eludir las responsabilidades monásticas. No deseaba nada más que vivir en las montañas, sin que se le reconociera. Parecía que estuviera tan necesitado, por vestir ropas andrajosas y harapientas, que a menudo se le confundía con un mendigo; incluso le denegaban la entrada a los propios monasterios que le habían invitado a enseñar. Patrul Rimpoché podía impartir enseñanzas desde el trono del abad o ser rechazado; se le podía ofrecer la mejor comida o darle un puñado de harina de cebada y decirle que siguiera su camino. Fuera como fuera, para él todo estaba bien. Yo me preguntaba si podría entrenar mi mente para ser tan estable en todas las circunstancias, aceptando cualquier cosa que surgiera.

Según mi padre, este joven monje se encontró con Patrul Rimpoché durante un viaje que el venerado maestro estaba haciendo junto a otros lamas. Una noche durmieron en un campo que había en la base de un paso de montaña elevado. Durante la noche se corrió la voz de que Patrul Rimpoché estaba cerca y los peregrinos se despertaron con los gritos de los devotos emocionados bajando por los senderos de la montaña desde sus aldeas para hacer postraciones y realizar sus ofrendas. Un hombre se acercó a Patrul Rimpoché con una moneda de oro excepcionalmente grande y pesada. Le dijo que un miembro de su familia acababa de morir. Sacó la moneda y solicitó oraciones. Patrul Rimpoché dijo que estaría encantado de ofrecer sus oraciones, pero que no necesitaba la moneda. El hombre insistió, explicando que no podía aceptar las oraciones si Patrul Rimpoché no aceptaba la moneda. La moneda fue de un lado a otro hasta que Patrul Rimpoché dijo: «Está bien. Aceptaré la moneda. Y después de las oraciones, te la devolveré». El hombre estuvo de acuerdo, pero después de que Patrul Rimpoché ofreciera sus oraciones, el hombre se negó a recuperar la moneda.

Mientras el desacuerdo continuaba, el resto de la comitiva recogió los sacos de dormir y los utensilios de cocina. Patrul Rimpoché finalmente dijo: «Pongamos la moneda sobre esta roca y dejémosla aquí». Todo el mundo estuvo de acuerdo en que esta era una buena solución y se pusieron en marcha. Solo el joven monje se quedó atrás. No podía apartar los ojos de la enorme moneda de oro, y no podía creer que todos los demás se hubieran alejado de ella. Pensó que si no la cogía, un aldeano se escabulliría y la cogería. Trató de racionalizar ese robo imaginando todas las cosas altruistas que podría conseguir con tanta riqueza. Se quedó cerca de la moneda durante tanto tiempo que Patrul Rimpoché y los demás casi habían llegado a la cima del paso, y aun así ningún aldeano había regresado. Entonces empezó a correr en dirección al paso, pero de golpe se detuvo y se dio la vuelta. El sol de la mañana había salido por detrás de las montañas y ahora los rayos de luz caían sobre la moneda, haciendo que brillara como el propio sol. De nuevo, clavó los ojos en aquella moneda. Lo hizo una vez más, y después se echó a correr para alcanzar a los demás.

No importaban las veces que mi padre contara esta historia, él siempre se aseguraba de que yo entendiera los puntos más importantes: «Tendrás miles de oportunidades de elegir entre una dirección negativa y otra positiva, lo que significa aumentar o disminuir el sufrimiento para ti y para los demás; y, si realmente aspiras a cortar tus apegos, puedes hacerlo independientemente de las circunstancias, pero siempre habrá algo que te haga volver a la otra dirección. Nunca será fácil, pero se puede conseguir».

Comprendí que sentir la atracción de lo que valoraba y amaba, y de lo que me resultaba familiar, es una parte necesaria para cortar los apegos. También empecé a ver que la muerte del viejo yo y el renacimiento como algo nuevo no sucedería de la noche a la mañana. No estaba en el entorno familiar de un monasterio, pero todavía había demasiado yo, mi yo de Mingyur Rimpoché, para sentarme cómodamente en el suelo entre extraños. *Pero eso cambiará. Estoy seguro de ello.*

Miré por la ventanilla del tren. Acababa de imaginarme a Patrul Rimpoché en la rozagante y fría zona montañosa del Tíbet. Ahora veía llanuras bajo un sol abrasador. Si hubiera podido hablar con mi padre en ese momento, ¿qué habría dicho él?

«Ami..., escúchame...»

Y después ¿qué...? ¿Cuál era la siguiente línea?

Arrullado por el movimiento del tren, me quedé dormido.

SEGUNDA PARTE

EL REGRESO A CASA

16

Donde el Buda murió

El viaje en autobús desde la estación de tren de Gorakhpur a Kushinagar dura alrededor de una hora y media. Ya se me daba mejor gestionar el dinero, pero seguía teniendo que examinar cada billete para saber cuál era su valor. Me senté en un banco de madera que había junto a una ventanilla abierta. La carretera atraviesa un paisaje que se vuelve cada vez más remoto y rural —con pueblos cada vez más escasos y menos poblados entre extensos tramos cubiertos de prado—. Yuntas de bueyes uncidos con un yugo y tirados por ancianos con dhotis blancos se abrían paso lentamente entre los campos. Los bueyes sacudían sus colas contra las moscas que revoloteaban por sus costados. El autobús compartía el carril de la carretera con otros coches y camiones, así como con pequeños caballos que tiraban de carros para el transporte de personas, junto con pájaros enjaulados o sacos de grano; otros carros contenían montones de coliflores recién cortadas, o pilas de postes de madera de gran longitud que parecían material de construcción.

Me sentí aliviado por estar lejos de Benarés. Los últimos días habían resultado difíciles. Aun así, estaba entusiasmado por hacer este retiro. Durante este tiempo me había dado cuenta de la turbulencia de mi mente, que permanecía en la superficie. Más en el fondo, estoy alerta, confiado, incluso contento. *Sé que en realidad el problema no es la turbulencia. Sigo queriendo renacer como un yogui errante y despreocupado. No quiero vivir como un príncipe, atrapado en un ambiente aséptico. Si el objetivo de la meditación fuera simplemente deshacerme de las emociones negativas, no estaría en absoluto interesado en practicarla.*

Los chuchos vagaban a su aire; las vacas, los pollos y los cerdos estaban atentos al suelo, comiendo o buscando comida. Los cuervos graznaban entre las ramas y las grullas blancas estaban inmóviles como columnas en el suelo o posadas sobre los lomos de las vacas. Cuanto más me adentraba en esta pacífica campiña, más ligero me sentía. *Estas vistas de los campos y de los animales deben parecerse a las que vio el Buda.* Durante la época de Buda, Kushinagar era la capital de una pequeña dinastía llamada Malla. *Habría más bosques, con peligrosas serpientes, leopardos y tigres. Supongo que el Buda caminaba descalzo por caminos de tierra. Me pregunto si alguna vez tuvo miedo.*

Los peregrinos acuden a Kushinagar para visitar el parque Parinirvana, el lugar que conmemora la muerte del Buda. Según la guía que había leído en la estación de Benarés, se trata de una zona extensa con prados bien cuidados que rodean una estupa, y un edificio adyacente del siglo XIX que alberga una antigua estatua —de unos seis metros, hecha de arenisca— del Buda en sus últimos momentos, reclinado sobre el costado derecho y con la cabeza orientada hacia el norte. A un kilómetro y medio de distancia se encuentra la estupa Ramabhar, conocida como la estupa de la Cremación, construida para contener las reliquias de la pira crematoria del Buda. No hay mucho más que ver. Desde mi última visita, se habían construido alrededor de los lugares que conmemoran al Buda numerosos templos de diferentes países budistas, como el Tíbet, Birmania y Tailandia. La mayor parte de Kushinagar sigue siendo una aldea india con más bien poco atractivo.

La entrada al parque se encuentra justo al lado de la autopista, y yendo desde Gorakhpur, está situada justo al lado de la estación de autobuses. El conductor accedió amablemente a dejarme cerca de la puerta. Me bajé del autobús y me dirigí al parque, feliz de haber llegado y de estar lejos de Benarés. Estaba parando de lloviznar, el aire olía a limpio y la hierba todavía brillaba.

Dos guardias uniformados estaban sentados en la entrada. Examinaron mis papeles de nacionalidad nepalesa y me hicieron una señal con la mano. Fui directamente a presentar mis respetos al Buda reclinado. Dejé mi mochila a un lado, hice tres postraciones completas y después me senté en posición de rodillas en el suelo. Rogué que pudiera permanecer conectado con la conciencia intemporal, que es la esencia misma de todas las emociones turbulentas. Rogué que pudiera permitir que las sensaciones de incomodidad, y sobre todo de vergüenza, se autoliberaran, que pudiera dejar estar las sensaciones y que fuera capaz de sostenerlas en la conciencia. Rogué que pudiera tener la valentía de dar la bienvenida a las emociones negativas y de tratar de trabajar con ellas. Rogué para que pudiera considerar las olas no como monstruos u otros obstáculos amenazantes, sino como diferentes muestras de actividad iluminada que reflejaran la verdadera naturaleza de mi propia mente. Rogué para que pudiera profundizar en mi comprensión y así poder ser más beneficioso para los seres sintientes.

Cogí la mochila y me alejé del Buda recostado, sin darme la vuelta hasta haber cruzado la puerta. Después hice unas cuantas circunvalaciones alrededor del parque, disfrutando de la tranquilidad y repasando los lugares donde me gustaría sentarme a la mañana siguiente. Me crucé con los guardias cuando salí, y después caminé lentamente hacia un área de hostales que estaban a cinco minutos del parque. Por el camino, compré una mazorca de maíz tostado por cinco rupias a un vendedor ambulante, y cinco plátanos a otro vendedor por tan solo una rupia cada uno, y me asombré de que los plátanos fueran tan baratos.

Me registré en un hostal que contaba con una sola planta. Su nombre, Dharamsala, significa «casa de peregrinación», lo cual evidenciaba que era el tipo de alojamiento más sencillo y barato.

El propietario, un hombre amistoso de mediana edad, me llevó a una habitación, de unos seis metros cuadrados. En ella había una pequeña cama, un ventilador de techo y un baño con ducha, y, sin incluir comidas, salía por doscientas rupias al día (unos dos euros con cincuenta céntimos).

Esta sería mi casa, desde la cual me iría a la aventura por la mañana para saber tímidamente a qué sabía la vida de los sintecho, y volvería por la tarde. «No tengas prisa —me dije—. Me mantendré en esta fase todo el tiempo que sea necesario, volviéndome un sintecho, convirtiéndome en un mendigo y un sadhu, familiarizándome con este nuevo camino».

El dormitorio de la estación de Benarés había sido mi lugar seguro. Esta pensión en Kushinagar funcionaría de la misma manera. Se suponía que este retiro expandiría mis límites acerca de lo que sabía de mí mismo mucho más allá, tanto que haría añicos cualquier rastro de un *yo* que me hiciera sentir cohibido. No habría roles que desempeñar, ni expectativas que cumplir, ni títulos que honrar. Pero me había precipitado. Mi padre siempre me decía que no fuera tan impaciente. A pesar de todos mis esfuerzos por complacerlo, no había aprendido esa lección. Confundí el hecho de echar leña al fuego con un evento, en lugar de considerarlo un proceso. En algún lugar de mi imaginación, confundía el hecho de echar ramitas miserables al fuego de una en una con encender una hoguera.

17

¿Cuál es tu sueño en la vida?

Esa primera noche en el hostal tuve otro sueño. Estaba al aire libre, en algún lugar imposible de identificar. Debía de ser por la tarde. Las imágenes se desplegaban en un blanco y negro granuloso. De repente, todo se precipitaba. Los oficiales de policía me rodeaban, me metían a empujones en un coche y me llevaban de vuelta a un monasterio. Eso es todo lo que recuerdo.

La primera vez que me desperté, no estaba seguro de si regresar a un monasterio me causaba deseo o temor. El monasterio significaba protección para mi cuerpo y liberación para mi mente. Pero cuando el paisaje onírico se hizo más nítido, sin duda se asemejaba a aquellas películas en que los chicos malos son enviados a prisión y los reclusos viven en celdas.

Había pasado menos de una semana desde que actué como un preso que se fugaba de Tergar. Ahora la policía había detenido a un fugitivo, un peligroso abad budista muy buscado, armado de vacuidad y que aspiraba a comprender con más profundidad la vacuidad. Al igual que sucedió con la pesadilla que tuve en la estación de Benarés, se constató que no me había despertado en el sueño. Al considerar que las imágenes de los sueños eran reales, había permitido que el miedo ganara una vez más la partida. Ahora que estaba despierto, pensé: «Qué sueño más raro. No tengo asociaciones negativas con los monasterios. Amo mis monasterios y a mis monjes y monjas, pero no quiero que se interrumpa mi retiro y no quiero regresar. En cualquier caso, fue solo un sueño: bueno o malo, déjalo estar. De todos modos, estoy más interesado en la relación entre los sueños y cómo estos reafirman la vacuidad, cómo su aspecto traslúcido refleja nuestra propia vacuidad esencial». Aunque había notado que la policía me empujaba hacia dentro del coche, no percibí ningún sentido de masa en mi cuerpo ni en el de ellos. Me había despertado despavorido por el peligro de la amenaza, pero yo no tenía ninguna forma, y no era más o menos real que la inmensa vergüenza que había experimentado en las estaciones de tren. Sin embargo, tanto la vergüenza en las estaciones como el miedo en los sueños fueron experiencias encarnadas. Reales, pero no verdaderas.

«¿Cuál es tu sueño en la vida?».

Le hice esta pregunta a un señor que conocí en California. Hacía algunos años que este señor había dejado un trabajo excelente en una empresa de alta tecnología en Silicon Valley. Había leído algunos libros sobre la vacuidad y había llegado a la conclusión de que su trabajo era vacuo —vacuo de significado, de valor— y que su lugar de trabajo, el estatus, el dinero, estas cosas también eran esencialmente vacuas. Decidió que su vida no tenía ningún sentido y presentó su dimisión para hacer algo que siempre había querido: convertirse en pintor.

Hablaba con seriedad, llevándose a menudo la mano a la barbilla, como si midiera la exactitud de sus palabras. Le estaban saliendo canas en el cabello y en la barba, y vestía de manera informal pero arreglada. Durante varios años trabajó en su estudio creando arte y llevó una vida gratificante. Después asistió a unas enseñanzas que yo daba sobre la vacuidad. Tras una sesión, solicitó hablar conmigo. «Me gustan estas enseñanzas acerca de la vacuidad —me dijo—, pero hay un problema. Antes leía libros sobre la vacuidad, y me parecía que mi trabajo era vacuo, así que lo dejé. Me gusta mucho hacer arte, pero después de escucharte hoy, veo que incluso mi arte es vacuo. Ahora tal vez necesite dejar mi trabajo artístico, pero si lo hago, no tendré dinero».

Le dije que la vacuidad no significa la nada.

Se quedó helado. Le dije:

—Todo viene de la vacuidad. Está llena de potencial vivo, llena de posibilidades. —Entonces le pregunté—: ¿Cuál es tu sueño en la vida?

—Tener una casa en la playa —dijo.

—Muy bien, pongamos que un día tienes un bonito sueño en el que posees esa casa en la playa. Y tú eres la mar de feliz, ¿verdad?

—Sí, por supuesto —contestó.

—Entonces, de repente, un incendio destruye tu casa, y no tienes seguro de sueños. ¿Cómo te sentirás? —le pregunté.

A lo cual respondió:

—Se me partirá el corazón.

Pregunté si esa casa era real o no y contestó:

—Claro que no es real. ¡Es un sueño!

—Si te encuentras con un problema enorme, como el incendio de tu casa en la playa —le pregunté—, ¿cuál sería la mejor solución?

Lo pensó muy detenidamente, y luego contestó:

—Quizás despertarse dentro del sueño.

—Sí; si sabes que estás soñando, el tigre no podrá atraparte y el fuego no podrá quemarte. Si tu casa se incendia, siempre puedes construir otra. En nuestra vida diurna, no nos negamos a desear una casa o una carrera profesional. Pero si reconocemos la vacuidad esencial de los fenómenos, podemos disfrutar de nuestros deseos sin apegarnos a las percepciones erróneas que causan el sufrimiento.

»Tú y yo ahora mismo, somos lo mismo que la casa de la playa del sueño. Algo que no es real. Pero no somos la nada. Muchas personas piensan que la vacuidad es la nada. Pero todo surge de la vacuidad. Si reconoces la casa del sueño y la miras, sabes que no es real. Pero la casa del sueño seguirá estando ahí. Es real y no real a la vez.

Cuando la gente oye hablar de la vacuidad, a menudo piensa que significa algo negativo, como este ejecutivo de la industria tecnológica que no encontraba ningún sentido a su trabajo. Es un malentendido común. La vacuidad no es una idea o una historia. Es una experiencia encarnada que tiene lugar cuando exploramos la experiencia en sí misma y descubrimos que la aparente solidez y permanencia de los fenómenos en verdad no existe.

Los sueños son un ejemplo perfecto. La casa de los sueños aparece en el sueño. La vemos y la sentimos. Sin embargo, no existe. Podemos aceptar fácilmente que los sueños surgen de nuestra mente. El ejecutivo reconoce que la casa del sueño está vacía de sustancia y que en realidad no existe. Pero eso no significa que no la experimente. Si en el sueño se incendia, eso le romperá el corazón.

Así es como funciona la vida. Nuestra mente crea nuestras experiencias momento a momento, y experimentamos estas creaciones como si fueran reales, tan reales que de forma errónea asumimos que estamos viendo la realidad ahí afuera, independiente de nuestra propia mente. Pero el objeto de la percepción no puede separarse de la mente que lo percibe. No podemos sentir nuestros sueños. No podemos sentir, saborear o tocar la vacuidad. No podemos saber su origen. No podemos decir en verdad que la vacuidad existe. Pero decir esto no la niega. Es tan real como un sueño. Todo surge de esta base incognoscible de la vacuidad. Las cosas aparecen, pero no existen en la forma en que suponemos que existen. Lo que estamos señalando transciende las palabras y el lenguaje y no puede conocerse con la mente conceptual. Hemos aprendido a pensar en dualidades: real frente a no real; sueños diurnos frente a sueños nocturnos; bueno-malo, vivir-morir. Cuando nos topamos con experiencias que no encajan en estas dualidades, tendemos a descartarlas. Nos ponen nerviosos. No podemos acomodarlas en nuestra lógica dualista. Cuando el mundo convencional nos hace creer que aquello que la mente conoce mediante su percepción ordinaria constituye todo lo que se puede llegar a conocer, entonces la búsqueda de la verdad se vuelve más complicada.

A medida que ganamos una mayor comprensión de las cualidades de la mente durante el día y la noche, también ganamos confianza a la hora de aceptar los límites de la realidad consensuada. A través de la investigación, podemos ver que el tejido social se mantiene unido por consenso. Cuantas más personas compartan el consenso, más real será y más difícil será cambiarlo o desmantelarlo.

Un maharajá de la Antigua India tuvo que aprender esta lección por las malas. Entonces la India de hoy en día estaba formada por principados independientes, cada uno con su propio rey o maharajá. La animosidad a menudo llevaba a acosar las regiones vecinas. Una vez, después de una lluvia monzónica especialmente intensa, cuando todos los pozos se habían llenado hasta los bordes, los miembros de un principado cruzaron al territorio de sus enemigos y vertieron veneno en cada pozo de la aldea. El pozo del rey, debido a que había guardas que lo protegían, fue el único que se libró de ser envenenado.

El veneno indujo en la población una felicidad delirante. Dejaron de atenderse los campos y el ganado. Los aldeanos bailaban por la calle durante toda la noche, cantaban y flirteaban escandalosamente. El maharajá sabía que su enemigo había planeado esta intoxicación para destruir su reino. Salió a la calle y dijo a sus súbditos que habían sido engañados por el enemigo. Pero la población convino en que el maharajá se había vuelto loco. Durante varios días, el maharajá intentó hacer entrar en razón a las personas que habían perdido el juicio. Finalmente, apartado de la gente que amaba y abatido en su miseria, bebió de los pozos contaminados y se unió a la fiesta.

El maharajá sufrió en soledad. No es necesario que nosotros lo hagamos. Podemos nadar contra la corriente con la ayuda de maestros, de los textos de sabiduría y de nuestra propia inteligencia. Los comerciantes y cazadores que se encontraron a Milarepa deambulando por las montañas nevadas en invierno desnudo y descalzo lo consideraron un loco. A su vez, Milarepa pensaba que los locos eran ellos, pues permanecían encerrados en prisiones creadas por ellos mismos, incluso teniendo en su mano la llave de su propia liberación.

Me guardé en el bolsillo de la camisa unas cuantas rupias y mis documentos de identidad, dejé mi mochila en la pensión y me marché a la luz del alba para perseguir mi propio sueño feliz. ¡El primer día meditando en el exterior! Mi angustioso sueño nocturno fue totalmente aplastado por mi entusiasmo. El aire a esa hora temprana era refrescante y no demasiado caliente. Durante el verano, el parque Parinirvana abre al público de las seis de la mañana hasta las seis de la noche. Llegué en el mismo instante en que los guardias estaban abriendo la puerta. Volvieron a examinar mis papeles de nacionalidad nepalesa y me hicieron una señal con la mano. Caminé hasta el otro lado de la puerta. A la sombra de una arboleda, me quité la parte superior de los hábitos y la coloqué en el suelo para usarla como alfombra para sentarme. Empecé por contemplar mi motivación.

Mi motivación era la misma que la que había tenido en el suelo de la estación de Benarés, la misma que la de estar sentado ante cualquier altar: liberarme del sufrimiento que yo mismo he creado para ayudar a liberar a los demás. Esa mañana empecé con una reflexión sobre la razón por la que la tradición budista pone tanto énfasis en la motivación. Durante los días anteriores, mi motivación no había fallado ni una sola vez, aunque en mis meditaciones había experimentado más distracción de lo habitual. Las experiencias en la meditación aumentarán y disminuirán. Si nos apegamos a aquello que nos parecen buenas meditaciones, lo más probable es que terminemos decepcionándonos.

El compromiso de trabajar con la mente significa ceñirse a la intención, a la aspiración. Seguimos intentándolo. El esfuerzo continuo tiene más valor a largo plazo que los resultados efímeros, por muy positivos que sean.

Durante las siguientes horas, realicé una práctica sencilla de descansar la mente en la conciencia. Y después terminé la sesión dedicando el mérito. Este es el paso final de cualquier período de práctica formal. No queremos conservar ninguna virtud que hayamos acumulado para nosotros mismos. Por esa razón, se lo conferimos a los demás. Dediqué el mérito a los miembros de la familia, a los maestros, al mundo, a todos los seres sintientes. La dedicación es una forma de compartir, una función de lo que llamamos *generosidad espiritual*.

Después de las primeras horas en la arboleda, la frescura del amanecer dio paso a un calor sofocante. Había poca gente visitando el parque y disfruté de un relativo aislamiento. Sin embargo, estar solo en un nuevo entorno hacía que mis sentidos se mantuvieran en alerta máxima, a pesar de que una vez más me encontraba en el interior de un recinto cerrado protegido por guardias. Le di la bienvenida a este santuario, aunque me percaté de la ironía. Era el lugar perfecto para experimentar con mi nueva vida. No estaba perdido en la naturaleza ni sujeto a animales depredadores; estaba aislado, pero no demasiado. El parque estaba a medio camino entre lo nuevo y lo familiar, una expresión de la religión budista en una ciudad hindú... *Igual que yo...*

Me levanté y me puse otra vez la parte superior de los hábitos. A pesar del calor, continuaría con la costumbre de usar una pieza de ropa para cubrirme el hombro izquierdo, dejando derecho descubierto. Este ritual no cambiaría —todavía—. En los días anteriores había tomado varias tazas de té azucarado, lo que contradecía totalmente mi dieta habitual, pero mis hábitos granates de monje eran harina de otro costal. Eran mi única posesión preciosa y me tomaría mi tiempo para abandonarlos.

Hice unas cuantas circunvalaciones al parque, me detuve en los baños públicos y después en el pozo público, donde bombeé agua para beber. Otra primera vez. Después me fui en busca de algo para comer.

Me detuve en un puesto de comida improvisado al aire libre con algunos bancos metálicos y una lona colocada encima para hacer sombra. Pedí el plato más barato y deseable del menú: arroz con dal. Para mi deleite, las lentejas eran de la variedad amarilla tan deliciosa que yo conocía de Nubri, y estaban preparadas de forma muy parecida a como las cocinaba mi abuela. Durante unos minutos, el sabor me devolvió a mi infancia y me perdí en el recuerdo.

Cuando terminé de comer, regresé a la pensión para evitar estar en la calle durante las horas más calurosas y continué practicando sentado en la cama bajo el ventilador del techo. *Sigo eligiendo y escogiendo, pero eso está bien. Estoy aprendiendo.* Alrededor de las tres de la tarde regresé al parque, y enseñé de nuevo mis documentos de identidad. No comí nada después del almuerzo, y cuando cerraron el parque regresé a la pensión por la ruta más directa, sin aventurarme a entrar en el pueblo. Me senté en la cama y repetí la misma secuencia de prácticas que había hecho por la mañana y por la tarde, y después reflexioné acerca de cómo me había ido el día.

En la superficie, todavía estaba siendo zarandeado por la sensación de novedad y la extrañeza de estar en el mundo y apañármelas por mi cuenta: meditando al aire libre, quedándome en la pensión, gestionando dinero, pidiendo comida, comiendo solo en público. En otro nivel, cada primer evento de algo inducía a la emoción, al asombro y al optimismo. *El viaje ha comenzado de verdad. Ahora me estoy moviendo. ¿Adónde voy a ir? No lo sé. No lo sé. Qué maravilla.*

Esa noche me concentré con la intención de reconocer el sueño dentro del sueño. La preparación básica implica establecer la intención, tal como podríamos decir: «Mañana quiero despertarme a las cinco de la mañana». Si decidimos despertarnos dentro del sueño, podemos repetir una y otra vez, una docena de veces: «Esta noche quiero reconocer que estoy soñando mientras estoy soñando».

Soñé que estaba en el Tíbet. Campos gigantescos de color esmeralda se extendían sin piedras ni árboles hacia todas direcciones bajo un sol radiante y un cielo resplandeciente. Flores grandes y coloridas salpicaban de color los campos como en una versión Technicolor de una vivacidad especial. Los negros yaks pastaban en la distancia. En una de las direcciones, el campo terminaba con un barranco muy profundo que descendía hacia un río. Estaba caminando sobre la hierba cuando me di cuenta de que me hallaba en un sueño: *¡Puedo hacer lo que me venga en gana!* Con los brazos estirados a lo largo del cuerpo, agarré los hábitos por detrás y me eché a correr, primero dando brincos, después saltando, hasta que el viento se apropió de los hábitos como si fuera una cometa y me elevó y me llevó volando hacia las montañas, para luego volver a descender hacia el río. Fue tan placentero volar por el espacio. Libre como un pájaro, llevado por el viento.

Me gusta más este sueño que el de ser atrapado por la policía. Me gusta más el sueño de Kushinagar que el sueño de Benarés. Me gusta el sueño de estos árboles, y este aire fresco. El Buda se convirtió en Buda porque reconoció que todo es un sueño, incluido él mismo.

A la mañana siguiente, de camino al parque, me detuve a comprar maíz tostado. Intenté pagar, pero el vendedor se negó, por lo que esta fue la primera ofrenda que me hicieron debido a mis hábitos de monje. Esto me hizo muy feliz. El día era especialmente claro y fresco, sin nubes, sin señales de lluvia, como el clima perfecto de mi sueño de la noche anterior. Regresé a la estupa de Parinirvana, mostré mi documento de identidad y caminé hacia el otro lado. Mis circunstancias empezaban a ser muy agradables.

Había disfrutado volando. Había disfrutado del encuentro con el vendedor, y el maíz era casi lo más delicioso que había comido en toda mi vida.

Pensamientos de mi hogar mezclados con los dulces recuerdos de la mañana. Sin embargo, allí, en el parque, las imágenes de la casa, del maíz, del vendedor, de volar a través del espacio, aparecían a la misma distancia de donde me encontraba sentado. Una imagen no estaba más cerca ni más lejos que la otra. Tampoco podía decir que un pensamiento fuera más *real* que el otro. Estos pensamientos, imágenes y conceptos se desplazaban como nubes. Los recuerdos del hogar pueden adherirse a nudos emocionales, pero mi pensamiento del hogar no estaba más arraigado al concepto llamado *hogar* que el concepto de maíz en la planta llamada *maíz*. Cuando nos detenemos a investigar la cualidad de estas nubes de pensamiento, emergen más como sueños que como lo que a menudo consideramos que es real. Ni los sueños nocturnos ni los pensamientos diurnos tienen sustancia o durabilidad. Sin embargo, hasta que despertamos a la realidad, las percepciones diurnas y nocturnas tienen la capacidad de perturbar nuestras vidas.

No soy la misma persona que era en Benarés. En las últimas cuarenta y ocho horas, he vagado por el infierno, me he refugiado en un dormitorio, he pasado tiempo con mis maestros, especialmente con Nyoshul Khen Rimpoché; he estado con Nagasena para que me ayudara a reafirmar que mis títulos no son más que máscaras externas. Me he sentido triste y solo, seguro, optimista y abatido. Pero la mente que experimentó tanta agitación se ha desvanecido. Se ha terminado. Ha muerto. Eso no significa que no vaya a reaparecer; puede renacer. Sea como sea, está bien.

Mi decisión de retrasar la transición a la calle me hizo sentir cómodo. No había muerto físicamente como Mingyur Rimpoché, pero me encontraba en estados mentales intermedios. Había volado por el espacio sin más sustancia que la de un arcoíris. Había atravesado paisajes mentales y había llegado recién renacido a este reino, con este cuerpo humano, que no era exactamente el mismo cuerpo que tenía ayer. Si somos capaces de constatar que el cuerpo cambia, podremos cultivar un sentido de renovación y sentirnos fortalecidos para vivir plenamente nuestro mejor día, antes de volver a dormirnos y morir de nuevo.

18

Superar la oscuridad

Mi padre me había explicado que «sin la capacidad de morir continuamente, acabamos viviendo en un lugar donde solo crecen las setas, formas de vida que se desarrollan en la materia muerta y viven en la oscuridad».

Desde el punto de vista convencional, la vida precede a la muerte. Desde el punto de vista de la sabiduría, la muerte que se aferra al ego es anterior a la vida. Hasta que despertamos a las percepciones puras que no han sido filtradas y distorsionadas por la cultura y por las compulsiones, andamos por la vida como sonámbulos, sin estar plenamente conscientes ni durante el día ni durante la noche —como si estuviéramos viviendo en lugares donde solo crecen setas—. Desde la perspectiva de la sabiduría, para despertar a la realidad en esta vida, primero tenemos que permitirnos soltar y dejar morir al yo limitado y condicionado.

Una vez vi una viñeta humorística en la que un buscador hippie había escalado a la cima de una montaña para preguntarle a un hombre sabio: «¿Puedes adivinar mi futuro?». Y el sabio respondía: «Claro. Es muy fácil. A menos que despiertes, mañana se parecerá al día de hoy».

Nuestras mentes racionales saben que si hoy fuera igual que ayer, nuestros cuerpos nunca perecerían. Pero sí que lo hacen. Sin embargo, nos *parece* que el día de hoy es como el de ayer. En este ejemplo, podemos apreciar la diferencia entre las historias que nos contamos y lo que sucede en realidad.

Podemos ver que nuestras sensaciones no están en sintonía con la realidad. Nuestros cuerpos están cambiando, mientras que nuestra mente se queda encallada. Esta no es una buena receta para la vida, en especial a medida que envejecemos. Sin embargo, podemos empezar a desarrollar ahora mismo una mayor sensibilidad hacia las transiciones cotidianas sutiles, así como hacia las formas en que nos ayudan a soltar y hacia las lecciones que ofrecen.

En el bardo de esta vida, cada proyecto que empieces consta de tres etapas, y estas etapas son análogas al bardo de la muerte, el bardo del dharmata y el bardo del devenir. Funciona de la siguiente manera: una nueva relación con una pareja sentimental o de negocios, o un nuevo jefe, una nueva residencia o una mascota —cualquier nuevo comienzo— empieza en el momento de la muerte. Con el fin de acceder a un nuevo dominio que esté libre de esquemas prefijados, y para estar totalmente abiertos y disponibles a lo que nos ofrece, debemos soltar las ideas que tanto apreciamos acerca de cómo se supone que funcionan las cosas. Debemos permitir que estas ideas preconcebidas se disuelvan; solo a través de la muerte el pasado no se impondrá a este momento. Entonces podremos apreciar plenamente la dulzura del ambiente fresco que acompaña a esta etapa.

Con mucha frecuencia decidimos seguir una nueva dieta o una nueva rutina de ejercicios, o hacemos propósitos de Año Nuevo, solo para terminar viendo que nuestros viejos patrones se restablecen con firmeza. Cuando el comportamiento habitual se impone a nuestras nuevas aspiraciones, no podemos avanzar, a pesar de que tengamos las mejores intenciones. Cuando el presente carga con los problemas del pasado, vivimos en la penumbra y no podemos beneficiarnos de los efectos revitalizantes del renacimiento. Trasladamos al nuevo reino antiguas idealizaciones y fantasías perfeccionistas que hacen que sea difícil tener éxito en la nueva andadura.

186 | ENAMORADO DEL MUNDO

Evidentemente, utilizamos las habilidades, los talentos y la creatividad que desarrollamos en el pasado; pero para prosperar de verdad en nuestra nueva situación, debemos dejar atrás nuestros vínculos. Esto es análogo al bardo de la muerte. Con la muerte de nuestro cuerpo, no tenemos otra opción que dejar la vida que hemos conocido. No obstante, podemos *elegir* si queremos soltar nuestros apegos o aferramos a ellos.

En el momento final de nuestro cuerpo de carne y hueso, todos tenemos una oportunidad asombrosa de reconocer la conciencia inmortal. La mente dualista que permanecía amarrada al cuerpo se libera automáticamente debido al derrumbamiento de la estructura fundamental, creando así un hueco extremadamente potente. El proceso es una versión potenciada de lo que sucede con la mente dualista cuando se destraba y se disuelve en el sueño al quedarnos dormidos. El propósito de hacer estos paralelismos con los bardos de esta vida es que podamos reconocer el proceso continuo de nuestra propia muerte y renacimiento. Este reconocimiento nos puede ayudar a vivir una vida alegre en este momento. También puede poner nuestras percepciones en sintonía con la gran muerte que acontece cuando nuestros cuerpos se agotan.

Si reconocemos la vacuidad luminosa en el momento final —que es la muerte que transciende la muerte—, no pasaremos a la siguiente etapa, ni al siguiente bardo. Llegar a fundirnos totalmente con la muerte y reconocer esta unión nos permite entrar en el reino sin muerte, el presente eterno, que no está condicionado por el pasado o el futuro. Está más allá del tiempo, más allá de los comienzos y los finales. En este estado, no hay ninguna etapa siguiente. Experimentamos comodidad con la situación en la que nos encontramos —la nueva relación, el nuevo trabajo, sea lo que sea—, no la comparamos con el pasado ni anticipamos el futuro, no imponemos expectativas, no exageramos las posibilidades, no actuamos con picardía ni desconfianza, no hacemos una montaña de un grano de arena ni negamos los momentos desagradables.

Sin embargo, normalmente, igual que había sucedido conmigo, en la primera etapa la intención que tenemos pierde cierto grado de claridad. Seguía teniendo clara mi motivación, pero con el esfuerzo de apañármelas para hacer cosas como comprar billetes de tren y té, la intención había quedado en un segundo plano. Antes de salir del monasterio, esperaba que mi antigua vida muriera de la noche a la mañana. Y resultó ser una idea más bien ingenua. Pero no sentía que viviera en la oscuridad como una seta; eso no sucedía en mi antigua vida ni en la nueva. *Estoy intentando soltar. Siento que lentamente estoy habitando, poco a poco, una nueva forma. Comprendo que esto está sucediendo. Estoy trabajando en ello. Pero no estoy tratando de apartar a mi viejo yo. Las cosas cambiarán. Déjalo estar. Déjalo pasar.*

La segunda etapa en el bardo de esta vida está marcada por la oportunidad, que reflejaba mi propia manera de ver las cosas. El andamiaje de mi identidad como yogui errante estaba en proceso de construcción; nada estaba completamente formado, pero esta ambigüedad permitía algunos incentivos creativos. El período de inestabilidad que caracteriza esta etapa, igual que resultó para mí en ese momento, puede ser turbulento o pacífico, con altibajos; pero el entusiasmo se mantiene estable y el optimismo no disminuye ante las numerosas incertidumbres. Todo está en movimiento, fluctuando; nada está solidificado del todo, y el ambiente se parece al que tendríamos en un sueño.

La primera etapa es comparable a morir en el momento final de nuestra vida, o cuando termina nuestro día cuando nos quedamos dormidos. La situación nos impulsa a soltar. Y después, en la siguiente etapa, entramos en un paisaje onírico, donde experimentamos la cualidad insustancial de la forma. Esto es análogo al bardo del dharmata, el bardo posterior a la muerte. Pero independientemente de que esta etapa tenga lugar antes o después de nuestra muerte, tampoco dura eternamente. Poco a poco, la transparencia de las formas del sueño se vuelve más opaca, y la atmósfera fluida se vuelve más sólida. El esquema evoluciona hacia la creación de muros compactos y las posibilidades empiezan a ser más limitadas. Sentía que todavía me hallaba en un estado de sueño, como flotando, sin tocar con los pies en el suelo. Mi mente sabía que me había marchado de Tergar, que estaba en Kushinagar, que había comenzado mi retiro errante. Pero mi cuerpo seguía sin sentir que este estado transitorio era mi hogar.

En la tercera etapa, las formas translúcidas de los sueños comienzan a parecerse a nuestros cuerpos anteriores de carne y hueso, y las viejas tendencias se fortalecen. Nos resignamos a la repetición, incluso a las actividades que no nos gustan ni respetamos. Podemos normalizar la discusión en nuestras relaciones; las pequeñas mentiras piadosas pueden transformarse en engaño y deshonestidad. Aquí, por lo general, sentimos que estamos muy encallados. Sentimos que la firmeza de las propensiones kármicas es tan impenetrable como una roca, y perdemos el acceso a la determinación imaginativa que podría liberarnos de cualquier reino en el que estemos atrapados. En realidad, no estamos más intrínsecamente estancados que el hombre al que se le dijo que si no se despertaba, el día de mañana se parecería al día de hoy. No obstante, nos sentimos tan impotentes que nos autoconvencemos de que no se puede hacer nada, de que las salidas están selladas y estamos condenados a dar vueltas en el samsara. Lo importante es que, si bien es cierto que resulta más difícil efectuar cambios en esta fase que en las dos etapas anteriores, no hay duda de que es posible hacerlos.

Las personas mayores tienen dificultades para creer que décadas acumuladas de patrones arraigados sigan siendo mutables. Las normas sociales solían confirmar estos supuestos. Más tarde, los neurólogos descubrieron lo que llaman neuroplasticidad: la capacidad del cerebro para cambiar y responder a nuevas experiencias en todas las etapas de la vida. Esta información puede ser increíblemente útil, porque si no creemos que el cambio es posible, por supuesto que no lo intentaremos.

En los años previos a este retiro, sentía que estaba un poco encallado. Amaba mis monasterios y a mis estudiantes, y nada me hacía estar más alegre que compartir el dharma. Sin embargo, empecé a sentirme asfixiado en mi papel de tulku, maestro, rimpoché y abad. Empecé a resistirme a los límites de mi vida dentro de un capullo. Aunque pasaba la mitad del año viajando por todo el mundo y visitando nuevos lugares, la gente en todas partes me trataba con formas similares de respeto y reverencia. Llegué a sentirme un poco inquieto y ansioso por ir más allá de mis rutinas.

Mi buena suerte fue saber, gracias a mi entrenamiento, que ese cambio *siempre* está ocurriendo. Sentirse estancado, encallado, inmóvil... son historias que uno mismo se crea. Tenemos la capacidad innata de liberarnos de estas descripciones de entumecimiento. Realmente cambiamos cada segundo, como todo lo demás en nuestros mundos visibles e invisibles. Cada día mueren de cincuenta a setenta mil millones de células que habitan nuestro cuerpo, lo que permite que miles de millones de nuevas células tengan una existencia fugaz. La vida tiene lugar en un océano de muerte. Sin muerte no hay vida.

Si despertamos a esta realidad, podemos dirigir activamente lo que vendrá después, en lugar de limitarnos a aceptar pasivamente las conclusiones falsas de lo que parece inevitable. Esto es similar al bardo del devenir. Si nos despertamos en esta etapa, podemos dirigir nuestro mañana, o renacer en nuestra próxima vida. En la estación de Benarés, acepté el apego a mis roles y a mis identidades anteriores. No podía soltarlo. Pero no me di por vencido, e incluso seguía trabajando en ello mientras estaba sentado en el suelo de la estación de piedra. No concebía que mi vida de yogui pudiera volverse rígida y repetitiva, pero sabía que sin vigilancia cualquier cosa puede suceder.

Ese día no almorcé y no regresé a la pensión hasta que cayó la noche. A media tarde, el cielo azul claro se había vuelto sombrío y cambiante, y se había levantado viento. Disfruté de la brisa fresca, y después cayeron gotas de lluvia tan fuertes como el granizo. Al principio, el árbol bajo el que me senté me brindó cobijo, ya que las hojas retenían la mayor parte de agua; pero más pronto que tarde las hojas no pudieron soportar el peso: se convirtieron en cientos de caños y la lluvia cayó sobre mí como si fuera una cascada. Agarré mi chal y corrí a toda prisa hacia los baños públicos. No había nadie más allí; me quedé inmóvil y seguí meditando.

Mi intención era permanecer presente con conciencia abierta —para mantenerme al tanto de lo que estaba sucediendo— y descansar en la conciencia. En el reconocimiento de la conciencia, me percaté del sonido de la fuerte lluvia, del viento, de la sensación de humedad, de malos olores y de estar de pie. No quise buscar ninguna sensación. Sin aislarme. Sin perderme.

En el tren a Benarés los baños olían muy mal y deseaba alejarme de ellos; quería sentarme en el tren tapándome la nariz con la mano o bajarme del vagón y comprar un billete de primera clase. Ahora podía reconocerlo: «No me gusta este olor. No hay problema. No hay problema. No tiene por qué gustarme. Lo único que tengo que hacer es estar con él. Este olor es otra nube. No lo invites a tomar el té». En otras palabras: no montes una película con esto, como, por ejemplo, empezar a quejarte de las personas en el tren; y no lo rechaces, ya que con ello lo único que consigues es aumentar la agitación mental y bloquear la capacidad para acceder a la conciencia.

Cuando dejó de llover, salí del baño y me fui del parque para regresar a la pensión. Por el camino, me comprometí a que en los próximos días me limitaría a estar bajo la lluvia. No volvería a refugiarme en los baños.

Al día siguiente las temperaturas se dispararon. El principal esfuerzo de esa mañana fue no quedarme dormido. Por la frente me caían gotas de sudor que empapaban mis hábitos. Se me empañaban las gafas. La humedad parecía haber aspirado el oxígeno del aire, llevándome con él. El calor se elevaba del suelo y generaba lo que parecía un espejismo en el desierto. Al mediodía, regresé al restaurante con el dal exquisito, y después me refugié en mi habitación con su ventilador de techo. A las tres en punto estaba de vuelta en el parque. Acababa de desplegar la parte superior de los hábitos cuando empezó a llover. Era el clásico chaparrón monzónico: de repente parece que todo el cielo caiga con todo su peso sobre la tierra. Seguí sentado en la arboleda. Mi cabeza estaba siendo bombardeada. El agua me corría a ríos por la cara. Podía sentir cómo se me introducía en los oídos y goteaba por los párpados, corriendo de la barbilla al pecho y escurriéndose debajo de la camisa. De la parte posterior de la cabeza el agua caía sobre los hombros y se deslizaba por la columna vertebral. Me picaba la espalda por el tejido húmedo de los hábitos pegado a la piel. En pocos minutos estaba totalmente empapado. La lluvia caía desde arriba, mientras que la humedad del suelo envolvía mi trasero. Se formó un charco en el regazo de mis hábitos. «Nada de lo que huir —me dije—, nada que evitar, nada que amar u odiar, nada que celebrar o lamentar. Mojado, seco; feliz, triste; buenos olores, malos olores. Si permanezco con la conciencia, estaré bien».

El termómetro llegaba a más de veintiséis grados incluso de noche, así que empaparme no me haría ningún daño. No era como si estuviera sentado con total determinación en una tormenta de nieve que me estuviese enterrando vivo. Esta es la sabiduría del discernimiento. Y además, como nunca había lavado mi ropa, las prendas estaban recibiendo una buena limpieza.

Después de eso, no me volví a refugiar cuando llovía, ni regresé a la pensión para evitar el calor. No dejaría de elegir —entre un plátano o una mazorca de maíz tostado, este puesto de comida o aquel—, pero disminuiría las elecciones, especialmente aquellas que estuvieran relacionadas con el acto de rechazar.

Tres noches después, volví a soñar que caminaba de Katmandú a Nubri. Esta vez el camino atravesaba un valle rodeado de montañas muy elevadas. Estaba con mi madre y otras personas que no conocía. Un río muy ancho discurría paralelo a nuestro camino. De repente, justo detrás de nosotros, una ladera de la montaña se desplomó hacia el río. Pedazos de roca y tierra, enormes como casas, bloquearon la corriente. Cuando el agua chocó contra esta presa impenetrable, el río comenzó a subir. Mi madre y yo nos pusimos a un lado para alejarnos del río, pero este seguía creciendo tan rápidamente que pronto nos ahogaríamos.

En vez de forzarme a despertar para escapar del miedo, reconocí lo que sucedía: «Esto es un sueño». Agarré a mi madre y caminamos sobre el agua para cruzar el río, y luego continuamos nuestro viaje a través de un campo verde, libre de peligro.

Si era capaz de liberarme del miedo en un sueño, también podría liberarme ahora, en la calle, con los ojos abiertos. ¿Por qué no? En última instancia, la forma de la vigilia no es más sólida que la forma del sueño, no es más duradera ni más *real*. Solo hay un gran obstáculo: es mucho más fácil reconocer la vacuidad de un sueño cuando dormimos que reconocer la vacuidad de todos los fenómenos cuando tenemos los ojos abiertos. No se trata de convencernos de que en realidad podemos caminar sobre el agua, sino de comprender que la solidez que normalmente atribuimos a nuestro cuerpo no es real, y que aportar una perspectiva más realista de quién somos y de qué estamos hechos conlleva beneficios duraderos. La aceptación de nuestra propia vacuidad esencial, así como la vacuidad de todos los fenómenos, disminuye nuestras pulsiones de aferrarnos a las cosas que de hecho no pueden retenerse.

Cada día aumentaba la duración de mis sesiones de meditación en el parque. Cada vez que entraba, los guardias examinaban mi documentación. Rápidamente me sentí cómodo con esta rutina, regresando a mi sitio en el parque y después volviendo a mi habitación. Estar al aire libre y a solas era cada vez más fácil, pero aun así noté que esto me provocaba sentimientos de vergüenza, que disminuían al regresar a *mi* lugar y a *mi* habitación. Sin embargo, cuando mi mente se tranquilizaba gracias a la sensación de seguridad, a la vez esos sentimientos se hacían más pequeños. Es como si la vergüenza se encogiera para hacerse compatible con el tamaño de la habitación. Aunque el confinamiento me proporcionó un cierto grado de comodidad, también revitalizó mi curiosidad por el mundo exterior y me hizo sentir ansioso por expandir mis aventuras.

Empecé a explorar diferentes restaurantes que habían alrededor de la pensión, y pedía siempre arroz con dal. También empecé a aumentar el número de horas entre comidas y a experimentar con el ayuno durante días enteros. Entonces el hambre en mi estómago me transportó a Nubri y a las setas con forma de panal que mi abuela asaba. Cada primavera cogía esas colmenillas, las espolvoreaba con harina de cebada, añadía un poco de sal y mantequilla y las colocaba sobre las brasas. Cuando estaban espumantes y blandas, las limpiaba quitando las cenizas y nos las comíamos de pie junto al fuego. Esa imagen era de hacía unos treinta años, y el aroma del recuerdo me hizo salivar.

El calor del verano hacía que en el exterior apenas hubiera movimiento. Una quietud a menudo reservada a los cementerios ubicados en lo alto de los pueblos. Hasta que las temperaturas se enfriaban por la noche, la mayoría de los aldeanos dormían bajo techo, aventurándose a salir lo menos posible. Después de cinco o seis días yendo y viniendo del parque Parinirvana, empecé a explorar la ciudad, o más específicamente, a explorar mi mente mientras caminaba por carriles vacíos, o me detenía para sentarme y meditar. De vez en cuando pasaba por el templo tibetano, pero nunca entraba. Un día un tibetano con hábitos de monje salió a la calle y trató de llamar mi atención. Fingí no darme cuenta. Sin embargo, me maravilló el templo tailandés. Era muy silencioso, y el suelo de piedra era agradablemente fresco. Nunca vi a nadie allí, y disfruté de horas meditando en el hermoso patio interior rodeado de flores de fragancia dulce.

Después empecé a explorar áreas más lejanas, incluido un sitio que había cerca de donde Cunda, el herrero, sirvió la última comida al Buda Shakyamuni, una comida que desde entonces ha sido motivo de debate. Cunda era un seguidor devoto del Buda, pero un hombre de recursos más bien modestos. Su mayor bendición era recibir al Buda y ofrecerle el almuerzo, a él y a sus seguidores. Según la leyenda, un día el Buda intuyó que la comida era tóxica. Para proteger a los miembros de su comunidad, y puesto que no quería ofender a su humilde anfitrión, pidió que se le sirviera la comida solamente a él. Después de esta comida, el Buda enfermó; poco después murió tendido entre dos árboles de sala cerca del río Hiranyavati. Se ha debatido mucho acerca de si el Buda comió setas venenosas o carne de cerdo contaminada. En los primeros textos, se mencionan las palabras *cerdo* y *seta* con respecto a la última comida del Buda. Pero debido a que los cerdos se utilizan a menudo para localizar setas, el significado del texto es ambiguo. El lugar donde estaba la casa de Cunda lo señala una pequeña estupa conmemorativa, pero el área funciona más como una plaza que como un lugar sagrado. No hay puertas ni guardias.

A primera hora de la tarde, los niños jugaban en el césped, las familias disfrutaban de los pícnics y las parejas jóvenes paseaban por los jardines. Ninguna de estas actividades me resultaba extraña, ni tampoco podía recordar haber estado antes sentado en un parque público sin otra pretensión que la de disfrutarlo.

Una tarde, al atardecer, caminé hasta el pueblo con la intención de meditar en la calle hasta lo más tarde posible. En el momento en que me senté, una nube de mosquitos, espesa como la melaza, descendió para plantarse alrededor de mi cabeza. Me envolví la cara y la cabeza con la parte superior de los hábitos y después la desplegué para cubrirme también los pies y las manos. Terminé en la pensión antes de que oscureciera. *¿Me he* *adelantado a la molestia de los mosquitos? ¿Tengo que aceptar todo lo que surja, hacer de cada mosquito mi amigo? Conozco la teoría. La comprendo. Pero... Podría haber estado en contacto con el dengue de esos mosquitos.* Podría haber sido el caso, aunque en realidad lo del dengue no se me ocurrió hasta más tarde, cuando ya estaba buscando excusas para huir.

19

Un encuentro fortuito

Al cabo de unos diez días, entró en el parque un hombre asiático. Era bastante alto y de piel amarilla oscura; debía de tener unos cuarenta años; llevaba puesta una camisa de color blanco con botones, unos pantalones caqui y sandalias.

No tenía ni la menor idea de cuál sería su nacionalidad, pero me percaté de que se sentaba, después se ponía de pie, se volvía a sentar, se levantaba, y así una y otra vez. Aparecía al día siguiente, y otra vez se sentaba, se ponía de pie, se sentaba. Al cabo de unos días, se acercó y me preguntó:

—¿Hablas inglés?

Dije que sí.

—¿Eres monje?

—Sí.

—¿Estás meditando?

— Sí.

Dijo:

—He venido aquí a meditar, pero me resulta muy difícil y no puedo permanecer mucho tiempo sentado. ¿Te importa si te pido un consejo?

Explicó que le habían enseñado anapanasati. En sánscrito, *sati* significa «atención plena», y *anapana* se refiere a la respiración: «atención plena a la respiración». Había intentado llevar la mente a su respiración, a las sensaciones del estómago expandiéndose y contrayéndose, y en el aire que circula a través de las fosas nasales. Un maestro budista de la tradición theravada del sudeste asiático le había enseñado esta práctica. Pero su mente estaba cada vez más agitada. No podía evitar que los pensamientos se desbocaran, y su mente a menudo iba detrás de esos pensamientos. Y no lograba permanecer con la sensación de la respiración.

Le expliqué que no había necesidad de deshacerse de los pensamientos.

—No hagas de los pensamientos tu enemigo —le dije—; el problema no son los pensamientos, es ir detrás de ellos. Cuando sientas que tu mente se desplaza hacia una imagen, una idea, un evento pasado, un plan para más tarde o para mañana, eso es lo que tienes que tener en cuenta, no los pensamientos en sí mismos. Cuando te pierdas en tus pensamientos, o te enganches con esa historia, trae la mente de vuelta a la respiración como una forma de regresar a ti mismo. —Entonces le expliqué—: Si te olvidas de la conciencia, ya no estás meditando. La respiración es como un ancla que te ayuda a seguir conectado a la conciencia. Siempre y cuando no olvides la conciencia, puedes permitir que los pensamientos entren y salgan como si hubiera una puerta giratoria. No hay problema.

—Cuando trato de calmar la mente, mis pensamientos se multiplican —me dijo.

Esta es una experiencia común. Le expliqué que cuando nos damos cuenta de los pensamientos por primera vez, parecen multiplicarse; pero en realidad no hay más pensamientos que antes, solo somos más conscientes de ellos. Aprender a meditar puede expresar un anhelo de libertad, una aspiración genuina de trascender el ego que se aferra; pero también estamos asustados por esto, así que nuestra mente convencional utiliza maneras truculentas para defenderse de esta búsqueda. Le dije al hombre asiático:

—Lo que describes es totalmente correcto.

Parecía haberse quedado perplejo, sin saber si le estaba tomando el pelo. No se lo estaba tomando.

—Lo primero que sucede cuando empezamos a meditar —le dije— es que nos damos cuenta de lo chifladas que están nuestras mentes. Muchos de nosotros lo tomamos como una señal de que no estamos hechos para la meditación. En realidad, es todo lo contrario, es la primera señal de que nos estamos familiarizando con nuestra mente. Es muy perspicaz. Estarás bien.

Se lo decía en serio. Este hombre había viajado a este lugar sagrado y cada día, soportando temperaturas sofocantes, venía al parque a practicar. Para intentar practicar. Eso es todo lo que podemos hacer.

—Un consejo —le dije—: no llegues a la conclusión de que tu mente es significativamente diferente a la de los demás. Todos tenemos una mente mono. Una vez que ponemos la lupa sobre el mono, la mente suele parecer más chiflada que nunca. Pero no lo es. Solo te estás permitiendo conocer lo chiflada que siempre ha sido. Es una noticia excelente.

El hecho es que la mente crea pensamientos. Los pulmones permiten respirar. El elemento dinámico del aire —a veces llamado viento— en el interior del cuerpo mantiene los pensamientos en movimiento. No podemos detener los pensamientos más de lo que podemos detener el viento, o detener nuestra respiración.

El hombre se autodescribió como alguien muy ocupado que se había tomado un descanso de un puesto importante en su compañía para meditar y encontrar la paz interior. Se alojaba en el único hotel caro que había en la pequeña ciudad. Este viaje estaba ocupando todo su tiempo de vacaciones anuales y se sentía abatido. Estaba en guerra con sus pensamientos, luchando contra ellos, y se sentía derrotado. Le dije:

—Es maravilloso que eligieras pasar tus vacaciones de esta manera. Y estás aprendiendo, exactamente como todos, con conceptos erróneos y frustraciones, e intentándolo una y otra vez. Es la única manera de hacerlo.

Después le expliqué que sus frustraciones eran una buena señal. Constataban que reconocía los pensamientos como la causa de la angustia y la *insatisfacción*.

—Piensa en lo habitual que es culpar siempre a las circunstancias, sin ni siquiera plantearse mirar a la propia mente para resolver los problemas —le dije. Después añadí—: Todo lo que queremos ya está dentro de nosotros. Necesitamos relajarnos y permitir que nuestra sabiduría innata se manifieste.

Dos días después, el hombre asiático se me acercó de nuevo. Me dijo que los consejos le habían parecido muy útiles y quería darme las gracias. Para él había sido un gran alivio aprender que la meditación no requería deshacerse de los pensamientos. Ahora era capaz de permanecer sentado sintiéndose menos agitado. Su mente seguía alejándose de la respiración a menudo, y aunque no intentaba apartar los pensamientos, seguía preocupado por ellos, y por uno en particular. Le costaba aceptar que la sabiduría era inherente, y que las cualidades iluminadas debían ser descubiertas, no creadas. Su negocio dependía de los resultados finales, los objetivos y la productividad. La búsqueda de ganancias había definido su vida.

—Siempre he tenido miedo a que ser una persona más tolerante me llevara a ser pasivo. No quiero ser una persona pasiva —dijo.

—La aceptación y la pasividad no tienen nada que ver —expliqué.

Es importante hacer esta distinción, especialmente cuando entran en juego las asociaciones con la no violencia, la paz, la resistencia pasiva y la pasividad, que se han convertido en un batiburrillo. Incluso algunos budistas piensan que se supone que, ante el peligro, debemos quedarnos de brazos cruzados. La verdadera aceptación requiere de una mente abierta, dispuesta a investigar todo lo que surja. Nunca puede programarse. Todo lo contrario, porque es necesario encontrarse libremente con el mundo y tener una actitud fresca que se manifieste en todas las situaciones. Requiere confiar en la incertidumbre. La aceptación permite que el discernimiento genuino surja de la sabiduría, en lugar de que nuestras decisiones se vean limitadas por patrones repetitivos e incuestionables.

El hombre explicó que a pesar de que su trabajo lo estresaba, también le proporcionaba significado y logro. Desde que había empezado a aprender anapanasati, había tratado de averiguar cómo conseguir que la meditación fuera más activa, más productiva y más valiosa para su trabajo.

El interés de este hombre por utilizar la meditación para avanzar en su carrera me recordó una conversación que tuvo lugar en Taiwán entre un profesor de economía chino y un amigo íntimo mío, que había sido instruido en el plan de estudios tradicional de un erudito tibetano. El profesor preguntó: «¿Es el budismo productivo o creativo?». Esta pregunta dejó a mi amigo estupefacto. Apenas entendía las palabras, y nunca las había relacionado con el dharma. Sin embargo, quería dejar a su tradición de la mejor forma posible. Finalmente, concluyó que el budismo era productivo.

El profesor dijo: «En realidad, la productividad no ayudará a nadie. Si te preocupas por tus esfuerzos por la productividad, terminas estancado. Las condiciones cambian todo el tiempo. Eso es así. Si te apegas a los objetivos fijos de productividad, no puedes permanecer abierto y flexible. No puedes adaptarte o innovar. La rigidez se impone y entonces no puedes mover los postes de la portería, incluso cuando ya ni siquiera sirven para lo que querías. Al poco tiempo aparece la siguiente novedad —método, producto o estrategia— y tu forma de funcionamiento resulta obsoleta e ineficaz. Para cuando te das cuenta de que te estás cayendo, ya es demasiado tarde».

Mi amigo tuvo muchos problemas para dormir esa noche. Siguió pensando en la discusión, y unos días después pidió reunirse de nuevo con el profesor. Esta vez le dijo al profesor: «Lo siento mucho. Te di la respuesta equivocada. El budismo se preocupa mucho más por la creatividad». Explicó que había llegado a esta conclusión investigando la incertidumbre. Nunca se puede estar seguro de nada. «Todas las cosas son impermanentes; la muerte viene sin avisar...». Podemos morir en cualquier momento, y aunque nos relacionemos con esta información como un hecho poco conveniente, en realidad nunca lo perdemos de vista, por mucho que lo intentemos. La impermanencia es el puente entre el nacimiento y la muerte, lo que hace que cada paso sea incierto. Mantenerse abierto y receptivo requiere flexibilidad. Esa flexibilidad, explicó el monje al profesor, es creativa. «Siempre estamos aprovechando una oportunidad, la reconozcamos o no, precisamente porque no tenemos certeza. Y aceptar la impermanencia y la incertidumbre significa arriesgarse a fracasar. La preocupación por la certidumbre revela una idea fija de éxito. La creatividad significa mantenerse abierto al cambio y arriesgarse a fracasar».

Se lo dije al hombre asiático:

—No te preocupes por el éxito o el fracaso. No conoces el tamaño ni las medidas de tu mente, así que no puedes medir su supuesto progreso. Desviar la atención de la meta no significa darse por vencido. Significa mantenerse receptivo al presente; significa permitir que exista una respuesta renovada a lo que está sucediendo, y sentirse más cómodo con la innovación que con la repetición de imitaciones anquilosadas de tu viejo yo. Por supuesto que tu mente se desviará. Quedará atorada, encallada; estarás distraído por las visiones y los sonidos, tu compostura mental se desmoronará y se volverá a recomponer. Así es como funciona. Si puedes aceptar cualquier cosa que te suceda, buena, mala o indiferente, esa es la mejor práctica.

Necesitamos desarrollar un cierto grado de confianza para saber que quitarse las máscaras no es un acto de locura suicida, sino de renovación. Una vez vi un vídeo en el que unos niños hacían máscaras con la forma de sus caras a partir de tiras de periódico empapadas en harina y agua. Cuando las máscaras se secaron, se las quitaron, las pintaron con colores y después se las volvieron a colocar en la cara con cuerdas. El deleite de los niños era contagioso. Recuerdo que pensé: «No te olvides de quitarte las máscaras. Tú te las pusiste. También puedes quitártelas. No lo olvides».

Lo mismo vale para todos nosotros. Los psicólogos me han dicho que los rasgos de personalidad de los niños pequeños, de edad comprendida entre los tres y los seis años, se convierten en patrones para toda la vida. Estos patrones se refuerzan al interactuar con un entorno que refleja y refuerza estos rasgos. O podríamos decir: construyes una máscara y después creces en esa máscara. En otros diez o quince años, habitarás completamente la máscara. Con la colaboración de amigos y familiares, la máscara se convierte en el verdadero tú. Pero no del todo. A un nivel instintivo, por debajo de la mente pensante, sabemos que existe algo más en nuestro ser que las máscaras que ocultan a nuestro verdadero yo. En medio de la noche, un insistente alboroto de perfil bajo nos hace dudar de nuestra propia autenticidad, pero a menudo simplemente no sabemos qué hacer, y terminamos sin hacer nada.

El proceso de entrenamiento de la mente elimina las máscaras. No somos robots programados para autoimitarnos, pero no sabemos cómo utilizar nuestras reservas creativas para soltar las conductas rutinarias, incluso las que hacen que nos volvamos locos. Estar a la defensiva y tensos, perezosos, irritables o cohibidos: estos diferentes comportamientos no están en nuestro ADN y no tienen que perpetuar su influencia destructiva. Pueden morir antes que nosotros. Sobreviviremos a la muerte de hacernos pasar por nosotros mismos y de llevar máscaras. No solo sobreviviremos, sino que floreceremos.

El hombre asiático estaba sentado en silencio, asintiendo con la cabeza. Parecía atento, agradecido y cada vez más triste, como si estuviera empezando a percatarse de que pronto se despediría de las conductas que alguna vez había apreciado. Me dio las gracias y nos separamos, y cada uno regresó a sus propias meditaciones.

Al cabo de dos días, el hombre se me acercó de nuevo. Me hizo preguntas sobre dónde había aprendido meditación. Le expliqué que mi padre había sido maestro budista y que yo había seguido el entrenamiento monástico tradicional. Yo no le hice preguntas. Quería mantener los límites de un retiro solitario; deseaba ayudarlo en su práctica, pero no quería iniciar una amistad. Sin embargo, parecía genuinamente interesado en aprender sobre el budismo tibetano y me preguntó si podía enseñarle una práctica de mi propia tradición.

Parecía que el problema principal de este hombre seguía siendo el control de los pensamientos. Y que estaba encallado en la idea de que la meditación representa alcanzar la alegría y la claridad a través del no pensar —un error común—. La esencia de la meditación es la conciencia. Alegría, claridad, paz interior: estos son los subproductos, pero no son la esencia misma de la meditación, y cuanto más nos esforzamos por alcanzarlos, más se estanca la mente con las ideas de lo que *debería* suceder. Estas ideas sobre lo que *debería* suceder disminuyen la capacidad de reconocer nuestra propia conciencia.

Decidí iniciarlo en la meditación de pensamiento. Le dije que comenzara esta meditación con las mismas instrucciones que usaba para la práctica de anapanasati.

—De la misma manera que has llevado la mente a tu respiración, ahora ubícala en tus pensamientos. Cualquier cosa que venga, limítate a observarla. Del mismo modo que usarías la respiración como soporte para la meditación, ahora usa los pensamientos. La respiración nunca permanece igual por un instante, pero puede ser un soporte estable. Así que trata de practicar de esta manera, simplemente manteniendo la conciencia en tus pensamientos, sin ir detrás de ellos.

»Los pensamientos van y vienen. No hay problema. Registra los sonidos, las sensaciones; no hay problema. Observa la incomodidad en tu cuerpo, la agitación, el agotamiento. Está bien. Permanece con la claridad de la mente, con la claridad del mero saber. Saber sin conceptos. Saber sin los impulsos de aferramiento del ego-yo, o saber sin fijación. Esto te conecta con tu propia realidad interior, tu sabiduría interior.

Le sugerí que probara esto y luego volviera y me contara cómo le había ido. Se fue a otra zona del parque. Alrededor de una hora más tarde regresó y me dijo:

—Cuando trato de observar los pensamientos, no los encuentro. Mi mente se queda en blanco.

—Este es el secreto de la meditación de pensamiento —le dije—. Lo que estás llamando «en blanco» es en realidad la conciencia abierta. En ese momento no existe ningún objeto de conciencia, como la respiración, o como el pensamiento. La conciencia es consciente de sí misma y reconoce las cualidades espaciosas y cognoscentes de la mente, que siempre están presentes. Cuando uno busca un pensamiento y de repente no puede encontrarlo, en ese momento no existe ningún objeto, solo se manifiesta la conciencia, por lo que es una oportunidad perfecta para reconocer la conciencia sin aferrarse a un objeto. Pero no estás acostumbrado a reconocer eso, así que crees que está en blanco, o que es la nada.

Después le indiqué que tras experimentar el espacio en blanco, él había visto que no podía encontrar sus pensamientos.

—Esta experiencia —le expliqué— no es una conciencia abierta verdadera, pero es un poco más espaciosa que los pensamientos que fluyen en cascada. Es la conciencia sin demasiados pensamientos. Si descartas esta experiencia de estar en blanco porque te parece irrelevante o que no tiene importancia, eso no será de ayuda. El «espacio en blanco» existe dentro de la conciencia; pero incluso si no lo reconocemos, implica menos pensamiento, menos alboroto mental. Si puedes reconocer que el espacio en blanco contiene menos pensamiento, estarás conectando con la cualidad de la mente vacua, y en ese momento, se manifiestan la claridad y la luminosidad. ¿Qué es la mente luminosa? Es la mente que experimenta los pensamientos de un modo consciente.

En otras palabras, cuando reconoces la conciencia, esta experiencia de espacio en blanco —o de hueco— se vuelve espaciosa.

El hombre asiático vio el espacio en blanco. Algunas personas, cuando observan los pensamientos, pueden ver los pensamientos.

—Si puedes observar los pensamientos —le dije—, entonces es como ver la televisión. No estás *en* la televisión, la estás *viendo*. Es como encontrarse en la orilla del río sin caer en la corriente. Estás viendo tu televisión interior, pero permaneciendo en el exterior. Hay una pantalla gigante y hay muchos canales gratuitos. Solo hay dos problemas: los programas son bastante antiguos y hay muchas reposiciones.

De nuevo, decidimos separarnos y continuar meditando por separado.

Algunas horas después, el guardia se acercó para anunciar que el parque estaba cerrando. Nos acercamos a la puerta principal al mismo tiempo, y el hombre me dio las gracias de nuevo y me dijo que su práctica verdaderamente había cambiado, y que las conversaciones que habíamos tenido habían hecho que su viaje fuera más valioso de lo que él había previsto. Parecía muy contento, y nos deseamos mucha suerte. No lo volvería a ver, ya que yo estaba casi sin dinero y había decidido que me mudaría al lugar de cremación cuando volviera a salir de la pensión.

El hombre me pareció sincero. Mis votos incluyen dar cualquier cosa que se me pida siempre que sea posible; y hacer esto sin elegir. No se trata de querer gustar o aprobar a quien se le da; más bien se trata de dar —cuando se pueda—. No en vano, cuando volví a mi habitación, me di cuenta de lo fácil que había resultado caer en el papel de maestro; lo reconfortante que era habitar una voz familiar. Había vagado entre diferentes vidas durante dos semanas y después resurgí como Mingyur Rimpoché, el lama budista, el monje correcto, el maestro abnegado. Me comprometí a estar más vigilante y esperaba que usar ropa de yogui me ayudaría a conseguirlo.

20

Desnudo y vestido

Cada noche, en la pensión, me envolvía el cuerpo con los chales de sadhu, solo para probármelos. No había ningún espejo y el espacio era demasiado pequeño para caminar, y al principio me apretaba tanto el dhoti alrededor de las piernas que apenas podía moverme. Después de un tiempo me di cuenta de que debía recoger la prenda en la parte delantera, lo que permite que las piernas se muevan fácilmente. Después me los quité, los doblé y los guardé otra vez en mi mochila. No llevar hábitos budistas seguía resultándome perturbador.

Había recibido mis primeros hábitos del gran maestro Dilgo Khyentse Rimpoché, cuando tenía cuatro o cinco años, y he llevado hábitos desde entonces. Los hábitos monásticos ayudan a proteger la mente para que no se pierda en visiones erróneas o comportamientos inadecuados. Ofrecen un recordatorio constante de que hay que permanecer en el presente, estar atentos. Refuerzan la disciplina de los votos vinaya, las reglas que rigen para las monjas y los monjes budistas. No me preocupaba demasiado el comportamiento, sino más bien la disciplina de mantener el reconocimiento de la conciencia en medio de nuevos entornos caóticos. Mi disciplina se había visto salvaguardada por los hábitos. Perdería mi accesorio público principal, y la incomodidad asfixiante que experimenté en la estación de tren de Benarés había mellado mi confianza.

Cuanto más se acercaba el momento de quitarme los hábitos, más me recordaban a la manta de un bebé. Sin ella estaría desnudo y vulnerable, como un bebé en el bosque, abandonado para hundirme en el agua o nadar por mi cuenta. «Entonces, otra vez... —me recordé a mí mismo—. Esto es lo que deseaba hacer. Por eso estoy aquí: para abandonar los hábitos, para soltar el yo que se aferra a los hábitos, para vivir sin accesorios, para estar desnudo, para conocer la conciencia desnuda».

Utilicé el dinero que me quedaba para pagar una noche más en la pensión. A la mañana siguiente, doblé mis hábitos granates y mi camisa amarilla sin mangas con el cuello de color mandarina y botoncitos dorados con forma de campana, y guardé estos artículos preciados en la mochila. Me enrollé el dhoti de algodón naranja alrededor de la parte inferior del cuerpo. Las duchas frías sin jabón habían bastado para que mi cuerpo diera la sensación de estar limpio, pero habían pasado más de dos semanas desde mi último afeitado. La barba y el cabello me habían crecido y notaba alrededor de la cara y del cuello sensaciones desconocidas para mí. Eché un vistazo a la habitación, igual que había hecho en Bodh Gaya, en otro gesto de despedida. Adiós a mi vida con hábitos budistas. Adiós a dormir donde pertenecí, aunque *pertenecer* fuera una transacción superficial garantizada con doscientas rupias la noche. *Se acabaron las viviendas particulares, excepto quizás una cueva, pero sobre todo calles, arboledas y suelos de bosque. Se acabó pagar la comida y el alojamiento: el verdadero comienzo de convertir todo el mundo en mi hogar.*

Eché un último vistazo a la habitación y después me marché dando pequeños pasos y respirando hondo. En recepción, le dije al propietario que no regresaría. Yo había previsto que el dueño preguntaría por mi ropa, pero todo lo que dijo fue: «Tu atuendo es muy bonito». Le di las gracias.

Al fin. Sin mi vestimenta monástica tibetana, me sentí como una rama cortada del tronco, todavía rezumando savia de la herida fresca. El tronco de mi linaje estaría bien sin mí. No estaba seguro de si yo estaría bien sin él. Aun así, sentía un placer que me embargaba, incluso una gran emoción, al hacer esto por fin. Un solo paso en la calle, sin embargo, y la vergüenza me dejó inmovilizado. Me convertí en una estatua de color azafrán. El algodón era tan fino que podía sostener ambos chales con una sola mano. Prácticamente no eran nada. Me sentí desnudo. Nunca había sentido tanto el aire rozándome la piel en público. Cuerpo y mente estaban cubiertos de timidez. Los trabajadores de los restaurantes y de los puestos de comida cercanos y el vendedor de maíz que me había visto arriba y abajo estos últimos días comenzaron a clavar la mirada en mí. Una vez más, era demasiado pronto. Ropa nueva, sin hábitos, sin dinero, sin alojamiento.

«Debo moverme», me dije, y sentí cómo me estrujaban los grilletes. Nadie decía nada. Nadie sonreía. Solo me miraban fijamente. Traté de conseguir una apariencia de desapego relajado, igual que había hecho en el andén de Gaya. Una vez que mi respiración se calmó y mi corazón dejó de latir como si fuera a salirme por la boca, me di la vuelta y empecé a caminar.

La ola no era tan devastadora como cuando los viajeros me aplastaron al pasarme por encima a la salida del tren de Gaya, pero era lo suficientemente fuerte como para interrumpir mi conciencia. Me di cuenta de esto, sin emitir ningún juicio en particular. Qué cambio tan maravilloso con respecto a los años anteriores, especialmente cuando yo era un joven monje. Antiguamente, me regañaba a mí mismo con bastante regularidad por cualquier discrepancia entre una versión ideal de la práctica y lo que realmente era capaz de hacer.

Si puedo permanecer en la conciencia, genial. Si no, también está bien. No montes historias sobre lo bueno y lo malo, sobre cómo deberían ser las cosas. Recuerda: las sombras no pueden separarse de la luz.

A estas alturas, los guardias del parque Parinirvana y yo ya nos conocíamos y me preocupaba que un dhoti de color azafrán pudiera levantar sus sospechas, que se preguntaran si había cometido algún acto ilícito que me hiciera querer esconderme tras una identidad diferente. Caminé hasta la estupa de la Cremación. El turista ocasional quizás no se sintiera impresionado por este enorme montículo de tierra irregular y austero, pero para el peregrino, los objetos consagrados pueden invocar a la mente que compartimos con el Buda Shakyamuni; y ambos escenarios me brindaban un gran confort, independientemente de lo que yo llevara puesto.

La estupa de la Cremación también se encuentra en el interior de un parque cerrado y vigilado. Puesto que planeaba pasar la noche allí, no entré, sino que caminé entre el muro exterior y un pequeño arroyo, que es donde el Buda supuestamente se dio su último baño. Ahora, botellas, bolsas y envoltorios de plástico se extienden a lo largo de la orilla. Aproximadamente a la mitad del camino, había un pequeño templo hindú ubicado en un pequeño claro. Escogí una arboleda que estaba al lado del claro, cerca de una bomba de agua pública. En mi estado de sadhu, aunque el cuidador del templo se percatara de mí, mi presencia no le preocuparía en absoluto. Coloqué la falda inferior de mis hábitos granates de monje plegada en el suelo a modo de cojín para sentarme. La zona era tranquila y silenciosa. Una manada de perros sarnosos también se había acomodado en el lugar para pasar un apático día de sueño estival, sacudiéndose y despertándose solo para rascarse las pulgas. Una vez que me senté a la sombra y comencé mi práctica regular, el cambio de vestuario no me causó ningún impacto.

Al mediodía, regresé al restaurante al que acudía con más frecuencia, pasando por delante de tiendas con grandes escaparates de cristal. Por primera vez, me vi vestido como un sadhu. ¿Quién era este tipo? Me resultaba familiar, y a la vez, no. Ahora podía ver lo larga y tupida que me había crecido la barba. Me pareció ver unos insectos negros cerca de mi hombro, pero resultaron ser mechones de pelo. Ya había perdido algo de peso, pero lo que más me impactó fue verme sin los hábitos budistas. Del mismo modo que no había sabido lo dependiente que me había vuelto de las formas externas de protección hasta que me adentré en el mundo sin ellas, tampoco había imaginado lo mucho que me había identificado con mi ropa hasta que hube experimentado su ausencia.

21

Sin escoger, sin elegir

Aceptar todo lo que pongan en tu cuenco de limosnas es un gran desafío para la adicción del ego a escoger. El Buda había aceptado la ofrenda de Cunda sabiendo que era tóxica. *¿Qué era lo que estaba enseñando? ¿Que no hay que escoger so pena de perder la vida? ¿O eligió proteger a Cunda antes que a sí mismo?* A medida que me acercaba al restaurante, mi respiración se volvió intensamente errática. Era la primera vez que mendigaba, y empecé a inspirar como si quisiera hinchar las cuerdas vocales de seguridad en mí mismo. El acto de pedir se cernía sobre mí como la prueba crítica de este retiro, el momento decisivo que completaría el paso a la vida de los sintecho; el momento que atravesaría mi orgullo pondría a prueba mi humildad y mediría mi determinación.

Lo había pensado bien. Conocía el ejercicio, por así decirlo. Pero no es muy difícil hacerse a la idea de comer cualquier cosa que te pongan en el cuenco cuando tu ayudante solo sirve tus comidas favoritas. Me había comprometido a comer lo que me dieran. No rechazaría una ofrenda de carne como limosna; no me moriría de hambre por preservar mis preferencias. A estas alturas ya tenía bastante hambre. Cuando entré en el restaurante cubierto de color azafrán, los camareros me reconocieron, y usando un término de respeto para un santón indio, dijeron:

—Babaji, Babaji, ¡ahora eres hindú!

Incluso con este saludo jovial, y a pesar de mis muchos ensayos, mi sangre se congeló. Por segunda vez ese día me quedé quieto como una estatua, con las palmas de las manos empapadas de sudor, la garganta hecha un nudo, la boca temblorosa. Quise huir. Una voz interior me incitó a seguir adelante: «¡Venga! ¡Puedes hacerlo! ¡Tienes que hacerlo!». Pero mi cuerpo decía: «¡No! No puedes». Los camareros comenzaron a mirarme fijamente. Tuve que forzar las palabras en la boca.

—Mi, mi... mi... di... nero... se me ha terminado... —tartamudeé. ¿Podéis darme algo para comer, por favor?

El gerente no se sorprendió ni me repudió y me dijo con toda naturalidad que volviera a la puerta de la cocina por la noche, después de haber servido a los clientes que pagaban por su comida. Tenía la impresión de que, por muy trascendental que hubiera sido esta petición para mí, él era veterano en asuntos de mendicidad.

Pedir comida fue un gran paso para mí, aunque los resultados fueran más bien ambiguos. Mi petición no había sido totalmente rechazada, pero tampoco me la habían concedido, lo que me dejó con la sensación de humillación; y todavía con hambre, y prácticamente desnudo en una túnica tan fina como una mosquitera. Hice el camino de vuelta a la estupa pasando por el vendedor de maíz. Tras mi cambio de vestuario, no mostró ninguna señal de amabilidad y rechazó mi petición. Más noticias desalentadoras; pero aun así le había preguntado: le había hecho otra grieta a la cáscara de las viejas costumbres.

Regresé a la arboleda que había cerca del templo hindú. Mientras mi estómago gruñía de hambre, volvieron a surgir varias emociones, porque había sido yo quien por decisión propia había elegido rechazar la comida. *¡Qué locura! Estoy trabajando para quitarme los sombreros del ego, para saber que no son reales, para saber que mi rol de monje no es real, que mi personaje de sadhu no es real, y sin embargo, alguna versión de mí se sintió como si la hubieran pinchado con un agujón porque no me dieron lo que pedí. ¿Quién era el que hablaba? ¿El bebé mimado Mingyur Rim-*

poché? ¿El estimado abad? ¿Qué diferencia hay? Ninguna. No queda nada. Todo es vacuidad, una ilusión, la percepción errónea de confundir todo el tiempo esta serie de etiquetas con, como dijo Nagasena, esta designación. En otras palabras, los componentes convencionales de nuestra identificación no existen realmente, por lo tanto no hay nada «real» que pueda recibir el impacto de las flechas. Debido a nuestra naturaleza esencialmente vacua, el daño que experimentamos es autoinfligido.

Había estado haciendo una meditación de conciencia abierta. Esencialmente todas las meditaciones trabajan con la conciencia. La esencia de la meditación es reconocer y permanecer conscientes. Si perdemos nuestra conciencia, no estamos meditando. La conciencia es como un cristal o un espejo que refleja diferentes colores y ángulos: las formas, los sonidos y las sensaciones son diferentes aspectos de la conciencia y se dan en la conciencia. O también puedes imaginar que la conciencia es como una pensión. Cada tipo de viajero pasa por la pensión: las sensaciones, las emociones... Todos los tipos son bienvenidos. Sin excepción. Pero a veces un viajero causa pequeñas molestias y necesita un poco de ayuda especial. Los retortijones de hambre, que avivaban los sentimientos de vulnerabilidad, timidez, rechazo y lástima por mí mismo, habían hecho que el huésped cuyo nombre era *vergüenza* reclamara atención. La vergüenza puede ser más sutil que la ira, pero su impacto en el cuerpo puede resultar casi igual de grande.

La intención cuando meditamos con la emoción es permanecer estables con todas las sensaciones, de la misma manera que lo hacemos con la meditación con el sonido. Simplemente escuchar. Solo sentir. Sin comentarios. Descansar la mente en nuestra respiración puede hacer que esta se convierta en un soporte para mantener el reconocimiento de la conciencia, al igual que sucede con el enojo, el rechazo y la vergüenza. Al principio, me limité a intentar conectar con la vergüenza, que era el sentimiento dominante.

«¿Dónde está esta vergüenza, y cómo se está manifestando en el cuerpo?». Sentí la presión de la timidez en la parte superior del pecho. «Si tuviera un espejo —pensé—, mi pecho parecería hundido». Echaba los hombros hacia adelante y haciendo el cuerpo más pequeño de lo que era, como si tratara de esconderme de la mirada del público.

La vergüenza pesaba sobre mis párpados como piedras planas que los mantenían medio cerrados.

Podía sentirla en la tirantez hacia abajo en las comisuras de la boca.

Podía sentir la sumisión a ella en la flacidez de las manos.

Podía sentirla detrás del cuello, haciendo que bajara la cabeza.

Abajo, abajo. La sensación de hundirse. En Benarés había deseado que se me tragara la tierra. No tenía esa imagen ahora, pero las sensaciones resonaban como si me hiciera más bajo, más pequeño, como si ocupara menos espacio, indigno de estar en este mundo.

Al principio, sentí resistencia a estos sentimientos, y tuve que hacer de la resistencia el objeto de mi conciencia. Así podría trabajar más directamente con las sensaciones del cuerpo. *No me gustan estas sensaciones. Empecé sintiéndome mal. Y ahora, además, me siento mal por sentirme mal.*

Lentamente llevé cada sensación a la pensión de la conciencia. Solté la resistencia, solté la negatividad y traté de descansar sintiéndome pequeño, sin amor e indigno. Traje estos sentimientos a mi mente, a la mente amplia de la conciencia, donde se hicieron pequeños. La conciencia-pensión tenía espacio para los sentimientos, el abatimiento, la desolación, y se hizo más grande que todos ellos juntos, empequeñeciendo su impacto, cambiando la relación.

Estuve haciendo esto durante varias horas. Me moría de hambre, pero me alegraba de sentirme mal. Sentirse mal era solo otro invitado, otra nube. No había ninguna razón para pedirle que se marchara. En lugar de eso, mi mente ahora podía aceptarlo y, desde la aceptación, un sentimiento físico de satisfacción impregnaba mi cuerpo.

En Kushinagar no suceden demasiadas cosas en las noches calurosas de verano, y los restaurantes cierran temprano. En todo el día solo había bebido agua. El mango de la bomba era bastante largo y estaba a varios metros del caño. Después de presionar la manija hacia abajo, tenía que correr rápidamente para atrapar el agua —mi máquina de ejercicio privada—. Alrededor de las siete de la tarde, volví al restaurante y me paré en la puerta de la cocina. El arroz y el dal que habían quedado en los platos de los clientes habían sido depositados en una olla que estaba sobre un mostrador. No había elección. Un camarero recogió algunas sobras en un bol para mí. El resto se lo darían de comer a los perros. Comí de pie en la puerta, una comida igual de deliciosa que cualquier otra que hubiera consumido en un hotel de cinco estrellas.

Regresé a la misma arboleda situada a lo largo de la pared exterior de la estupa de la Cremación. Cuando la luz del atardecer se desvaneció, desenrollé mis hábitos y me acosté panza arriba. No podía creerlo: mi primera noche fuera. Gastar el dinero que me quedaba había pasado factura. La cuerda de salvamento que podría haberme devuelto a la seguridad, a la comida y al refugio, se había roto. Ahora iba a la deriva. Ya no podía permitirme rechazar nada. Ni la comida que me acababan de dar ni la cama que tenía ahora. Empecé este viaje con los preparativos. Lo empecé de nuevo cuando dejé Bodh Gaya, y de nuevo cuando subí al tren, y otra vez cuando me senté en el suelo en la estación de Benarés. «Ahora —pensé—, este es el verdadero comienzo. Dormir fuera, solo, con el suelo por cama, pidiendo comida. Podría morir aquí y nadie lo sabría.

Toda mi vida había sucedido en presencia de otras personas, pero nunca había reconocido la profundidad acolchonada de la protección que me proporcionaban. Entendía que cuidar de mí era responsabilidad de otras personas. Ahora tenía una sensación más sutil, como si los cuerpos de esas personas estuvieran unidos entre sí como una valla de alambre para formar un escudo circular a mi alrededor. También me di cuenta de que no había apreciado del todo cómo funcionó este escudo protector hasta que hubo desaparecido: no habría más abrigo en invierno ni sombrilla en verano.

A pesar de mi anhelo de ser autosuficiente, mis primeros días —especialmente en Benarés— habían constatado de una forma muy primitiva que yo había dado por hecha mi vida. Por primera vez, había caminado solo, hablado solo conmigo mismo, tomado un tren solo, pedido comida y comido solo, reído solo. Sentirme tan aislado de mis protectores me había hecho sentir desollado, despojado de mi propia piel, desprovisto incluso de una mínima cobertura.

La ausencia de este escudo se había hecho patente poco a poco. Mi extrema incomodidad en la estación de tren me había dado pistas. Aunque mis excursiones diurnas en Kushinagar iban resultando cada vez más relajadas, había podido sentir las corrientes subterráneas de la vergüenza y la vulnerabilidad. Ahora, en mi primera noche en el exterior, más que corrientes subterráneas parecían aguas revueltas. Me sentí atrapado bajo el peso de la soledad, la sensación de estar muy lejos de la seguridad y totalmente indefenso.

Había dado este escudo invisible por hecho hasta tal punto que no me había percatado de él. Es como dar el aire por hecho y de repente encontrarse en una habitación sin oxígeno. «Ah, ya entiendo: ese es el elemento del que depende mi vida». Había entrado en una tierra extraña, un territorio alienígena con requisitos diferentes. Anhelaba que este mundo pareciera hospitalario, pero no lo era, y me sentí desubicado. Recordé mi cama de la pensión con más anhelo que mi cama mucho más cómoda de Bodh Gaya. Despojado de mi dispositivo de salvamento, sin siquiera saber cuál era, me había asomado a la oscuridad como un marinero tratando de navegar para regresar a casa. Anhelaba dejar atrás a este inadaptado, a este pez fuera del agua, que ni siquiera era apto para compartir este parque público con perros rabiosos. *El suelo no acepta mi cuerpo. Mi forma no es la correcta, mi olor no es agradable. Sin embargo, he renunciado a mis opciones y aquí estoy.*

Fue la noche más larga de mi vida. Los mosquitos no me dejaron dormir ni un instante. Cuando me levanté para orinar, los perros, que durante el día se habían mostrado indiferentes, se volvieron agresivos. Pero entre intensos períodos de desorientación, mi mente seguía haciendo comentarios sobre el asombroso triunfo de llevar a cabo este plan, maravillándose de estar aquí tumbado, sobre mi sábana granate en el suelo de tierra, al lado de la bomba pública. Durante toda la noche que pasé sin dormir estuve fluctuando entre la angustia y el deleite, y así di la bienvenida al primer indicio del amanecer.

22

Trabajar con el dolor

Alrededor de las cuatro de la mañana comencé a tener retortijones de estómago.

No eran graves, y las molestias digestivas en la India ocurren con demasiada frecuencia como para causar preocupación. Además, tenía un largo historial en lo que respecta a la sensibilidad de estómago, así que di por hecho que los retortijones desaparecerían como de costumbre. Me dirigí hasta la bomba a lavarme la cara y beber agua. Después regresé a mi sitio y empecé la misma secuencia de prácticas que había estado haciendo todos los días. Al cabo de unas horas, los retortijones se volvieron más dolorosos y cada vez eran más prolongados. Había estado haciendo una práctica muy simple de descansar la mente. A medida que el dolor se hacía más intenso, expandí mi práctica para incluir el trabajo con el dolor.

La buena noticia sobre el dolor es la forma en que reclama atención. Si llevas la mente a tu dolor, sabes con exactitud dónde está tu mente. El truco está en mantenerse consciente de la mente. Por lo general, cuando el dolor reclama atención, respondemos tratando de librarnos de él. El dolor se convierte en un objeto que se encuentra en el exterior de la mente y que necesita ser expulsado, eliminado. Aquí está el aspecto curioso y contraintuitivo del dolor: cuando encontramos un dolor que ofrece resistencia, el dolor no disminuye. No solo eso, sino que además añadimos sufrimiento al dolor. La sensación de dolor surge en la mente del yo rígido y convierte el dolor físico en un enemigo. Así es como aparece el sufrimiento. Cuando tratamos de deshacernos del dolor, nos estamos enfrentando a nosotros mismos, convirtiéndonos en campos privados de batalla —en lugar de en los ambientes más adecuados para la curación—. Para muchas personas, la lástima por sí mismas se adhiere a la enfermedad como un pegamento potente, y la voz del ego pregunta: «¿Por qué a mí?». Sin embargo, esta voz no está relacionada con el dolor corporal, sino con la mente que se identifica con el dolor.

Cuando era un joven monje y estaba haciendo el retiro de tres años, aprendí a meditar con el dolor. Dado que es complicado realizar esta práctica por primera vez en una situación de dolor intenso, una manera más factible de abordarla es desarrollar la meditación con el dolor antes de necesitarla. La idea es trabajar con el dolor en momentos de buena salud. Esta es una preparación vital para el envejecimiento y la muerte, ya que las posibilidades de conocer las dificultades físicas aumentan a medida que envejecemos.

La meditación del dolor entra en una categoría llamada «meditaciones inversas». *Inversas* significa que deliberadamente invitamos a todo lo que no queremos y por lo general no acogemos. Si normalmente asociamos la práctica de la meditación en la respiración con un paisaje rural pacífico, entonces probamos la misma meditación en un vagón de clase baja de un tren indio o en un concierto de rock. Si las rosas son objetos agradables de la meditación en la forma, entonces podemos intentar hacer esa meditación eligiendo los excrementos como soporte.

En el monasterio, aprendimos algunos métodos inofensivos para crear dolor, como clavarnos las uñas en los muslos o en las palmas de las manos, o mordernos el labio inferior. Se nos advirtió que no fuéramos extremos, que no nos hiciéramos sangre, y que nos detuviéramos una vez que hubiéramos reconocido una sensación desagradable. Ahora, veinte años después, comprendí que este retiro errante era esencialmente una meditación inversa. Me había buscado problemas intencionadamente.

Una metáfora común para todo el camino budista es «nadar a contracorriente». Esto se refiere al aspecto inverso de todas las formas de entrenamiento mental. Investigar la realidad consensuada revoca las normas sociales. En una sociedad ruidosa y materialista, sentarse y permanecer quieto y en silencio es una actividad inversa. Dedicar incluso una hora al día a ser nadie cuando podríamos estar en el mundo siendo alguien invalida las metas socialmente gratificantes. Aspirar a *que todos los seres sintientes tengan felicidad y estén libres de sufrimiento* va en contra de las preocupaciones egocéntricas. Cuando contemplamos «a la inversa», podemos apreciar que el significado es mucho más profundo que el mero hecho de poner una etiqueta a una categoría de ejercicios discontinuos. Puede convertirse en un principio fundamental para guiar las situaciones de la vida cotidiana. Se puede usar para cortar bucles de comportamiento sin sentido, y para usar la interrupción con el fin de despertarnos de nuestros hábitos de sonambulismo.

Si evitar la muerte es la norma social, entonces contemplar la muerte se convierte en una actividad inversa. Esto no significa que rechacemos la tristeza de la muerte. Moriremos y la gente que más amamos morirá, y esta es la preciosa desdicha de nuestra vida. Pero el miedo y la perplejidad que rodean a este trauma ordinario no son inevitables. Al enfrentarnos a nuestro miedo al futuro, transformamos el presente.

Empecé a meditar sobre el dolor dirigiendo mi mente a la sensación de los retortijones en el estómago. Después, permitiendo que la mente descansase allí. *Simplemente permanece con la sensación de dolor. Sin aceptar; sin rechazar. Simplemente siente la sensación. Explora la sensación. No te metas en una película sobre esos retortijones, solo siéntelos.* Al cabo de unos minutos, empecé a investigar: ¿Cuál es la cualidad de esta sensación? ¿Dónde reside? Trasladé mi mente de la superficie de mi cuerpo a mi estómago, al dolor mismo. Entonces pregunté: «¿Quién está teniendo este dolor?».

¿Uno de mis queridos roles?

Solo son conceptos.

El dolor es un concepto.

«Retortijón» es un concepto.

Mora en la conciencia más allá de los conceptos.

Que el yo-más-allá-del-yo acomode tanto los conceptos como los no conceptos: dolor y no dolor.

El dolor es solo una nube que pasa a través de la mente de conciencia.

Los retortijones, el estómago, el dolor son formas intensas de conciencia.

Permanece con la conciencia y hazte más grande que el dolor.

En la conciencia, al igual que en el cielo, no hay lugar para que el concepto permanezca.

Deja que venga. Deja que se vaya.

¿Quién sostiene el dolor?

Si te vuelves uno con tu dolor, no hay nadie que resulte dañado.

Solo hay una sensación concentrada que etiquetamos como dolor.

Nadie sostiene el dolor.

¿Qué sucede cuando nadie sostiene el dolor?

Solo hay dolor. En realidad, ni siquiera eso, porque el dolor es solo una etiqueta.

Siente la sensación. Más allá del concepto, aunque presente. Sin añadirle nada.

Experiméntala. Déjala estar.

Luego volví a descansar mi mente en la conciencia abierta.

Ya sea que entretengamos la mente usando nuestra respiración o usando el dolor, o haciendo ejercicios de compasión, cada práctica tiene como objetivo despertar y hacer que seamos conscientes de la realidad universal que trasciende los contenidos de nuestra mente individual. Al igual que sucede con un cristal o un espejo, la conciencia tiene la capacidad innata de reflejar, incluso si no existe ningún objeto que reflejar. Esto es la *mera* conciencia —la capacidad de saber, independientemente de un objeto o de un reflejo—. A través de la meditación intensa, u otras formas de liberar la mente conceptual, podemos acceder a la mera conciencia sin necesidad de percibir su reflejo —es solo el saber mismo—. Este es el aspecto luminoso de la mente, el reconocimiento cognoscente de la conciencia.

Una razón para tener una gran diversidad de ejercicios de meditación es que el contacto prolongado con una de las facetas reflexivas del cristal puede llegar a anquilosarse. Se puede renovar la mente meditativa sintonizando con otra faceta. En ocasiones, cuando practicamos con el dolor o con las emociones difíciles, puede que nos sintamos desbordados. Entonces es mejor tomar un descanso, tomar una taza de té, caminar alrededor de nuestra casa —o darle una oportunidad a otro enfoque—. Lo importante es no rendirse, no dejar de intentarlo. Pero podemos cambiar el reflejo a otra faceta; por ejemplo, del sonido a la vista o a la respiración. Ahora sentía un profundo agradecimiento por esta práctica de conciencia. Más que nunca, fue mi compañera fiel.

El dolor normal —es decir, el dolor del que queremos deshacernos— es estático y sólido, y surge de la mente que se encuentra encallada en una actitud negativa ante el dolor. El reconocimiento de la conciencia puede aguantar el dolor sin tomar una posición o añadir una historia. Esto hace que sea mucho más fácil que el dolor se termine o siga su curso. No podemos cambiar el dolor directamente; pero podemos cambiar nuestra relación con él, y esto puede reducir nuestro sufrimiento.

El año anterior, un amigo había venido a verme a las habitaciones de mi segundo piso en Bodh Gaya. Me sorprendió cuando entró con muletas. «¿Qué te ha pasado?», le pregunté. Había pasado por un divorcio difícil, y yo sabía que su esposa lo había echado de casa. Dijo que había intentado entrar en la casa trepando por un árbol hasta una ventana que había abierta en el segundo piso. Pero resbaló y se rompió el pie. Entonces empezó a reírse. «Este dolor —me dijo— es tan maravilloso. Me encanta este dolor. Me saca todo el sufrimiento de la cabeza y lo coloca en una pequeña zona; como si pusiera el pie en un calcetín. Sé dónde está el dolor y cómo tratarlo. Ahora puedo volver a pensar con claridad».

Al mediodía, comenzaron los ataques de diarrea. Me decía a mí mismo: «Esto es la India», otra manera de decir: «Esto es normal». Por la noche había estado drenando el estómago y en lo que llevaba de día solo había bebido agua. No tenía apetito, pero decidí que las lentejas podrían renovar mi energía, y que tal vez comer me ayudaría a calmar el estómago. Recogí mis pertenencias y me puse a caminar lentamente en dirección al mismo restaurante que me había dado comida la noche anterior. Volví a la puerta de la cocina y me quedé en silencio, esperando a que se dieran cuenta de que estaba allí.

—¡Hola, Babaji!

Otra vez me dieron un tazón de arroz con dal de la olla de sobras sacadas de los platos de los clientes.

El gerente se acercó. Me miró fijamente y a continuación me preguntó:

—Babaji, ¿estás bien?

—Estoy bien —le dije, aunque obviamente pudo ver que no. Esta fue mi última visita al restaurante.

La caminata desde el restaurante hasta la zona exterior de la estupa de la Cremación fue agotadora. A veces me mareaba; mi respiración era superficial. Todavía no se había puesto el sol cuando llegué al área cercana al templo, y me senté con la espalda contra la pared. Comencé a vomitar por la noche. Entre que tenía que ponerme de cuclillas y las arcadas, apenas pude dormir del tirón unos pocos minutos. Aunque mi situación no cambió con los indicios de la llegada de un nuevo día, la luz hizo que me sintiera más animado.

23

Los cuatro ríos
del sufrimiento natural

El tercer día de mi aventura al aire libre me pilló merodeando entre los arbustos, la bomba y mi pequeño campamento. El calor abrasador mantenía alejados a los visitantes y yo estaba agradecido por la privacidad. Me sentía optimista y seguía pudiendo sentarme en una postura formal de meditación.

Al mediodía, reconocí a regañadientes que estaba perdiendo fuerzas. Cuando me incorporé, me temblaban las piernas y me costaba levantar el pie a cada paso. Empecé a preocuparme. Había pasado por delante de una pequeña clínica en el pueblo, pero no tenía dinero para comprar medicinas. A los sadhus que piden medicamentos gratuitos se les echa sistemáticamente a la calle. Esto lo sabía por los sadhus que acudían a las clínicas de los monasterios budistas, en los que sí podían recibir tratamiento. Me rondó por la cabeza tratar de regresar a Bodh Gaya, pero no me rendiría tan fácilmente. Cada vez que me ponía de pie, llegaba a la conclusión de que no tenía adónde ir. Empecé a sentarme con la espalda contra la pared.

Aunque todavía no me tomaba demasiado en serio mi enfermedad, no podía evitar la presencia flagrante del montículo de la cremación que había al otro lado del muro. Empecé a pensar: «Al menos no hay lugar mejor que aquí mismo, donde murió el Buda. Qué fantástica coincidencia. Si estos retortijones empeoran, podría morir con dolor, pero con las bendiciones del lugar».

Entonces ya dependía de una pared para poder mantener una posición semierguida, y mi energía se iba disipando, así que estas reflexiones parecían inevitables. Sin embargo, sin tomar en serio la posibilidad de morir, esos pensamientos ofrecían poco más que algo de entretenimiento, hasta que de repente se transformaron en una opción menos alegre: «Tal vez estar aquí no haya sido una coincidencia. Quizás he sido atraído hasta aquí para morir». Al principio, cuando desperté de mi pesadilla en el dormitorio de la estación de Benarés, temí que eso predijera un desastre. «Tal vez ese sueño se está haciendo realidad, y las rocas que cayeron sobre mí profetizaron mi muerte cerca de esta estupa en ruinas».

Recordé una historia acerca de un hombre que estuvo a punto de morir de una forma terrible en un lugar perfecto. El hombre era de la provincia tibetana oriental de Kham y su mayor aspiración era visitar Lhasa, como lo es para muchos tibetanos. Viajó con un amigo y tardaron varias semanas en atravesar el Tíbet. Al llegar a Lhasa, inmediatamente se dirigieron a visitar el Palacio de Potala, la sede de su santidad el Dalái Lama. El hombre estaba tan emocionado al ver este magnífico lugar sagrado que antes de entrar se detuvo a los pies del edificio y miró hacia arriba llorando. Una vez dentro, comenzó a explorar diferentes habitaciones. Algunas de las exteriores tenían pequeñas ventanas ubicadas entre columnas de madera y bloqueadas por barrotes de hierro. Las magníficas vistas de Lhasa desde estas ventanas son legendarias, y para aumentar el campo de visión, sacó la cabeza por la ventana a través de los barrotes. Cuando terminó de admirar el paisaje, no podía sacar la cabeza. Se retorció hacia un lado y hacia el otro. «Moriré aquí —le dijo a su amigo—. Por favor, dile a mi esposa y a mi familia que morí en el Palacio de Potala, el mejor lugar del mundo para morir. Que aunque la forma en que sucedió no fue demasiado agradable, soy muy feliz». Después de aceptar su situación, se relajó; y cuando se relajó, pudo retirar la cabeza de entre los barrotes.

«Si pudiera estar más relajado, quizás mi estómago no seguiría estrujado entre barras de hierro. Pero él tenía un amigo y yo no tengo ninguno. Ni siquiera estoy aceptando que podría morir», pensé, aunque ya no podía evitar que mi cabeza se inclinara hacia adelante y mis manos se desplomaran cuando intentaba colocarlas sobre los muslos.

Mientras me dirigía al lugar donde me sentaba, tras haber tenido que hacer muchas visitas a los arbustos, traté de darme la vuelta y mirar hacia la estupa. Intenté concentrarme en ella, como si indujera a mis ojos a la visión de rayos X. Deseaba ver lo que de verdad perduraba y lo que había muerto. *El Buda ha muerto. Pero yo también soy el Buda; y ese guardia es el Buda, ese perro es el Buda, tú eres el Buda, incluso la estupa es el Buda. Si somos Budas, si no estamos separados del Buda, ¿quién es el que muere? Pase lo que pase con mi cuerpo, estoy muriendo; he estado muriendo desde el día en que nací. Algo perduró tras la muerte del cuerpo del Buda. ¿Perduraría algo si yo muero aquí, en el lugar de la cremación, solo, sin ningún amigo que me ayude?*

La coincidencia del lugar ya no resultaba graciosa. Tuve la disciplina suficiente como para volver a descansar en la conciencia cuando mi mente se desviaba; pero cada vez se desviaba más hacia el miedo a morir. Sin embargo, en lo más profundo seguía rechazando esta consecuencia. Era como estar en un avión cuando el piloto habla por el sistema de megafonía y ordena a los pasajeros que se abrochen los cinturones de seguridad porque pronto se encontrarán con turbulencias extremas. Piensas: «Oh no, tal vez me muera». No lo crees realmente; sin embargo, tus manos se agarran con fuerza a los brazos del asiento y empiezas a rezar, por si acaso. Por Dios, por Buda, por Alá. Rezas para no morir y tratas de conectar con las personas que amas. Te vienen a la mente las personas que más quieres, y deseas apasionadamente que sepan cuánto los amas antes de que el avión se caiga.

Pensé en una mujer cuyo marido había trabajado en la construcción. A él le asignaron un trabajo en uno de los pisos más altos de un nuevo rascacielos. Las paredes exteriores no estaban colocadas y el viento arrancó una red de seguridad. Salió del interior volando, se despeñó y murió. La pareja no se llevaba bien. La noche anterior a su muerte el hombre había dormido en el sofá, y se había ido temprano de casa sin despedirse de su mujer ni de sus hijos. La mujer se había educado como católica y creía que cada uno de nosotros tiene su tiempo aquí, en la tierra, y aceptó que, por alguna razón misteriosa, el tiempo de su marido había llegado a su fin. Pero se quedó destrozada por no haberle dicho lo mucho que lo amaba.

Muchos trabajadores de hospicio escuchan remordimientos similares: que el amor no se expresó, o no se expresó lo suficiente, cuando había oportunidad. Una estudiante me dijo que cuando su madre se estaba muriendo, esta le había dicho: «Dile a todos los que amas que los amas. No esperes hasta que te estés muriendo».

Me preguntaba si mi madre, y Tsoknyi Rimpoché, y mi abuelo, y Tai Situ Rimpoché sabían cuánto los quería. ¿Lo había expresado lo suficiente? Me pregunté qué pasaría con los khenpos que habían sido entrenados con mi ayuda, y con todas las personas que me habían ayudado por todo el mundo. Rezaba por ellos todos los días. Empecé a revisar las tareas que había hecho para poder mantenerme lejos: las enseñanzas grabadas en video que se publicarían en los próximos años, el diseño de los nuevos edificios de mi monasterio en Katmandú. Muchos de los pequeños monjes de Bodh Gaya eran huérfanos o provenían de familias empobrecidas; me esforcé especialmente para que su protección estuviera asegurada. Me había despedido. Había hecho todos los preparativos. Mi madre y otros miembros de la familia y mis amigos se pondrían muy tristes si yo muriera. Pero entonces pensé: «Tarde o temprano todos moriremos. El hombre que se cayó del edificio no tenía ningún control sobre el momento en que iba a morir, y yo tampoco. Qué ignorante haber dado por hecha mi vida». Echar leña al fuego era una especie de suicidio, pero lo hacía con la motivación de renacer en una forma que pudiera ser de mayor ayuda para los demás. «Si mantengo la misma motivación en el momento de la muerte física, mi intención seguirá siendo válida. Eso significa no ser distraído por el dolor, o por el arrepentimiento, o por la lástima por mí mismo».

El Buda Shakyamuni habló de los cuatro ríos del sufrimiento natural: el nacimiento, el envejecimiento, la enfermedad y la muerte —las dificultades inevitables de la vida—. Pero pueden experimentarse sin añadirles nada, sin agravar el sufrimiento con historias que consoliden nuestras percepciones erróneas de la realidad. Existe una enseñanza relacionada con una historia de la época del Buda que demuestra este punto. Un día llega al campamento del Buda una joven angustiada sosteniendo en brazos un niño muerto en el pecho. La mujer acudió al lugar en busca de una cura milagrosa para resucitar a su bebé, y para preguntarle al Buda: «¿Por qué a mí?». El Buda le dice que regrese a su aldea y que recoja una semilla de mostaza de cada hogar que nunca haya conocido la muerte; luego, que traiga estas semillas. La mujer regresa a su aldea y va de una casa a otra.

Antes de irme para empezar el retiro, regresé a Nubri y fui de una casa a otra escuchando historias acerca de personas que habían muerto durante los años que habían transcurrido desde mi última visita al pueblo. Un abuelo mayor; el padre de una de mis mejores amigas de la infancia; la hija de tres años de una amiga, que se había caído por un acantilado en una excursión familiar; una mujer que conocí de niño y que había muerto de cáncer de mama. Todas las familias contaban historias acerca de nacimientos y muertes; fue imposible recoger ni siquiera unas pocas semillas de mostaza.

La joven madre regresa junto al Buda con las manos vacías.

—¿Existe alguna manera? —preguntó la mujer.

Y el Buda le dijo:

—No hay forma de volver a tu bebé a la vida, pero sí puedes aprender a vivir con la muerte, a hacerte más grande que esta pérdida. Así serás capaz de soportar la tristeza y no ahogarte en la pena.

24

Recordar los bardos

Cuando terminaba el tercer día de mi experimento al aire libre, decidí de nuevo que comer un poco me ayudaría y me preparé para regresar al restaurante. Estar de pie requería un esfuerzo considerable, y cuando apenas hube dado unos pasos mis piernas empezaron a tambalearse. Me di un trompicón contra la pared y me senté apoyándome en ella mientras dejaba de jadear.

Recordé que en el momento de morir, una de las primeras señales del declive irreversible es una experiencia de pesadez. Imaginé que debía sentir algo así, porque cuando volví a la pared y me senté, noté como si el peso de mi cuerpo se desplomara bajo la superficie de la tierra. Esto sucede con la disolución del elemento tierra.

Conocemos la retracción de los sentidos al dormirnos. Los cinco elementos también se disuelven cada noche durante el sueño, pero esto sucede tan sutilmente que muy pocas personas pueden ser conscientes del proceso. Sin embargo, en el momento de la muerte, la disolución de los elementos se vuelve tan marcada como la disolución de los sentidos, y podemos experimentar directamente cómo la forma se desidentifica de la conciencia.

Los elementos de nuestros cuerpos físicos tienen cinco cualidades: solidez, fluidez, calor, movimiento y apertura. En la tradición budista, estas cualidades se conocen como los cinco elementos: tierra, agua, fuego, aire (o viento) y espacio. Estos mismos elementos constituyen todos los fenómenos. Al final de nuestras vidas, los cuidadores de un hospital pueden observar la disolución de los elementos, y es experimentada por los moribundos. A pesar de que son muy pocas las personas que pueden hacer un seguimiento de la disolución de los elementos cuando se duermen, son muchas las que mencionan experiencias relacionadas con ella, incluso cuando no pueden explicar su causa. Algunas personas sienten como si se cayeran cuando se están durmiendo, como si se *cayeran* de sueño, una sensación de gravedad que las empuja hacia abajo, que surge de la disolución del elemento tierra. La sensación de flotar sugiere la disolución del elemento agua.

Los elementos no deben entenderse demasiado literalmente. La tierra sugiere densidad y pesadez. Nos sostiene, como las vigas de cimentación de una casa, y cuando este soporte se derrumba, experimentamos la sensación de caer. Cuando hablamos del elemento fuego, no nos imaginamos las llamas que surgen de la combustión de un material combustible y el oxígeno, sino más bien el calor y una calidez que se extiende por el cuerpo, o una sensación de algo que quema. Esta disolución de los elementos que experimentamos a medida que nos quedamos dormidos es ligeramente análoga al mismo proceso que tiene lugar cuando morimos. Tanto en el sueño como en la muerte, cada elemento es absorbido por el siguiente, de modo que, al final, el espacio se disuelve en sí mismo. Dicho de otra manera, el espacio se disuelve en la conciencia.

Estos cinco elementos han existido desde el principio de los tiempos y surgen de la base primordial de la vacuidad. Son los ingredientes primarios de toda la materia, incluidos nosotros mismos. El conocimiento de los elementos proporciona una conexión fundamental con cada forma de vida en todo el universo. Vivimos en el mismo campo interdependiente de fuerzas naturales que gobiernan toda la materia, y puede ser consolador saber que, cuando morimos, el movimiento de nuestras vidas fugaces nos llevará a un círculo completo, de vuelta a nuestros comienzos más elementales.

El elemento tierra está relacionado con la carne y los huesos, la parte más densa de nuestros cuerpos. Cuando morimos, este elemento se disuelve en el elemento agua. Nuestra fuerza se debilita visiblemente y a menudo experimentamos la sensación de caernos o hundirnos.

El elemento agua está relacionado con nuestros fluidos corporales. Cuando el elemento agua se disuelve en el elemento fuego en el momento de la muerte, la experiencia interior es como la de estar flotando, y nos entra sed. El cuerpo se seca, la sangre se ralentiza hasta que se detiene, los labios se resecan notablemente, la piel se reseca y la mucosidad se solidifica.

Cuando el elemento fuego se disuelve en el aire en el momento de la muerte, somos incapaces de retener el calor. Las extremidades se enfrían, aunque el corazón se mantiene caliente y se tiene la sensación de que la mente está ardiendo.

Inspirar aire, o viento, mantiene todo en movimiento. A medida que el elemento aire se disuelve, la respiración se vuelve difícil.

El espacio es la realidad fundamental de todos los fenómenos, incluidos nuestros cuerpos. Sin espacio no podemos tener los demás elementos.

Mi mente se trasladó a esas enseñanzas del bardo que describen cómo prepararse para morir y lo que le sucede al cuerpo y a la mente cuando morimos. Pero mi motivación no era lo suficientemente fuerte como para atenerme a enseñanzas específicas. Las instrucciones aparecían como la corriente de las olas, yendo y viniendo. Tenía asumido que la infección seguiría su curso, furiosa como un fuego hasta que se extinguiera, y que en cualquier momento los retortijones se atenuarían. Al igual que todas las personas que conocía, yo también había experimentado infecciones intestinales en la India muchas veces; sencillamente, no te matan. Sin embargo, nunca había comido sobras antes. Había dado por hecho que la comida no estaría en mal estado. Cuando estudiaba a los mendigos en Bodh Gaya, asumí que parecían débiles y cansados por no tener suficiente comida. No comprendí que sus cuerpos también debían sufrir por haber comido alimentos en mal estado. Había asumido que adaptaban sus hábitos alimenticios a su situación, como animales que viven en los bosques con un abanico de posibilidades limitado. No comprendí que su misma fuente de alimento, por muy escasa que fuera, podría contribuir a debilitar sus cuerpos. Ahora me doy cuenta de que ellos también son frágiles y que el sufrimiento de su cuerpo debe ser una tortura. Aún no me había percatado de que estaba perdiendo más agua de la que estaba tomando, y de que empezaba a estar severamente deshidratado.

Tenía un amigo muy cercano, un hermano monje de Sherab Ling, a quien conocí a los once años. Dos años más tarde empezamos juntos el retiro de tres años. Ambos éramos muy buenos estudiantes y él terminó siendo mi ayudante cuando fui el maestro de retiros en el retiro prolongado posterior. Un día, mientras yo estaba de viaje por Europa, me llamó por teléfono desde la India para decirme que estaba muy enfermo de cáncer de estómago.

—Estoy en la última etapa y no puedo comer.

—¿Cómo te encuentras? —le pregunté.

—No me arrepiento de nada —me dijo—. Toda mi vida he meditado sobre la impermanencia y me he entrenado en el bardo. Estoy preparado, así que no te preocupes por mí. Pero, por favor, reza por mi cuerpo.

Aunque no tenía miedo a la muerte física, su logro no había trascendido su cuerpo. Aún no había muerto en el bardo de esta vida. Mientras usemos nuestra mente conceptual para relacionarnos con nuestro cuerpo de carne y hueso, y utilicemos nuestros órganos sensoriales para mediar con la realidad relativa, experimentaremos dolor físico. Con mi padre fue muy diferente.

Varios años antes de que mi padre falleciera, se puso muy enfermo y se corrió la voz en toda la comunidad de que estaba a punto de morir. Entre sus alumnos había profesionales de la medicina tibetana y occidental que se reunían en su pequeña habitación de Nagi Gompa para organizar su cuidado. Hacía frío fuera, no había calor en el interior y las paredes de hormigón hacían que su habitación fuera húmeda y helada. Además, el agua no era muy buena y tal vez estaba contribuyendo a su deterioro. Uno de mis hermanos mayores vino de visita y trató de convencer a mi padre para que viajara a un clima más cálido y saludable, tal vez a Tailandia o Malasia. Pero mi padre se negó en rotundo. Dijo: «Parece que estoy enfermo, pero en realidad ya no existe un cuerpo conceptual real. Me siento bien. Pase lo que pase, sea mi hora de irme o de quedarme, estará bien. No estoy sufriendo».

El reconocimiento de la luminosidad es la experiencia de la muerte antes de morir, morir en el bardo de esta vida. Cuando esto sucede, el cuerpo de carne y hueso deja de funcionar como un filtro o un ancla de la mente. Aunque el cuerpo, para el observador ordinario, parecerá ordinario, para una mente despierta se ha convertido en lo que llamamos cuerpo *ilusorio*. Ya no es real en ningún sentido convencional, sino que existe —para una mente que ha despertado— como un reflejo, como un holograma. En este estado, aunque otras personas perciban una vida que está agotándose, la persona que ha despertado a su propia vacuidad inmortal no experimentará la muerte como un final, sino como una mera transición.

Entrenarse en el bardo significa acostumbrarse al proceso continuo de morir. Me había entrenado, pero no estaba cerca del logro de mi padre y no había superado la comprensión que tenía mi hermano monje. Supuse que mi amigo había querido decir que durante esta vida —en el *bardo* de esta vida— se había familiarizado con el reconocimiento de la mente vasta de la conciencia, la mente que no nace y no puede morir; y que había desarrollado confianza en la continuidad de esta mente tras la muerte. Nos enseñaron esta perspectiva en nuestro entrenamiento clásico. Pero su mente conceptual seguía manteniendo su cuerpo intacto y aún no había conocido el cuerpo ilusorio, como lo había hecho mi padre.

Cuando aceptamos que estamos muriendo todos los días, y que la vida no puede separarse de la muerte, entonces los bardos nos brindan un mapa de la mente para esta vida, y cada etapa ofrece una guía de inestimable valor para saber cómo vivir todos los días. No hay nada en los textos del bardo que se refiera exclusivamente a la muerte física. Cada transformación en cada etapa ya ha ocurrido una y otra vez en esta vida; una vez que aplicamos el ciclo de los bardos a nuestra vida diaria, podemos ver que todos nuestros esfuerzos por despertar se relacionan con el cambio, la impermanencia, la muerte y el renacimiento, los marcadores esenciales del mapa de los bardos.

Cuando aprendí meditación como una parte del plan de estudios monástico, el tema no se nos presentó como un entrenamiento de los bardos. Tampoco los ejercicios sobre la impermanencia y la muerte, ni las meditaciones sobre la bondad amorosa y la compasión. Sin embargo, una vez que hube estudiado los textos del bardo, comprendí que toda mi formación era una inmersión en la sabiduría de los bardos. Por ejemplo, la instrucción básica del bardo de esta vida es la familiarización con nuestra mente, y la manera más efectiva de lograrlo es a través de la meditación. Hoy en día, muchas personas practican la meditación sin hacer referencia a los bardos. Pero cuando habitamos la visión de los bardos, instintivamente entendemos la meditación como otra experiencia de morir cada día. La transformación que tiene lugar cuando permitimos que la mente conceptual se disuelva, y el reconocimiento de la conciencia, requieren de la muerte de la mente que se aferra. En la secuencia formal de las enseñanzas del bardo, el bardo de la muerte tiene lugar después del bardo de esta vida; pero en muchos sentidos, el bardo de la

236 | ENAMORADO DEL MUNDO

muerte es el bardo de esta vida, como también lo es el bardo del devenir.

El bardo de esta vida incluye la meditación del sueño, que significa estar atento a lo que sucede cuando los ojos se cierran, cuando los oídos se apagan, cuando el sistema respiratorio se ralentiza. Los meditadores avanzados, como el decimosexto Karmapa, podían descansar en el reconocimiento de la conciencia durante el sueño. Esto no es fácil. Sin embargo, el mero hecho de mantener nuestro reconocimiento hasta el punto de perder el sentido nos brinda beneficios inconmensurables. Aunque quedarse dormido es una versión leve de la muerte, el proceso sigue el mismo curso de decadencia sensorial, con sus efectos correspondientes: las antenas sensoriales dejan de alimentar a la mente interpretativa; en consecuencia, esta mente muere de su papel diurno como centralita de nuestras percepciones erróneas habituales y de nuestras reacciones sensoriales condicionadas. Nunca podremos saber con seguridad qué nos sucederá cuando muramos físicamente. Pero podemos aprender mucho si prestamos atención a las experiencias de la mente que trascienden la pequeña y limitada mente del ego, tanto si estos momentos se dan en nuestros cojines de meditación, con vislumbres involuntarios de vacuidad, como si se dan cuando nos quedamos dormidos. En la minimuerte del sueño nocturno, el yo no puede mantener la ficción por la que sobrevive durante el día y entramos en el impredecible paisaje de los sueños.

El sueño es la más obvia de las muchas muertes diarias. Sin embargo, cada microversión de la muerte puede funcionar como un portal a través del cual entramos en el reino de la muerte. Cada experiencia de este tipo nos permite aprender sobre lo que más tememos, así como disminuir nuestros temores haciéndonos amigos de esos miedos.

Cuando empezó a caer la noche, y con una mezcla de optimismo y negación de lo enfermo que estaba, reuní mis energías para la meditación del sueño.

Empecé con los ojos abiertos.

Llevé mi mente a la sensación de los ojos abiertos.

Cuando los ojos comenzaron a cerrarse, mantuve la conciencia en la somnolencia.

O el sopor, el cansancio y el cambio de estas sensaciones.

No intenté controlar los ojos ni controlar nada. No traté de permanecer despierto. Me limité a intentar mantenerme consciente de lo que sucedía.

Cuando ya estaba a punto de quedarme dormido, no me preocupé ni traté de controlar la postura corporal.

Empecé a experimentar que mi cuerpo se hundía, se derrumbaba, pesaba... y caía en un sueño profundo.

Se me cerraron los párpados. Era consciente de la sensación.

Durante la noche, me desperté varias veces con retortijones muy punzantes. Cada vez que me esforzaba por llegar a los arbustos, me preguntaba si de verdad se acercaba el bardo de la muerte. Ya no podía mantener este pensamiento lejos de mí. Estaba en apuros. En las siguientes ocasiones en que me quedé dormido, no logré mantener la conciencia mientras me dormía. Probé la meditación del sueño estando sentado, como si fuera de día, colocándome el chal sobre la cabeza, y después tumbado de nuevo. Las imágenes de los sueños se sucedían, pero no las recordaba. No podía reconocer ninguno de los huecos, ni los que hay en el momento que existe entre la consciencia y la inconsciencia mientras nos quedamos dormidos ni lo que tiene lugar entre las respiraciones o entre los pensamientos. Mi mente había perdido el rumbo. Bebí agua, pero quería comida.

25

Dejarlo todo atrás

Algunas personas viven con tanto miedo a la muerte —e incluso negando la evidencia de la muerte— que no pueden experimentar la actividad común de quedarse dormidos como una especie de muerte. Yo no crecí así. Durante mi infancia, la muerte fue un tema de conversación abierto y frecuente. Imaginar la muerte era parte de mi práctica.

«Muerte e impermanencia, muerte e impermanencia» era el mantra de mi entrenamiento. Sin embargo, a lo largo de mis proyecciones y preparativos para este retiro errante, nunca se me había ocurrido que podría enfermar, o que podría morir. Solo tras haber desarrollado esta enfermedad podía echar la vista atrás y reconocer las limitaciones de mi comprensión. En ese momento pensé: «Por esto los maestros sacuden la cabeza con asombro al ver que la muerte puede sorprender a cualquiera, joven o viejo, cuando la verdad es tan evidente».

Debido a los punzantes espasmos estomacales, los mosquitos, los vómitos, la diarrea y el letargo, que debió ser resultado de la deshidratación aguda, no experimenté la renovación resplandeciente que por lo general acompaña a la madrugada. También tenía fiebre y podía sentir el calor irradiando de mi frente. Ahora atravesaba el cuarto día de mi enfermedad y decidí que sería mejor que empezara a revisar las instrucciones para la muerte.

Si estoy muriendo, entonces, al igual que muchas otras personas, moriré con dolor físico. No puedo cambiar el sufrimiento natural de la enfermedad. Por esta razón, este tipo de sufrimiento no es el tema principal de las enseñanzas del Buda ni de los textos del bardo. En este bardo, «doloroso» se refiere más bien al trauma de no querer abandonar lo que conocemos, y a la dolorosa experiencia de separarnos de nuestros apegos más profundos. Deseamos con fervor permanecer en los cuerpos que nos han sostenido y servido, con las personas que hemos amado y que nos han amado, en el hogar que ha sido nuestro refugio. Una persona, o una situación, nos tira del corazón, y perder esta conexión es insoportablemente doloroso. Puede que no seamos capaces de aliviar el dolor en nuestros cuerpos, pero ciertamente podemos trabajar con el sufrimiento que puede asolar nuestras mentes en el momento final.

En el momento de la transición final, si no queremos morir sintiéndonos abrumados por las cosas que nos atan, no hay tiempo que perder. En lugar de luchar contra el curso natural, podemos relajarnos y dejarnos llevar. Podemos trabajar soltando nuestros apegos, y hay una práctica específica para relajar el apego a la que llamamos «práctica del mandala»; pero no es necesario aprender el contexto o el ritual tibetano para que esta práctica sea efectiva. Lo importante es identificar nuestros apegos y liberarnos de los condicionamientos del pasado para poder habitar este momento lo más plenamente posible, y continuar nuestro viaje con menos equipaje, tal como tratamos de hacerlo todo el tiempo.

Soltar no significa tirar cosas que ya no valoramos, como un abrigo viejo o un iPhone roto. Comprendemos lógicamente el valor de soltar, pero no surge fácilmente. Soltar lo que tiene significado viene acompañado de un pellizco; regalamos algo, pero tal vez con un toque de arrepentimiento. Es importante reconocer los sentimientos, no dejar de lado ni la tristeza, ni el remordimiento, ni la nostalgia; también es importante reconocer los sentimientos sin verse envuelto en la historia, ni repetir dramas perturbadores, tal como lo hacemos cuando nos familiarizamos con nuestra mente en el bardo de esta vida. Cualquier cosa que asociemos con el yo, o que reclamemos como «mío», hará patentes los lazos más intensos.

En el bardo de la muerte, para liberarnos de nuestros apegos, combinamos soltar, dejar estar, dar y hacer ofrendas. Nos basamos en cualidades que nos son familiares en la vida ordinaria, como el dar, y cualidades menos materiales. Identificamos personas y objetos, e incluso elementos del universo mismo, como montañas o arroyos, que tienen un significado personal; a continuación, ofrecemos estos aspectos de nuestra vida a figuras religiosas, o al universo, o a las estrellas. Empezamos considerando la imagen más personal de una realidad mayor que cualquier modelo convencional, tanto por el tipo de ofrendas que queremos hacer como por las personas a las que queremos ofrecerlas. La forma y la apariencia externa de los objetos o del destinatario de nuestras donaciones no es importante. El único aspecto verdaderamente importante es lo personal y sincero que uno sea.

Muy a menudo, en el hecho de dar algo se combina la generosidad genuina y un gran ego. Ambas cosas. Podemos donar algo a una persona sin hogar para sentirnos mejor con nosotros mismos. O hacer una donación a un hospital o a una universidad para que un edificio lleve nuestro nombre. Damos para obtener, lo cual es mejor que no dar nada. Pero reforzar el orgullo se opone a lo que realmente estamos tratando de hacer. Cuando hacemos ofrendas a los dioses o al universo, la lógica desconcertante es que los efectos no pueden ser conocidos. Por esta razón se convierte en una especie de dar en estado puro, dar sin recompensas mensurables. Esta generosidad surge del respeto, la gratitud y la devoción, sin hacer referencia a uno mismo. Hacer ofrendas siempre incluye dar de corazón. Pero dar no siempre incluye hacer ofrendas.

En la práctica tradicional, la generosidad ilimitada se vuelve proporcional a la visualización de las realidades ilimitadas. Si elegimos hacer ofrendas a dioses o deidades, o al planeta Tierra o al universo, estamos soltando no solo los objetos, sino también la mente que se aferra. Ofrecemos montañas y ríos, pues al ofrecer fenómenos que son impersonales e inconcebibles, reconfiguramos nuestro lugar en el universo. Cuando ofrecemos maravillas naturales, como montañas o ríos, la forma de la realidad convencional cambia. Trabajar con una escala inmensa afloja la fuerte intensidad del aferramiento a nuestro pequeño y atesorado ser, que se sitúa en el centro de nuestro pequeño mundo. Los universos que no pueden ser sostenidos o ser poseídos, o que son apenas imaginables, ayudan a interrumpir los patrones de limitación.

En mi cuarto día en la estupa de la Cremación, acepté que había entrado en el bardo de la muerte. Había emprendido este viaje con el deseo de construir una pira abrasadora y me había concentrado exclusivamente en la desintegración de mis diversas identidades; las imágenes de hambruna me habían llevado a preguntarme cómo proteger la mente de los antojos demenciales, pero nunca me había imaginado que podría estar tan famélico como para llegar a morir. Me vi por senderos de cabras en el Himalaya, caminando encorvado contra el viento, pero no había ido tan lejos como para imaginarme un cadáver congelado. Nunca se me ocurrió que podría morir físicamente. Y ahora no tenía palabras para expresar la profundidad de esta ignorancia.

Aunque una versión corta de la práctica de la ofrenda es parte de mi liturgia diaria, revisé la práctica ampliada y empecé por imaginar objetos impersonales de deleite que pudieran ser compartidos con los demás. La primera imagen que me vino a la mente fue el monte Manaslu, la cima del Himalaya sobre mi pueblo en Nubri. Su grandeza siempre proclamó que era la morada de los dioses, y permití que mi mente descansara en su majestuoso esplendor visual. Entonces registré los placeres sensoriales que había recibido de la montaña, como cuando había deleitado mis ojos con ella y sentía que mi corazón se elevaba. Tomé nota del consuelo que el recuerdo de la montaña de mi infancia le daba a mi cuerpo enfermo. Surtieron los recuerdos de jugar con el telón de fondo de su pico reluciente, junto con los recuerdos de mi abuela. Sentí una tristeza tan fresca que tuve que recordarme a mí mismo que mi abuela había muerto hacía mucho tiempo, y que esa tristeza se debía más a mi muerte que a la de ella, y que aunque pudiera volver a tener una salud perfecta, mi infancia en Nubri había muerto hacía muchos años y la nostalgia podía alejarme de ese momento. También reconocí los beneficios de usar la nostalgia para ver qué es lo que ata al corazón. Tomé nota de todos estos sentimientos y los dejé estar. No tenía que viajar con la nostalgia ni con las nubes de recuerdos. *Solo mantente firme y deja que pasen.* Permanecí con los objetos que iban surgiendo durante el tiempo suficiente como para permitir que los sentimientos siguieran su curso. Al no añadir historias a sus asociaciones, no se quedaron por mucho tiempo.

Pasé a los objetos que estaban más cerca de casa, como la riqueza. Esto no solo significa dinero, acciones, casas, etc., sino cualquier cosa que atesoremos, sin importar su valor monetario. Ninguno en absoluto. Recordé a un viejo amigo que venía de una familia muy pobre. Muchas de sus comidas consistían en tortitas hechas con agua y harina cocinadas sobre brasas. En los días de fiesta señalada, su madre hacía las mismas tortitas pero fritas en aceite y espolvoreadas con azúcar, y en su mente esta era la comida más deliciosa imaginable. Esperaba ganar suficiente dinero para recompensar a su madre por toda su bondad. Se convirtió en un hombre rico que cenaba en restaurantes de lujo por todo el mundo; pero su madre murió cuando él era un adolescente.

Me dijo que una vez había jugado con sus amigos a un juego: «Si tu casa se incendia, ¿qué salvarías a toda costa?». Los demás amigos hablaban de los niños, las mascotas, los documentos importantes. Se sintió avergonzado por su propia respuesta: un trozo de papel amarillento que su madre había dejado. En su lecho de muerte, después de haber dejado de hablar, ella le había puesto aquel papel arrugado entre las manos. Sigue siendo su posesión más valiosa: la receta de masa frita con sus garabatos.

Si atesoramos filosofías específicas u opiniones políticas, y hemos experimentado un gran apego a esas ideologías, las ofrecemos. Si sabemos que estamos enojados o somos tacaños, lo ofrecemos. Aquello que despierte la ira o el orgullo, ofrécelo. Los vínculos más profundos con el apego se encuentran tanto en la aversión como en la atracción. Cada liberación de lo que identifiquemos como «yo» y «mío» asesta un pequeño golpe mortal al ego; y cada disminución de la dominación del ego aumenta el acceso a nuestra propia sabiduría.

No tengo ninguna riqueza convencional. Mis monasterios deben de tener un valor económico, pero no tengo ni idea de cuál podría ser, y no existe ninguna propiedad que esté a mi nombre. Mi tesoro es el dharma. Su valor es inestimable, inconmensurable. Si mi habitación en Bodh Gaya ardiera en llamas, intentaría coger los textos y las estatuas del Buda. Sin embargo, los objetos del Buda no provocaron en mí la punzada que causan las ataduras al hacerse añicos, mientras que las prendas superior e inferior del hábito de mi linaje tibetano parecía que querían contar su propia versión de los hechos. Una estaba doblada para servir de asiento y la otra se encontraba dentro de mi mochila, a mi lado.

¿El hecho de quitarme los hábitos había dejado mi cuerpo demasiado vulnerable para esta aventura? Si los sintiera estirados sobre mi cuerpo, ¿me curarían, como lo hicieron con Khyentse Rimpoché, el mismo gurú que me había dado mis primeros hábitos? Él había querido ordenarse desde su infancia, pero su familia no quería dar su consentimiento. Luego tuvo un terrible accidente con una olla enorme de sopa hirviendo y casi se muere por las quemaduras que le escaldaron todo el cuerpo. Estuvo en cama al borde de la muerte durante muchos meses, hasta que su padre cubrió su cuerpo con hábitos budistas.

Tal vez debería volver a ponerme los hábitos. Pero yo no soy un niño, como él lo era. La única protección es el dharma, no los hábitos... Pero ¿son los hábitos y el dharma cosas diferentes? ¿De verdad salvaron a Khyentse Rimpoché?

En la secuencia formal, después de nuestra riqueza ofrecemos nuestros cuerpos. No quería morir. Tenía nobles justificaciones altruistas. Podía enseñar a los monjes pequeños, difundir el dharma, instruir a los sostenedores del linaje, ayudar a cuidar a los miembros de mi familia... Todas ellas buenas razones que apenas disimulaban mi apego a esta vida, a este cuerpo. Me acordé del momento en que hacía este ejercicio cuando me encontraba sano. Era mucho más fácil de hacer cuando no aceptaba que iba a morir.

Vivir en la negación ignorante de la muerte es como comer dulces envenenados. Saben tan bien... Pero lentamente el veneno del miedo se filtra en tus tripas y te quita la vida. Así ocurrió con el arroz y el dal que había comido. Fue mi primera experiencia de mendigar por comida. Tenía la intención de practicar la humildad. Pero para mendigar, tuve que dejar de sentirme tenso y cohibido. Una vez que lo hice, consideré esto como un logro y me sentí orgulloso. La comida tenía un sabor delicioso incluso cuando contenía algo que me estaba matando. Pero esta fue la lección de la última comida del Buda. «Come lo que te sirvan. Aprecia cada comida como una ofrenda, una bendición. Un regalo de los dioses o del universo. Y acepta las consecuencias, sean cuales sean...». Pero el Buda tenía ochenta años y estaba al final de su vida como maestro, y los textos sugieren que ya había estado enfermo antes de aceptar la comida de Cunda. *Yo apenas estoy empezando; solo tengo treinta y seis años... ¿Hay alguna diferencia? En realidad no...*

«Ofrece tu orgullo. Ofrece tu compasión. Ofrece tu voto de ayudar a los demás. Ofrece el dharma». *¿Puedo ofrecer el dhar-*

ma? Por supuesto. Ofrezco el dharma a todos los seres sintientes de todo el universo.

Intenté hacerlo con amigos y familiares. El hecho de escoger una ofrenda que es profundamente personal —como un miembro de la familia o nuestros propios cuerpos— hace que nuestras ataduras se manifiesten con todo su ardor. Imagínate soltar a un padre, a un compañero o a un hijo. ¿Qué podría fomentar esto? ¿Qué nos detiene? ¿Qué hay de nuestro propio cuerpo?

¿Qué hay de este cuerpo? Destruido por la enfermedad, hambriento; ¿hay algo que ofrecer? Mi práctica sigue funcionando. Ofrezco mi práctica. Incluso muriéndome, mi práctica está funcionando. Siento gratitud por las enseñanzas y por mis maestros. Ofrezco mi gratitud. Ofrezco mi gratitud por este fuego ardiente, una especie de pira diferente a la que esperaba pero que ha iluminado las olas más claramente que nunca, y esto es inspirador. Ofrezco esta enfermedad para permitir que el espejo de la sabiduría brille con más fulgor en medio de la confusión y las dificultades. Sufrimiento y liberación ardiendo a la vez. Más leña, sí, más leña, más ardiente, más alto. Morir también es leña. El vómito y la diarrea también son leña. La esperanza y el miedo también son leña.

Después trabajé con mi propia virtud, con aquellas actividades o cualidades que me habían beneficiado a mí y a los demás. Todos nosotros nos involucramos con estas actividades positivas, como la bondad, la generosidad o la paciencia. Podemos ser padres responsables y amorosos, o hijos. Podemos cuidar bien de nuestros amigos. Tal vez plantemos árboles o alimentemos gatos callejeros o trabajemos para organizaciones que ayudan a los demás. Este ejercicio no pretende mostrar una magnanimidad santa, sino reconocer nuestros instintos ordinarios para ayudar y para involucrarnos con actos —sin importar lo anónimos que sean ni sus consecuencias— que se basen en nuestro entendimiento intuitivo de que todos participamos en este sistema que es el mundo; y por eso las distinciones entre ayudarnos a nosotros mismos y ayudar a los demás se desvanecen.

Siempre he rezado por los miembros de mi familia, por mis maestros y por las comunidades monásticas y laicas que hay bajo mi cuidado. Rezo por la paz mundial y rezo para que todos los seres sintientes despierten a su propia naturaleza iluminada. No puedo decir cuáles son los resultados de hacer esto. No puedo saberlo. Pero aun así rezo.

Después vienen las ofrendas secretas. *Secreto* hace referencia a lo que no es obvio ni observable. Es más bien un secreto en sí mismo. Concretamente, *secreto* aquí se refiere a la vacuidad. Los objetos claramente definidos del aferramiento —el cuerpo, los seres queridos o la riqueza— se identificarán con facilidad. Pero para trabajar con nuestros apegos en el nivel más sutil de aferramiento al ego, debemos trabajar con la ofrenda secreta. Esto no solo reajusta los valores, sino que pone en tela de juicio el propio concepto de *valor*.

Una manera de abordarlo es revisar el contenido de las ofrendas anteriores y luego ofrecer la vacuidad de esas formas; por ejemplo: «Ofrezco mi casa y la vacuidad de mi casa; es decir, ofrezco la forma de mi casa, que parece ser sustancial, pero también aplico la sabiduría que reconoce la vacuidad, y entiendo que, si bien mi casa parece sustancial, no tiene una identidad esencial que la convierta en *casa*». Lo mismo sucede con mi cuerpo. Y lo mismo con mis hábitos de monje. Desde que empecé el retiro había convertido mis hábitos tibetanos en una especie de talismán, impregnándolos de poderes mágicos para bendecirme, tal vez curarme, como lo habían hecho con Khyentse Rimpoché, y para protegerme. Había tomado las muestras de indiferencia hacia los hábitos como desaires personales, o como faltas de respeto, como si los hábitos tuvieran cualidades que fueran independientes de las proyecciones de mi propia mente. Había buscado la fuente de las bendiciones o la protección en el tejido de algodón, aunque no podía haberlas encontrado más que cuando buscaba mi yo verdadero en las partes corporales que Nagasena había deconstruido. Sin embargo, puesto que mis hábitos eran esencialmente vacuos, eran —igual que yo— reales; pero reales como una etiqueta, un nombre, una denotación, un uso convencional.

De lo que me di cuenta en ese momento en que estaba ofreciendo la vacuidad esencial de Mingyur Rimpoché —de esta forma humana, de esta vida, de esta respiración— fue de que había sido un poco más fácil ofrecer la vacuidad de este cuerpo cuando me había sentido fuerte y saludable. Ahora, con mi cuerpo tan cerca de la muerte, la inminente desaparición física hacía que fuera más complicado reconocer que la vacuidad de mi cuerpo moribundo no era diferente de la que existía en mi cuerpo sano.

26

Cuando la muerte
es una buena noticia

El sol lucía bien alto en el cielo cuando estaba llevando a cabo estas ofrendas. Mis circunstancias externas eran miserables, pero el ejercicio me había dejado tranquilo y sin miedo. Me sentía cada vez más preparado para lidiar con lo que sucediera. Muchas veces a lo largo de la mañana, una imagen se desvanecía mientras me quedaba dormido de nuevo. En algunas ocasiones, cuando iba a los arbustos, se interrumpía el reconocimiento de la conciencia y no siempre podía recordar dónde estaba sentado. Ya no tenía fuerza suficiente para tirar del gran mango de la bomba, aunque seguía vomitando agua, lo que me dejaba un sabor rancio en la boca. De vez en cuando me desorientaba y abría los ojos sin saber dónde me encontraba o qué estaba sucediendo. Durante la parte más calurosa del día, mi mente iba a la deriva; me dormía y tenía sueños que no podía recordar.

Cuando empezó a refrescar, fui capaz de recomponer mi mente con mayor coherencia. Quería continuar con la práctica de las ofrendas trabajando con motivación y dedicación. *Si estoy a punto de morir, ¿cuál es mi aspiración? La muerte física ofrece la mejor oportunidad para la iluminación; y la iluminación, a su vez ofrece la mejor oportunidad para ayudar a los demás.* Es por esto por lo que mi padre solía decir: «Para el yogui, la enfermedad es un placer y la muerte es una buena noticia».

Mi padre recordaba información que ya era bien conocida por los maestros de sabiduría a través de los tiempos: la degeneración orgánica del cuerpo moribundo ofrece una oportunidad incomparable para reconocer la mente verdadera. Cuando la casa de carne y hueso de la mente se desmorona, las capas fabricadas de la mente también se desintegran. La mente que ha estado condicionada por percepciones erróneas, y moldeada por tendencias habituales, es desarticulada. La confusión que ha oscurecido nuestra claridad original e innata no puede mantener su vitalidad, igual que sucede con las capas externas de la piel de nuestros cuerpos. A medida que la confusión se disuelve, la sabiduría resplandece, de la misma forma que lo hace en el proceso de la meditación.

Cuando nos comprometemos a vivir conscientemente, aplicamos esfuerzo y diligencia para disminuir nuestra confusión. Al final de nuestra vida, esta misma confusión se desvanece sin esfuerzo. Del mismo modo que los procesos normales del cuerpo dejan de funcionar, los movimientos de la mente también disminuyen. Esto incluye nuestras percepciones sensoriales, pero también las creencias y los conceptos sutiles que moldean nuestra experiencia y que definen nuestra identidad. Cuando todos estos ciclos del cuerpo y de la mente se paran, la única cosa que perdura es la conciencia misma, el espacio abierto y no condicionado del puro saber; pero este saber ahora no tiene ningún objeto. Por eso momento de la muerte se considera tan especial, ya que proporciona la oportunidad más preciosa. En el momento más crítico entre la vida y la muerte, con el cuerpo tambaleándose en el borde mismo de la existencia, la ausencia de confusión permite la experiencia de la vacuidad luminosa. Este es el mismo aspecto de la mente que surge siempre que reconocemos una brecha en la mente condicionada, cuando las nubes de la confusión se separan y permiten una experiencia de la conciencia no conceptual. Solo en este preciso momento, en el momento de morir, esta conciencia pura surge por sí sola, y los hábitos de condicionamiento del pasado ya no tienen la fuerza para irrumpir y oscurecerla.

Esto le sucede naturalmente a todo el mundo. Es tan cierto como la muerte misma. Lo sé. Pero sin entrenamiento, no podemos reconocer la luz clara de la vacuidad luminosa. Está ahí, siempre está ahí. La he conocido. Está conmigo ahora, escondida bajo esta agitación, presente con este dolor. Como mi hermano monje, yo también me he entrenado. Él dijo que estaba preparado. ¿Estoy yo preparado?

Si nuestros cuerpos expiran cuando nuestras mentes descansan en el reconocimiento de la vacuidad, entonces nos liberamos para siempre. No hay nada más que aprender. En la vacuidad luminosa —el reino inmortal—, el reconocimiento y la aceptación se funden en una misma cosa. No podremos alcanzar la realidad inmortal no producida hasta que aceptemos la muerte. Los textos del bardo lo describen como la *unión de la madre y el hijo*: el elemento aire del interior de nuestros cuerpos se disuelve en el espacio; el espacio se disuelve en sí mismo, en una conciencia espaciosa. La espaciosidad individual es como el contenido de una taza vacía. El espacio existe dentro de la copa, pero no pertenece a la copa. Cuando la copa se rompe, el espacio contenido se une con el espacio ilimitado, que no está contenido. En los textos del bardo, este espacio-taza se llama *luminosidad del hijo*, y el espacio ilimitado se llama *luminosidad de la madre*. En el momento de la muerte, sin ni siquiera una brizna de mente conceptual que se mantenga intacta, la luminosidad del hijo gravita hacia su madre, como si volviera a casa, y no hay nada que pueda impedir este rencuentro. Si podemos mantener el reconocimiento de esta espaciosidad en el momento de la muerte, la mente samsárica que tenemos ahora no volverá a manifestarse en ninguna forma que se perciba como confusa; y jamás será percibida por la mente rígida y confusa. Nos iluminamos, y cualquiera que sea la forma en que more esta mente sin restricciones, se liberará para siempre de la confusión y de las propensiones kármicas, y nunca volverá a entrar involuntariamente en la rueda del samsara. Para esto me he entrenado. Esto es lo que mi padre, mis maestros y los maestros del linaje han logrado. Estoy seguro de ello. Pero también nos han dicho que, en realidad, la mayoría de nosotros perderemos esta oportunidad. En el momento en que se presente esta oportunidad única en la vida, la mente pura generalmente no se reconocerá a sí misma. O no podremos mantener el reconocimiento. La mayoría de nosotros perderemos el conocimiento, al igual que sucede cuando nos quedamos dormidos. ¿Qué quiso decir mi hermano monje cuando afirmó que estaba preparado?, ¿que podía reconocer la luminosidad de la madre? Tal vez se refería al bardo del devenir, que, según nos enseñaron, es donde pasaremos la mayor parte de nuestro tiempo entre esta vida y la siguiente. Ojalá se lo hubiera preguntado.

Si no reconocemos la luminosidad al final de la muerte física y perdemos el conocimiento, los profesionales médicos occidentales nos declararán muertos. Esto difiere de nuestro punto de vista. Los tibetanos entienden que se entra en un estado inconsciente que dura de media entre quince minutos y tres días y medio, a veces mucho más. No consideramos a una persona muerta hasta que este estado haya finalizado. Hay varios signos físicos que constatan el final de la vida en el cuerpo. Después, cuando se termina el proceso de la muerte —igual que cuando nos acabamos de dormir— nos despertamos de nuevo y continuamos nuestro viaje a través de una realidad onírica llamada bardo del dharmata. Este es otro estado por el que la mayoría de nosotros pasará rápidamente, y lo más probable es que se realice sin reconocimiento.

Entramos en el bardo del dharmata porque no hemos muerto completamente en el bardo de la muerte. Nuestros cuerpos se han ido. Todos los fenómenos condicionales que parecen existir desaparecen. Esa es su naturaleza, así como la naturaleza de nuestros cuerpos. Pero la cualidad cognoscente, la conciencia, la vacuidad luminosa, la claridad, estos aspectos de la realidad son

252 | <small>ENAMORADO DEL MUNDO</small>

nonatos y por lo tanto no mueren. Unirse con estos aspectos es entrar en el reino inmortal.

Sin el cuerpo, solo perdura aquello que es nonato. El hogar de la mente que se apega desapareció. Nuestra mente relativa nunca ha sido en realidad más sólida y estable que un arcoíris. No podemos indicar el origen de un arcoíris, aunque conozcamos las causas y condiciones que dan origen a su aparición. Aceptamos fácilmente que estos arcos translúcidos reflejan mágicamente la impermanencia, la insustancialidad y la interdependencia. Ahora, ¿qué sucede cuando volvemos nuestra atención a nuestra propia mente? ¿Podemos identificar el origen de un pensamiento? ¿Cuándo comienza, adónde va, cuándo termina, en qué momento un pensamiento se disuelve y surge otro? ¿Podemos identificar las causas y condiciones de cada pensamiento? ¿Son nuestros pensamientos diferentes —desde el punto de vista de su naturaleza— de un arcoíris? Si el pensamiento, la mente conceptual, comparte cualidades esenciales con los arcoíris, entonces ¿qué queda si los pensamientos se disuelven? ¿Qué perdura cuando nuestros cuerpos se disuelven? *¿Puedo permanecer lo suficientemente consciente para averiguarlo?*

Cuando me hice esa pregunta sinceramente, no pude responderla. Al mismo tiempo, mi cuerpo seguía debilitándose y yo me esforzaba por reanudar la práctica. Al contemplar mi motivación, me identifiqué primero como un ser consciente, sintiente y funcional, capaz de dirigir mis aspiraciones para ayudar a liberar a todos los seres y dedicar mis actividades a su bienestar, y eso incluía la actividad de morir. La muerte ahora se vislumbraba como la mejor oportunidad para una experiencia de despertar completa y también como la última oportunidad. La motivación incluía la purificación de la mente de cualquier perturbación pasada, cualquier cosa que pudiera proyectar una sombra sobre la percepción pura de la vacuidad luminosa. No sirve de nada solamente decir: «Todo es esencialmente vacuidad, todo es esencialmente puro». Aunque eso es *absolutamente* cierto, para poder proyectar la realización de esta verdad absoluta de nuestro interior al exterior, debemos trabajar con aquellas espinas que no pueden ser arrancadas con el razonamiento intelectual o la filosofía del dharma. Para que sea efectivo, el trabajo con los nudos sutiles de la culpa y el remordimiento debe ser una experiencia encarnada. Además, estos nudos impiden la plena expresión de nuestra compasión. De manera sutil, nos mantienen atascados en nuestro propio ser y nos impiden dar todo lo que tenemos para el bienestar de los demás.

Recordé dos episodios de mi infancia en Nubri. Una amiga y yo habíamos cogido huevos de un nido y habíamos jugado con ellos lanzándolos al aire como si fueran pelotitas, hasta que cayeron. En otra ocasión, unos excursionistas le dieron a mi abuela la comida que les había sobrado, que incluía unos terrones de azúcar envueltos individualmente, tres por paquete. Me encantaban aquellos terrones, y para evitar que comiera demasiados, mi abuela los guardaba en un frasco en un estante alto. Un día encontró un envoltorio en el bolsillo de mi chaqueta y supo que había saqueado el frasco. Me regañó, me llamó ladrón y dijo que me había portado mal.

Pensé que probablemente iría al infierno, aunque mi padre me había dicho que desde el punto de vista absoluto, el infierno no es más que otro sueño. Ahora tenía que preguntar si el miedo al infierno era realmente lo que me había mantenido en el camino recto y angosto. No recuerdo ningún otro acto que haya realizado que pueda considerarse destructivo o inmoral. Algo no iba bien. Que mis delitos más monstruosos fueran romper huevos de pájaro y embolsarme azúcar cuando tenía unos siete años no me sonaba creíble, ni siquiera a mí mismo.

Justo en el aparente crepúsculo de mi vida pude ver que mi fidelidad a la virtud se alimentaba de ser un buen chico, siempre tratando de complacer a mi padre y a mis tutores, y compitiendo por ser el mejor estudiante. Aunque me mostraba introvertido y tímido en grupo, quería ser reconocido y recibir aprobación. Antes pensaba que usaba el miedo como una herramienta para la renuncia, una estrategia para permanecer en sintonía con la actividad positiva. En retrospectiva, me doy cuenta de que en realidad me escondía detrás de las convenciones de la bondad y actuaba virtuosamente para recibir elogios.

Aparte de fantasear con una vida sin hogar llena de riesgos, no había sabido cómo escapar de ser el niño bueno. La aprobación de mi padre para un retiro errante había sido una sorpresa para mí. La visita a Gorkha —durante la cual mi madre reprendió al monje ayudante por permitirme caminar solo una cuadra en la calle— se debía a que me habían invitado a mi monasterio en el Tíbet y tendría que entrar legalmente a través de China. Necesitaba un documento del Gobierno, pero mi padre solo me daría permiso si mi hermano Tsoknyi Rimpoché me acompañaba. Ahora yo estaba en Kushinagar, más solo que la una. Muriendo. Sin familia ni ayudantes que se ocupara de mí. Sin maestros que me guiasen en este viaje.

Cuando le conté a mi padre que quería hacer un retiro errante, me dijo que él no viviría mucho más tiempo. Le habían diagnosticado diabetes hacía varios años, pero aunque yo veía que él estaba envejeciendo, nada indicaba que moriría pronto. Después continuó:

—Dos cosas: hagas un retiro errante o no, continúa meditando por el resto de tu vida. E intenta hacer lo posible para ayudar a todos los que estén interesados en trabajar con su mente, sin importar su rol o su rango, si son mujeres u hombres, monásticos o laicos. Enseña a cada uno al nivel más apropiado y lo mejor que puedas. —Se detuvo y después preguntó—: ¿Qué te parece?

—Esta es mi pasión, mi vocación. Estoy seguro de ello —le contesté.

Mi respuesta le hizo muy feliz. Entonces me dijo:

—Llevo meditando desde que era un niño. Estoy enfermo. Mi cuerpo está débil. Pero mi mente está resplandeciente. No tengo miedo a morir.

Intenté contener las lágrimas, pero no pude. Cuando se dio cuenta de ello, añadió:

—Tengo confianza en que la conciencia nunca muere. Recuérdalo bien y no te preocupes por mí.

Murió dos meses después.

Alguien se había preocupado por mí. Debí de quedarme dormido, porque no recordaba que nadie se hubiera acercado. Cuando abrí los ojos estaba anocheciendo y habían puesto dos botellas de agua delante de mí. Tiré con torpeza de la cubierta de plástico y desenrosqué el tapón de una de ellas, deseoso de beber, y después sostuve la botella con ambas manos. Pero no tenía fuerza suficiente para levantarla hasta conseguir que el agua entrara en la boca y se me derramó sobre el pecho. Pensé en los muchos mendigos que mueren sin que nadie se preocupe por ellos. «Tal vez muchos sadhus mueran así —pensé—. Qué extraordinario es sentir de repente la serenidad de la gratitud. No me estoy muriendo solo. Alguien se ha dado cuenta. Alguien se ha preocupado. Estoy preparado para continuar...».

27

La conciencia nunca muere

Quinto día de mi enfermedad. Todavía sin comida. En el exterior, el calor intenso del sol. En mi interior, el calor ardiente de la fiebre. Estaba estirado en el suelo contra la pared. Las botellas de agua, vacías. Apenas tenía fuerzas para llegar a los arbustos. Había querido envolverme con la niebla como lo había hecho Milarepa; ahora la niebla que me envolvía era el húmedo temor de morir solo en Kushinagar junto a la estupa de la Cremación. *¿Sé, al igual que lo supo mi padre, que la conciencia no muere? ¿Es mi comprensión lo suficientemente fiable como para contar con ella? ¿Reconoceré mi verdadera mente en el momento de la muerte o me quedaré aturdido por la luz y perderé la conciencia? Si sigo practicando, ¿qué podría salir mal?*

Pero solo he practicado en este cuerpo. Mi padre me explicó que mientras permanezcamos en nuestros cuerpos, incluso las experiencias más intensas de vacuidad luminosa se verán eclipsadas, aunque sea ligeramente, por la mente conceptual.

Sumido en el estado de embotamiento que experimenta una mente ligada a un cuerpo enfermo, se agudizaron las indagaciones sobre las enseñanzas de bardo. Lo que se hizo patente es que, aunque la experiencia de la luminosidad se presenta de manera natural, la mayoría de nosotros no la vemos. Por eso nos entrenamos. No para conseguir la experiencia, que es un don de la naturaleza, sino para reconocerla. Entrenarnos para reconocer la naturaleza de nuestra mente hace que nos familiaricemos con la luminosidad del hijo, y esta familiaridad es lo que nos permite acercarnos al momento final de nuestros cuerpos sin miedo ni temor. Sin vislumbres anteriores de la vacuidad, es muy complicado que una mente habituada al pensamiento conceptual abrace repentinamente la vacuidad. Lo único que puede ayudarnos es su *reconocimiento*, no el evento en sí. Con el reconocimiento, nos volvemos inmortales.

Si pierdo las oportunidades de despertarme completamente tanto en el bardo de la muerte como en el bardo del dharmata, me pregunto si estaré bien en el bardo del devenir. Estoy casi seguro de que eso es a lo que se refería mi hermano monje cuando dijo que estaba preparado.

No podría haber tenido una mejor preparación para este estado intermedio que las últimas semanas. Pero todas mis experiencias de estar entre una vida y otra, entre estados mentales, entre lugares físicos, entre tener un hogar y quedarme sin hogar, entre no haber estado nunca solo y estar tan completamente solo, cada una de estas gigantescas transiciones ha tenido lugar dentro de este cuerpo. La mente intermedia ha sido amarrada; en el bardo del devenir que se da después de la muerte, la mente no tendrá la base de un cuerpo físico burdo. Su contenedor habrá desaparecido. Todo lo que quedará es un cuerpo mental, una forma hecha de luz que lentamente se experimentará a sí misma como lo hacía antes de la muerte.

Las transiciones de la conciencia en el bardo del devenir son las mismas que para esta vida. Pero los textos explican que la mente liberada del cuerpo físico es siete veces más sensible que la mente que se experimenta en nuestro cuerpo. Puede ver más lejos, escuchar sonidos muchísimo más lejanos, atravesar el espacio sin ser obstaculizada por la gravedad o la dirección. Nuestra claridad es siete veces mayor que en nuestras vidas ordinarias, pero también lo son nuestras respuestas temerosas. Si mi única respuesta a los estruendos y a olas que parecen monstruos fuera retroceder aterrorizado, me expulsarían de este bardo. En esta etapa, el cuerpo ya no puede filtrar el contenido desatado de la mente y seremos devueltos a la rueda del samsara, donde renaceremos en uno de los reinos; y el ciclo de la ignorancia empezará de nuevo, y al mismo tiempo, como siempre, también lo harán las posibilidades de despertar. Pero si reconocemos que estamos en el bardo del devenir, podemos dirigir nuestro próximo nacimiento. El karma en este sentido es una influencia poderosa, pero sigue sin llegar a ser un destino. Somos como plumas sacudidas por el viento, meneándose continuamente, y nuestras percepciones cambian con rapidez. Al mismo tiempo, estamos buscando nuestro próximo cuerpo, un hogar seguro donde refugiarnos. Y despertar a nuestra situación nos permite dirigir nuestra elección.

¿Cuál es mi situación, tumbado contra la pared exterior de la estupa de la Cremación? Sé que la conciencia no muere. Y sí, mi entrenamiento es lo suficientemente sólido como para reconocer y permanecer en la mente de claridad y conciencia. Confío en mi entrenamiento. Voy a estar bien. Y entonces el miedo regresaba, filtrándose en cada pensamiento, dirigiendo cada imagen, prediciendo mi destino. Ya no había sitio para la confusión con respecto a mi condición. Me estaba muriendo, fluctuando entre el miedo y la confianza. Las imágenes de mi madre y de otros miembros de la familia, amigos y estudiantes se proyectaban ante mí, revueltas y desordenadas como un álbum de fotos hecho pedazos. Bodh Gaya, y Nagi Gompa, y Nubri con sus flores de verano, y mi abuela y mi padre muertos, y mis amados maestros. Quería que esta gente estuviera conmigo para guiarme y consolarme. Quería abrazarlos, gritarles: «Por favor, quedaos conmigo...». Pero se movían a la deriva como fantasmas.

Así es como son las cosas después de morir, en el bardo del devenir. Merodeas entre amigos y familiares y tratas de hablar con ellos, relacionarte con ellos, pero ellos no pueden verte. No sabes por qué tus seres queridos no te responden, porque todavía no te has dado cuenta de que estás muerto. ¿Cuál es el estado de mi cuerpo

ahora, con esta enfermedad que ya me ha dejado medio muerto?
Tal vez por eso no pueden oírme. Tal vez yo esté más muerto que
ellos. ¿Quién está muerto y quién está vivo? Y... ¿qué debo hacer?
En una pausa llamativa, este desconcierto se concentró en un
punto. De repente recordé que me sabía de memoria los números de teléfono de un monasterio en Nepal y otro en la India.
Con una llamada a cobro revertido, se pondría en marcha una
misión de rescate. Podría pedirle a uno de los cuidadores del
templo hindú situado al otro lado de la estupa que hiciera la
llamada. Todos llevaban un teléfono móvil.

Qué maravilloso es poder tomar esta decisión. Inmediatamente la confusión frenética de los recuerdos y las visiones, del
miedo y del anhelo se fusionó en una sola preocupación. Hacer
la llamada o no. Sería muy sencillo. Muy pronto empecé a preguntarme si una llamada sería una señal de derrota o de aceptación; aunque ¿quién sería derrotado y quién aceptaría qué?
¿Quién podría o no morir? La mente revoloteaba incluso más
deprisa; los pensamientos correteaban de aquí para allá, sin llegar a ninguna parte, una vez más sacudidos con la incertidumbre. El alivio inicial dio paso a una competición tumultuosa entre las dos opciones.

Quizás podía observar de cerca el pasado, como había hecho
el joven monje con la moneda de oro. Pero mis apegos eran positivos: enseñar meditación y cuidar a los monjes pequeños. El
joven monje había luchado contra la codicia y la riqueza al ver
la moneda de oro. ¿Cuál es la diferencia? Para aspirar a una mente como la de Patrul Rimpoché, tanto los apegos positivos como
los negativos deben ser abandonados. Repasé la historia, pregun-
tándome si lo que mi padre podría haberme querido decir es
que cortara el apego a mi vida real, a este cuerpo.

No podía decidir qué hacer y la indecisión comenzó a fra-
guarse como si fuera una tormenta: las nubes se oscurecían cada
vez más y se volvían más ominosas. *No quiero morir. Pero mi entrenamiento ha sido para llegar a apreciar todo lo que surge, y eso*

260 I ENAMORADO DEL MUNDO

incluye la enfermedad y la muerte. Esto es lo que le dije al hombre asiático: si puedes aceptar cualquier cosa que suceda —buena, mala o indiferente— esa es la mejor práctica. Pero mi voto de salvar a todos los seres sintientes también me incluye a mí. Si intento salvar esta vida, ¿significa eso huir de la aceptación? Pero ¿de qué vida estoy hablando?, ¿de este cuerpo físico burdo que debe morir algún día? ¿Es eso lo que significa salvar a todos los seres sintientes? Tal vez no, porque no somos simplemente cuidadores médicos; deseamos salvar la vida física para que los seres puedan reconocer su propia sabiduría inherente, y que lleguen a conocer la realidad inmortal de la conciencia nonata. Este es el voto del bodhisattva: salvar a todos los seres sintientes de la ignorancia, del engaño y de la percepción errónea de que los fenómenos externos son la causa de su sufrimiento, y llevarlos a la realización de su propia sabiduría. Esto es lo que puedo hacer si continúo viviendo. Pero los textos del bardo dicen que nada —nada— proporciona una mejor oportunidad para el reconocimiento absoluto de la mente iluminada que la muerte. Entonces, ¿cómo puedo darle la espalda a esta oportunidad? Incluso si pierdo la primera oportunidad para la iluminación en el momento de la muerte, tengo una segunda oportunidad en el bardo del dharmata...

El dharmata a veces se llama talidad, o realidad. En esta etapa, la muerte del pequeño yo nos despierta a la *talidad* de esta vida, a las cosas tal como son: insustanciales, impermanentes e interdependientes. Renacemos en la realidad a través de la muerte de la mente que se apega. En el bardo del dharmata, nos adentramos en la realidad después de morir físicamente.

Al final de la muerte, pasamos por la experiencia de la vacuidad luminosa definitiva. Si no la reconocemos, a continuación entramos en el bardo del dharmata. El cuerpo físico ha desaparecido y continuamos, tomando la forma de un cuerpo mental, como el cuerpo ilusorio que tenemos cuando soñamos. La conciencia del cuerpo mental lleva consigo semillas kármicas. Estas semillas no están fusionadas con la conciencia, sino que la acompañan. Otra cosa que se pone en marcha es nuestra experiencia reciente de la vacuidad espaciosa, que se une a la vacuidad espaciosa misma; incluso si no se ha reconocido, esto deja una huella. Acabamos de dejar atrás nuestro cuerpo físico y nos hemos elevado a un estado máximo de conciencia absoluta, sin forma, completamente desnuda, igual que un cielo sin nubes. En este estado, entramos en el bardo del dharmata. Pero dicha entrada también pone en funcionamiento el proceso inverso, y empezamos la transformación desde la ausencia absoluta de forma a una nueva forma de habitar.

En el bardo del dharmata, la percepción de formas tenues y colores pálidos indica que los primeros signos de la forma vuelven a constituirse. Acabamos de salir de un estado de conciencia pura, y las proyecciones y los conceptos todavía no existen. Poco a poco, a medida que nuestra experiencia de nosotros mismos se remodela, nos dirigimos hacia un futuro cuerpo de carne y hueso. Si en ese momento no nos despertamos y elegimos nuestra dirección, volveremos a habitar la mente conceptual con las mismas propensiones que han impregnado esta vida.

Mi padre y Saljay Rimpoché eran muy optimistas con respecto a la muerte. Su Santidad el Dalái Lama ha hablado de esperar con impaciencia la oportunidad que ofrece la muerte. *Pero soy demasiado joven para morir. No he completado mi misión de enseñar. Mi madre sigue viva. Todos mis hermanos mayores están vivos. Mi muerte estaría fuera de lugar. Incluso el Buda estaría de acuerdo. Esta fue su respuesta al joven que le llevó corriendo a la cabecera de la cama de una abuela moribunda.*

Un joven llegó a toda prisa a la arboleda donde el Buda errante y sus seguidores habían levantado el campamento. Llegó jadeando de tanto correr y con el semblante totalmente desencajado por la preocupación, e imploró al Buda que lo acompañara a su aldea, porque un miembro de la familia se estaba muriendo. El Buda lo dejó todo para acompañar al joven. Al llegar, entraron en una casa en la que había una anciana yaciendo sobre una estera en el centro de la habitación y rodeada de sus cariñosos hijos y nietos. Uno de ellos le había cogido la mano. Tenía un paño húmedo sobre sus labios secos. El Buda miró interrogativamente al joven, como si quisiera preguntarle: ¿cuál es el problema? Y el hombre se volvió hacia la anciana, indicando que ella era el problema, que su muerte era el problema. El Buda miró a una persona anciana que se estaba muriendo y dijo: «Aquí no hay ningún problema». Pero esas palabras no le servirían de consuelo a mi madre.

Al mediodía la indecisión me estaba volviendo loco. Sabía que los miembros de mi familia, las monjas y los monjes que estaban bajo mi tutela, y los amigos que tenía por todo el mundo me echarían de menos, y que echarían de menos los beneficios de mi cuerpo físico. *Aunque me he entrenado en la conciencia y en las prácticas del bardo durante toda mi vida, no sabía que lo necesitaría tan pronto. Sin embargo, creo por mi propia experiencia, por las palabras de mi padre y las de otros maestros que la conciencia es inmortal, que nunca morirá, que nunca moriré.* A medida que mi enfermedad seguía su curso, ganaba más confianza en mi propia capacidad de reconocimiento.

Me he despertado muchas veces en mis propios sueños. Y aunque perdiera la primera oportunidad —la unión de la madre y el hijo—, podría aprovechar la siguiente, la de despertarme en el bardo del dharmata. Los obstáculos que encontré, especialmente en Benarés, y otra vez con el dolor de esta enfermedad, han fortalecido mi confianza en que soy capaz de morar en el reconocimiento de la conciencia a través del proceso de la muerte. He vislumbrado la luminosidad del hijo, y eso me ayudará a reconocer la luminosidad de la madre. La conciencia desnuda no me resulta desconocida. Estoy seguro de que puedo reconocerla. Esto significa que podría ser capaz de colarme a través de la brecha que hay en el momento de la muerte e iluminarme, convertirme en un Buda, no volver jamás involuntariamente en ninguna forma reconocible, y ser de una ayuda inconmensurablemente mayor de la que puedo ser en esta vida. La liberación no será el final de mi viaje. Sin confusión ni sufrimiento, puedo volver a servir de mayor beneficio.

Si me hubiera entrenado en la meditación sin haber incluido las enseñanzas del bardo, en el momento final podría llegar a confundirme. Pero esto no sucederá. Tengo confianza en las enseñanzas y en los maestros que vertieron su sabiduría en mí, y mi fe en ellos no me traicionará, estoy seguro. Si no muero, continuaré la vida que tanto he amado, para enseñar el dharma y seguir practicando, y hacer todo lo posible para ayudar a los seres sintientes en este cuerpo. Pase lo que pase, no tendré nada de lo que arrepentirme. Pero debo dejar atrás esta indecisión.

Una bola de hierro estaba atascada en mi garganta, bloqueando mi aliento, estrangulando cualquier capacidad para tomar una decisión. Estaba todo el tiempo cambiando de idea. *Esta indecisión no se puede mantener. Debo elegir una dirección. Cualquiera de las dos será mejor que esto. Vete. Quédate. Quédate.*

De repente vi que no tenía que elegir entre vivir o morir. En lugar de eso, tenía que dejar que mi cuerpo siguiera su curso natural y permanecer en el reconocimiento de la conciencia con cualquier cosa que sucediera. *Si es mi hora de morir, permíteme aceptar mi muerte. Si este es mi tiempo para vivir, permíteme aceptar mi vida. La aceptación es mi protección.* Y busqué afirmación en una oración de Tokme Zangpo:

Si es mejor para mí estar enfermo,
dame energía para estar enfermo.
Si es mejor que me recupere,
dame energía para recuperarme.
Si es mejor para mí morir,
dame energía para morir.

28

Cuando la taza se hace añicos

Los efectos de esta profunda aceptación llegaron rápidamente. En diez o quince minutos, la agitación que experimentaba comenzó a relajarse. La tensión a lo largo de todo mi cuerpo se drenó: la frente, las mandíbulas, el cuello, los hombros, las manos, todo se desplomó. El profundo suspiro que indica la culminación de un tremendo esfuerzo circulaba a través de mis arterias. *Ahhhhhhhhhh.*

Mi estado de ánimo cambió, y me quedé quieto, sentado con los ojos abiertos, disfrutando del tipo de ambiente que sigue a las lluvias huracanadas: vuelve a salir el sol, los pájaros cantan de nuevo y el aire parece fresco. Quizás no moriría, después de todo.

Mi apreciación de que posiblemente la crisis hubiera sido superada pronto se reveló inexacta. Tomar la decisión de permanecer en Kushinagar tranquilizó mi mente, pero no mi barriga. Seguía de cuclillas en los arbustos. A estas alturas cada movimiento confirmaba que mi cuerpo se escurría cada vez más hacia su cese irreversible. Esto trajo consigo una determinación renovada de trabajar con las instrucciones para el bardo de la muerte. El día anterior, una preocupación genuina había dado lugar a estas mismas consideraciones, pero aún no había abandonado un susurro que me decía: «Todo irá bien». Ahora esas garantías no existían en ninguna parte. Continué apoyándome en la pared exterior de la estupa de la Cremación, pero mi mente parecía estar más fuerte que en los últimos días, e inicié la práctica de ofrecer. No me quedé dormido, ni perdí el hilo, ni *pensé en* las prácticas, sino que las abordé con una resolución y una devoción que no había encontrado el día anterior. No me estaba preparando para morir. No me encontraba en el monasterio de mi infancia, tumbado en el suelo y escuchando meditaciones guiadas sobre la muerte. Ya no me preocupaban los conceptos de *vivir* o *morir* —porque no podían ser más que conceptos insustanciales—, sino darlo todo a lo que estaba sucediendo justo entonces, para satisfacer las demandas de ese momento sin apego ni aversión y para hacerme amigo de cualquier adversidad. *Vivir, morir: dos conceptos igualmente distantes de este momento. Esto es lo que soy y donde estoy ahora mismo; este estar haciendo simplemente esta actividad, en este cuerpo; llevar a cabo estas aspiraciones. Nada más que eso ni nada menos. Solo trato de habitar plenamente el universo infinito de cada momento.*

Las imágenes emergían y no me detuve en ninguna de ellas. De nuevo apareció el monte Manaslu, que en toda mi vida nunca había sido *una* montaña, sino más bien *mi* montaña, la joya que define a mi ciudad natal, con vistas desde mi casa, el orgullo de *mi* pueblo. Dejé que la imagen reposara ahí lo suficiente como para constatar el apego, para probar el pegamento del monte Manaslu, para reconocer las formas en que me había adherido a él, y luego para estar con *solo* la montaña, libre de todas mis asociaciones y de mis apegos. También aparecieron otras maravillas naturales, pero ninguna con el mismo apego que yo había sentido por la montaña: los campos de flores que crecían cerca de mi pueblo en Nubri, los pinos fragantes que rodeaban a Sherab Ling en Himachal Pradesh, los bosques de secoyas y las lluvias de cometas. Pasé probablemente veinte minutos recordando experiencias que a lo largo de mi vida me habían hecho abrir los ojos como platos con incredulidad, y que habían estimulado mi gratitud por la belleza y la diversidad sagrada de nuestro mundo. Muchas de estas maravillas eran apreciadas por millones de personas en todos los continentes, y ese reconocimiento convirtió la fascinación compartida en un conducto de conexión.

Viendo con claridad, sintiendo profundamente, revisé mi riqueza, volviendo a mis prendas. *Hoy ya no me parece que sean una posesión valiosa. ¿Cuál es mi riqueza en este momento? Mi cuerpo se está deteriorando. No tengo dinero. No tengo monedas de oro. Nada de valor. No obstante, tengo la posibilidad de despertar, de realizar los aspectos más profundos y sutiles de la conciencia. Mi precioso nacimiento humano es mi tesoro, en la salud y en la enfermedad, porque mi cuerpo nunca traiciona la posibilidad de despertar. ¿Cómo podría un tesoro valer más que saber eso? Qué afortunado soy; qué bendecido. Mi única ofrenda ahora es cómo manifiesto este tesoro del dharma, cómo manifiesto vivir, cómo manifiesto morir, cómo vivo este momento, este momento único.*

Si no hay ningún testimonio humano con vida, ¿cambia eso su valor? Me imaginé al Buda Shakyamuni sentado en la postura de «poner de testigo a la tierra»: su mano izquierda descansa con la palma hacia arriba en su regazo; los dedos de su mano derecha están tocando la tierra. *Con la tierra como mi testigo, como mi hogar; con esta tierra como mi sostén, que pueda yo descansar en la alegría y el amor del dharma. Con la tierra como testigo, que pueda ser yo la alegría y el amor del dharma. Con la tierra como mi único testigo, y en ausencia de alguien a quien complacer o apaciguar, que mis actividades de cuerpo, habla y mente sean puras, limpias de distorsiones, sin mancha alguna de vanidad, fieles a mi propio ser de buda puro.*

Para ofrecer mi cuerpo, no había necesidad de tumbarse y simular la muerte como lo hacíamos en el entrenamiento. Estar sentado en este parque era una ofrenda de mi cuerpo. Estar enfermo me parecía una ofrenda. No tenía control sobre mis funciones físicas; no tenía control sobre mi enfermedad. En estas circunstancias, *ofrecer* mi cuerpo parecía una parte integral del proceso de la muerte. Había aceptado lo que la vida me presentaba. Dejé de aferrarme; esa era mi ofrenda.

Para soltar el apego a los amigos y a la familia, cientos de rostros se sucedían como si estuvieran caminando en fila de uno tras una plataforma de observación. Familiares, maestros, monjes niños, monjes ancianos, amigos de casa y de lejos. De vez en cuando, aparecía una cara que no había visto en décadas: una monja anciana de Nagi Gompa que solía jugar conmigo; un amigo de la infancia de Nubri; un monje ermitaño que vivía en los terrenos de Sherab Ling. Mientras miraba esta larga procesión, supe que mi neutralidad sufriría una sacudida cuando volviera al principio, a mi familia. Luego me concentré en ofrecer a mi madre a los budas como una forma de ponerla bajo su cuidado. Ella ha vivido toda su vida en una esfera de bendiciones dhármicas, pero eso no cambiaba nada. Las aspiraciones para su protección tenían que proceder de mi apreciación. Aun así, el mero hecho de pensar en dejar a mi familia me rompió el corazón e hizo que corrieran lágrimas por mis mejillas.

Al finalizar esta sección de la práctica, una sensación de inmensa gratitud brotó del interior de mi cuerpo. Mi conciencia se hizo muy profunda, muy estable. Oía perros; podía ver gente. Me quedé totalmente quieto. Tenía confianza. *Si muero, estaré bien*. Entonces una oleada de compasión y de gratitud se unió con la conciencia y rompí a llorar, a sollozar, sacudiendo los hombros.

Tras un par de horas de hacer ofrendas, empecé a sentirme un poco mejor. A medida que me adentraba más en la práctica, las ansiedades que durante la mañana se habían aglomerado como abejas atrapadas se iban marchando.

A media tarde, mi mente se acomodó en estados más profundos de reposo. Los pensamientos surgían como una suave brisa que pasa a través de una ventana abierta, sin crear molestias. Nada que alcanzar, nada que seguir, pensamientos que no tenían peso para tirarme hacia abajo ni hacia atrás, sino que simplemente continuaban su propio viaje de surgir y desaparecer. Una profunda calma se extendió desde la zona inferior de mi estómago hasta los bordes de mis extremidades. Parecía que el aire purificado estuviera limpiando lentamente las fibras tóxicas no solo de mis pulmones, sino también de mis huesos, mis venas, los canales. La circulación de la sangre dispersaba una energía refinada y renovada que transcurría de la cabeza a los pies. La separación entre el aire dentro de mi cuerpo y el aire que había bajo los árboles del parque de la estupa se volvió indistinguible.

Me apoyaba en la pared del lugar de la cremación, pero trataba de mantener la espalda lo más recta posible. Continué sentado muy quieto, y me asenté en la práctica más profundamente. Todavía era de día cuando empecé a notar una gran pesadez, como si algo me presionara desde arriba y mi cabeza se desplomara hacia delante. No se trataba de la misma caída involuntaria de los días anteriores. Ya no podía dirigir mi propio cuello. Mi cuerpo se hizo tan pesado que su peso amenazaba con empujarme bajo la superficie de la tierra. Tenía la sensación de que se derrumbaba, se hundía. Traté de levantar el brazo pero pesaba cincuenta kilos. Recordé que estos signos indicaban la disolución del elemento tierra. Los cimientos de mi cuerpo se estaban desmoronando. El suelo seguía abriéndose. *Si este es el principio del fin, que así sea. Que pase lo que tenga que pasar, que suceda. Mantente alerta. Cayendo. Hundiéndome. Arenas movedizas. Permanece en el reconocimiento de la conciencia. Disolución, sensaciones, sentidos; déjalos ir y venir.*

Se me secaba la boca. Moví la lengua, pero no tenía saliva. El elemento agua estaba abandonando mi cuerpo. Este parecía que se desplegaba y se caía, como un fardo de hierba atado por la parte de abajo; cuando se corta el nudo, cada fragmento se cae lejos del centro. Mi cuerpo se estaba desmoronando, dispersando, aflojándose, derritiéndose, y entonces empecé a flotar en el agua; pero el pegamento de mi mente conceptual aún no se había deshecho. Con mi capacidad de observación en perfecto estado, revisé intencionalmente el mapa del bardo. Quería asegurarme de que estaba entendiendo lo que sucedía: que la disolución de los elementos había comenzado, y que este proceso disolvería espontáneamente las capas de condicionamiento, abriendo la brecha a través de la cual la vacuidad luminosa aparecería con mayor claridad que nunca.

Durante toda mi vida había oído hablar de esta vacuidad luminosa que acompaña al momento de la muerte: la mejor oportunidad para la iluminación. Mis experiencias confirmaron que la disolución de la conciencia liberaba la mente, y tenía plena confianza en que el periodo de sueño y los sueños reflejaban los ecos de la muerte física. Me entusiasmé; me invadió la avidez y no podía esperar a que se desarrollaran los siguientes pasos.

Mis extremidades se enfriaron. No obstante, hacía mucho calor fuera, así que sabía que esa sensación se debía a la pérdida de calor corporal. El elemento fuego se estaba yendo. A medida que mi cuerpo se enfriaba, no podía distinguir las formas y solo veía destellos rojizos ante mis ojos. Los textos dicen que en este momento el área del corazón permanece caliente. Quería comprobarlo para asegurarme de que iba por buen camino. Tuve problemas para levantar la mano y usé una para ayudar a empujar a la otra hacia el pecho. ¡Sí! Las manos, casi demasiado congeladas para moverse, pero el corazón está caliente. Estoy en camino.

Mi conciencia era cada vez más clara. La mente conceptual estaba presente, pero empezaba a desvanecerse y no interfería en absoluto. Con la mente conceptual disminuyendo dentro del universo infinito de la conciencia, me acerqué a la alegría total que impregna el momento del despertar. Mi cuerpo, que había estado tan enfermo y había experimentado el dolor intenso, transfería a mi mente la liberación de su energía disipadora, como si dijera: «Vete, vete, vete».

Con una confianza renovada, el reconocimiento de la conciencia continuó. A medida que mi cuerpo se debilitaba, me sentía más vigoroso. No tenía miedo. Toda la confusión y el miedo habían desaparecido con la decisión de seguir ahí y de protegerme con aceptación.

La disolución del aire no mostraba indicios de estar vaciándome. Al contrario, parecía como si estuviera más lleno. Cada inhalación se expandía más allá de los pulmones, transformando la materia en aire, haciendo que el cuerpo fuera más ligero y resistente. El aire interno se filtraba por los canales pulmonares y entraba en los órganos y huesos; penetraba en las células sanguíneas, tejidos y médula ósea. Las inhalaciones me hinchaban como un globo, presionando contra los bordes internos del hueso y de la carne, hasta que mi cuerpo implosionó. Pedazos de materia volaron en todas direcciones, disolviéndose en una vacuidad infinita. Ya no podía ver ni oír. El contenedor se había agrietado.

Con la disolución del aire en el espacio, mi cuerpo quedó completamente paralizado. No podía moverme. El movimiento físico interno se ralentizó hasta el punto del mero funcionamiento, pero mi conciencia permanecía inalterada. Con la mente conceptual desvaneciéndose, recordé la disolución del cuerpo de los textos del bardo. Hasta entonces había sentido mi corazón y mis pulmones. Ahora ya no podía detectar los latidos del corazón ni percibir el movimiento en el abdomen. Sin embargo, la mente estaba gozosa y continuaba expandiéndose para colmar el universo entero. Presté atención a lo que estaba sucediendo. En ese momento la mente lúcida de la meditación era todavía un estado en el que *yo* habitaba. Era consciente de la calma, la conciencia, la parálisis, la disolución de los elementos.

Entonces incluso la forma más sutil de la mente condiciona-da comenzó a desvanecerse. A medida que el sistema sensorial y los elementos se disolvían, lo único que quedaba era conciencia en la que descansar. Con la desaparición de la estructura corpo-ral, que almacena tanto las percepciones burdas como las sutiles, la mente se expandió en reinos de espacios ilimitados que jamás había experimentado. La taza llamada «luminosidad del hijo» se hizo añicos.

Cuando la mente conceptual mengua, la mente original que se destapa se manifiesta con una intensidad creciente. Sin em-bargo, en un momento dado, con el arrastre de los sistemas sen-soriales y los elementos retrayéndose, casi pierdo el conocimien-to. Estuve cerca de perder la conciencia, y después vi destellos rojos y blancos, similares a los que aparecen a menudo en los últimos momentos de quedarse dormido.

De repente... ¡pum! La conciencia y la vacuidad se unifica-ron, indivisibles, como siempre son. Pero el reconocimiento ja-más había sido tan completo. La última pizca que quedaba de cohesión se escapó. El universo entero se expandió y se unificó totalmente con la conciencia. Sin mente conceptual. Ya no esta-ba en el universo. El universo estaba en mí. No había ningún yo separado del universo. Ninguna dirección. Ningún dentro ni fue-ra. Ninguna percepción ni no percepción. Ningún yo ni no-yo. Ningún vivir ni morir. Los movimientos internos de los órganos y los sentidos se ralentizaron mucho, hasta llegar a un funciona-miento mínimo. Todavía entendía lo que estaba sucediendo, pero no a través de comentarios o de la voz o de la imagen. Ese tipo de cognición ya no estaba presente. La claridad y la lumino-sidad de la conciencia —más allá de los conceptos, más allá de la mente rígida— se convirtió en el único vehículo del saber.

Yo ya no estaba vinculado a ningún sentido de diferencia en el cuerpo o la mente. No existía ninguna separación entre yo, mi mente, mi piel, mi cuerpo y el resto del mundo. No existía nin-gún fenómeno separado de mí. Las experiencias ocurrían, pero ya no surgían en un *yo* separado. Tenía percepciones, pero sin que hicieran referencia a nadie. Ninguna referencia en absoluto. Ningún recuerdo. Con percepciones, pero sin nadie que estuviera percibiendo. El yo que últimamente había sido —el enfermo, el sano, el mendigo, el budista— desapareció como nubes que se mueven a través de un cielo soleado. La parte superior de mi cabeza se desconectó; *mi* oído y *mi* vista se convirtieron en *solo* oír, *solo* ver. En el mejor de los casos, las palabras apuntan a algo que está más allá de la mente conceptual y que la mente conceptual no puede conocer.

Esto debió ocurrir sobre las dos de la mañana. Hasta entonces había conservado una comprensión dualista de lo que estaba sucediendo. Durante las siguientes cinco o seis horas, no tuve experiencia con la mente conceptual.

Como una gota de agua vertida en el océano se vuelve indistinta, ilimitada, irreconocible, y aun así existe, de la misma manera mi mente se fusionó con el espacio. Ya no era cuestión de ver árboles, ya que me había convertido en árbol. Los árboles y yo éramos uno. Los árboles no eran el objeto de la conciencia, sino que manifestaban la conciencia. Las estrellas no eran un objeto de apreciación, sino la apreciación misma. No había ningún yo separado que amara el mundo. El mundo era amor. Mi hogar perfecto. Vasto e íntimo. Cada partícula vivía con amor, en movimiento, fluyendo, sin barreras. Yo era una partícula viva, sin mente interpretativa, claridad más allá de las ideas. Vibrante, enérgica, omnisciente. Mi conciencia no se dirigía hacia nada, aunque todo aparecía —como un espejo vacuo que recibe y refleja todo lo que existe alrededor—. Una flor aparece en el espejo vacuo de la mente y esta acepta su presencia sin invitar ni rechazar.

Parecía como si pudiera ver la eternidad; como si pudiera ver a través de los árboles; como si pudiera ser un árbol. Ni siquiera puedo decir que siguiera respirando. O que mi corazón siguiera latiendo. No había nada individual, ni percepción dualista. Sin cuerpo, sin mente, solo conciencia. La taza que contenía el espacio vacuo se había roto; el vaso se había hecho añicos y se había extinguido por dentro y por fuera. A través de la meditación había conocido la luminosidad del hijo, pero nunca había conocido una unión tan intensa entre la luminosidad del hijo y de la madre: la vacuidad que insufla vacuidad, el gozo del amor y la tranquilidad.

Lo que sucedió después es lo más difícil de describir: no tomé la decisión de regresar. Sin embargo, regresé. Esto no ocurrió independientemente de la elección, aunque no sabría decir quién dirigió el cambio. El reconocimiento de la conciencia permitió el cambio, pero no fue lo que lo provocó. No tuvo la influencia de una decisión voluntaria, sino que pareció una respuesta espontánea a conexiones profundas que existían en esta vida. La fuerza energética de estas redes no había llegado a su fin, y sugirió que este no era el momento de morirme.

Con un reconocimiento sin lenguaje, detecté que mi misión de enseñar no estaba completa y que deseaba continuar con el trabajo de mi vida. A medida que esta aspiración se hizo más intensa, la amplitud infinita de la conciencia retiró lentamente su expansión para establecerse en una forma más finita, y esto a la vez facilitó la reconexión con mi cuerpo.

La primera percepción fue de nuevo una sensación de gravedad, de aterrizaje, de volver a caer a la tierra. Entonces sentí el cuerpo; tuve la sensación de que necesitaba recuperar el aliento, como si me hubiera quedado sin respiración. Sentí hormigueo, como si recorrieran mis extremidades corrientes eléctricas, con un cosquilleo agradable. Todavía no podía ver, pero podía sentir el corazón latiendo en el pecho. Intenté mover la mano, pero no pude. Antes de que mis ojos se cerraran, todo parecía borroso, lejano e indistinto. A medida que mis sistemas sensoriales se regeneraban, mi visión parecía más clara, a pesar de que mis ojos todavía estaban cerrados. Pronto se hizo notablemente clara. El aire ofrecía nitidez, y a esta hora de la mañana todavía sentía que podía ver a kilómetros de distancia. El mundo parecía ilimitado, aunque la conciencia de los ojos aún no había regresado.

Una hora más tarde podía mover los dedos. Hice que se tocaran unos con otros, los abrí de par en par y cerré el puño. Poco a poco, con esfuerzo, los dedos recuperaron algo de flexibilidad. Experimenté qué pasaba si alzaba una mano a unos centímetros de mi regazo y la dejaba caer. Abrí los ojos. Aparecieron formas borrosas acompañadas de una baja reverberación, como el sonido que proviene de una concha sostenida en el oído.

Lentamente me reorienté hacia el lugar. La arboleda. El chal debajo de mí. La pared detrás de mí. Oí pájaros. Vi perros. Me sentí fuerte. Renovado. Luz. No recordaba haber estado enfermo durante la noche. Sentí los labios resecos y la boca también muy seca. Tenía sed. Había salido el sol. Cuando miré a mi alrededor, todo estaba igual y a la vez completamente transformado. Los árboles todavía estaban verdes, pero brillantes, prístinos y frescos. El aire caliente me parecía dulce; la brisa me aliviaba la piel. Me levanté para sacar agua de la bomba... y... y... ese es mi último recuerdo de haber estado en la estupa de la Cremación.

29

En el bardo del devenir

Una gran sala rectangular. La cualidad de la luz sugiere que es mediodía. Figuras casi desnudas con las extremidades extendidas, emitiendo pequeños y débiles gemidos, yacen sobre colchones hechos de mallas de cuerda colocadas en camas de metal dispuestas en una larga fila. Un hombre agarra un vaso de plástico que tiene al lado, pero pierde la fuerza y su brazo se derrumba. Reconozco esta fuerza de gravedad. Estoy en un cementerio de no-del-todo-muertos.

Cerré los ojos y volví a pensar en la estupa de la Cremación. Yo tampoco había podido levantar el brazo. Tenía la boca muy seca, pero no había podido llevar agua a los labios. Primero la tierra, después el agua..., la disolución del calor..., después el aire... Cuando el espacio se había disuelto en sí mismo, la copa se había hecho añicos. Después...

Si me hubiera dado cuenta de la vacuidad luminosa, no estaría aquí. Pero ¿dónde me encuentro? ¿He pasado el bardo de la muerte? Si mi cuerpo hubiera completado su disolución final mientras mi mente descansaba en la unión madre-hijo, seguramente me habría convertido en un buda y habría trascendido la Rueda de la Vida, para no regresar jamás involuntariamente en ninguna forma reconocible. ¡Qué desgracia que no haya muerto! Aunque... quizás esté en el bardo del dharmata, entre la muerte y el devenir. He reconocido mis sueños muchas veces en el bardo de esta vida, así que seguramente puedo reconocer este sueño y despertar e iluminarme. Pero no experimenté el desmoronamiento de las energías de la madre y del padre.

En el instante de la concepción, las energías de la madre y del padre se unen y después se separan; en el momento de la muerte, estas energías se reagrupan en el centro del corazón. Esto suele ocurrir antes de la luminosidad de la madre y el hijo, que se encuentra al final del bardo de la muerte. Eso no había ocurrido. No sabía dónde estaba. La fusión con el cuerpo de la iluminación habría quemado las semillas kármicas, y yo no habría pasado a la siguiente etapa. La luminosidad es así de intensa. Qué pena haber estado tan cerca de habitar para siempre la claridad de mi propia budeidad. Nunca más podría ser bendecido con unas circunstancias tan favorables. Hasta que llegue el momento de la muerte física, puedo aspirar a esta oportunidad. Puedo rezar para que eso suceda. Pero no puedo saber si eso sucederá. Ahora tengo que continuar, únicamente contando con meros reflejos de iluminación.

Si me perdí el rencuentro con la madre-espacio y todavía estoy vivo, tal vez esto sea como despertar de los sueños que ocurren todas las noches en mi cuerpo-forma. Anoche tuve un sueño maravilloso. Soñé que mi cuerpo-forma se disolvía y la única cosa que perduraba era la mente purificada. Y ahora mi sueño ilusorio ha vuelto a tomar la apariencia de una forma sólida. Pero no me siento denso. Nada a mi alrededor parece sólido. La habitación entera parece flotar sobre un muelle iridiscente; las formas suben y bajan con movimientos ondulantes de resplandor. El espacio y la luminosidad no están separados de la forma. Este es otro sueño hermoso.

Si morí, y mi conciencia mental sigue conectada con las tendencias sutiles de este cuerpo, todavía estoy bajando de la cúspide de la conciencia. El proceso inverso ha comenzado. La experiencia de la máxima amplitud se está restringiendo de nuevo a formas ondulantes y translúcidas que bailan juntas y se separan, e irradian luz y amor. Pero no estoy viendo las deidades pacíficas e iracundas que se supone que deben aparecer en el bardo del dharmata. Tal vez el hombre que yace a mi lado es una deidad pacífica, o las enfermeras que cuidan a los pacientes son esas deidades. Veo que la habitación está sucia, pero esto no es un problema. Las deidades podrían residir aquí.

No pude haber entrado en el bardo del devenir, porque no visité a mis amigos más cercanos para pedirles consejo. Ni estuve cerca de los miembros de la familia. En mucho tiempo no he visto a nadie que conozca, y he vivido con inquietud entre extraños. Toda mi vida, las sombras del miedo han actuado en segundo plano, pero ahora no lo siento. Los textos dicen que en esta etapa tenemos miedo; que al no estar atados a nuestros cuerpos, las reacciones negativas que tenemos ahora son siete veces mayores. Los sonidos que nos asustan en esta vida se vuelven insoportables cuando la mente no está protegida por el cuerpo; y las formas que nos asustan en el bardo de esta vida se vuelven mucho más horrendas de lo que podemos imaginar desde el interior de nuestro cuerpo. Aun así, estoy entre un estado y otro. Quizás estoy en el bardo del devenir dentro del bardo de esta vida. Estas figuras que emergen de la sombras y se hacen realidad no son hostiles. No me están rechazando. No me siento despreciado por ellas. Estoy entre amigos. Tal vez estos sean los amigos que uno encuentra en el bardo del devenir. Si me despierto de este sueño intermedio, puedo dirigir mi mente hacia nuevas oportunidades de realización.

Me pregunto si el hombre que intentaba alcanzar el agua está aquí para burlarse de mi remordimiento por encontrarme vivo. Tal vez es un santo que yace cerca para recordarme que nunca dude del amor que se reveló. Si abro los ojos, ¿el hombre estará ahí? Si me he despojado del cuerpo de carne y hueso, y existo en el cuerpo del sueño, ¿me reconoceré a mí mismo? ¿Existe algo reconocible en mi propio cuerpo sutil?

Me puse la mano en la cara para ver si tenía ojos. Cuando levanté el brazo, una textura fría, una superficie que no era piel, me rozó el torso. Como mirando a través de la estrecha rendija de una tapa abierta, vi un cilindro de plástico. Mi cama estaba rodeada de máquinas. Tubos de plástico goteaban líquido en mis venas. Me salían agujas de los brazos y de los muslos. El hombre que yacía cerca de mí llamó a una enfermera. Vi ancianos vendados. Personas cojeando, tambaleándose, caminando con muletas. Un médico, reconocible por un estetoscopio alrededor del cuello, estaba tumbado, profundamente dormido, en una cama. Un ventilador de techo daba vueltas encima de mí.

Yo no había muerto. Y no sabía si eran buenas noticias o no. Había estado tan cerca de haberme unificado del todo con mi propio ser de buda que volver a habitar este cuerpo me decepcionó. Mientras trataba de juntar todo eso —mi lugar, mi cuerpo, mi reacción— percibí que las formas que pasaban por delante de mí, aunque empezaban a parecerme formas familiares, parecían deslizarse sobre el agua. Las percibía más transparentes que sólidas, hechas más de luz que de carne y hueso, más como un sueño que como una visión diurna

Pero no sabía si estaba soñando desde mi vida cotidiana en la vigilia o desde mi cuerpo ilusorio. Y en cualquier caso, no tenía ningún deseo de despertar de este sueño. *Estoy disfrutando de este sueño. El ambiente parece tan suave, tan acogedor y seguro… Tal vez perdí ambas oportunidades para liberarme de la rueda del samsara y me desperté en el bardo del devenir, y dirigí mi renacimiento a un agradable ambiente, apacible, con gente cariñosa de la que no deseo apartarme o huir. Quiero inclinarme hacia adelante, hacerles una reverencia y acogerlos, aunque estas personas no manifiesten amor con el mismo entusiasmo que los árboles lo expresaban anoche. Mi vista no tiene la misma omnisciencia penetrante que me permitió ver con la mirada de un bosque. El color y la claridad recuerdan tenuemente la cualidad de la noche anterior, aunque sigo descansando en la naturaleza ilusoria de los fenómenos de un sueño. La experiencia me es familiar gracias a los estados de postmeditación que he conocido, pero es más vívida, más fuerte y con una presencia más completa de vacuidad.*

Todas las formas aparecen y desaparecen, y se mueven por y en la espaciosidad ilimitada, surgiendo de la nada, yendo a ninguna parte, sin origen, sin destino, espontáneamente presentes. Los fenómenos en el espacio no pueden existir verdaderamente separados del espacio; la dualidad no es real. Todas las formas surgen como despliegues mágicos de color y de luz; como un cielo en el que aparece un arcoíris: está ahí sin estar ahí, más allá del tiempo, más allá de la dirección, sin principio ni final. *Me encanta este mundo nuevo, este estado resplandeciente y vivo de talidad: la verdadera naturaleza de los fenómenos, libres de las nubes de sustancia y de características. Este es el bardo del dharmata, el bardo de la realidad, de la talidad. Si estoy vivo, estoy en esta segunda etapa dentro del bardo de esta vida. He entrado en esta etapa porque no morí completamente en el bardo de la muerte.*

Tratar de averiguar si estaba vivo o muerto parecía un vestigio de una vida anterior, porque lo que había sucedido me confirmó que la muerte no es el fin de la vida. Nunca habría finales; solo cambio y transformación. La experiencia de la noche anterior había desaparecido. Los días anteriores habían quedado atrás. Ya fuera porque me había imaginado que casi había muerto, o porque lo había soñado, o porque lo había experimentado, todo había desaparecido, no estaba aquí, no estaba presente; era como si estuviera muerto. Cuanto más reconocía lo cómodo que me sentía en ese momento, más conceptuales se volvían el vivir y el morir, sin que una cosa estuviera más cerca ni más lejos que la otra: todo estaba contenido en la conciencia inmortal.

Lo que llamamos muerte no es el fin. Pude ver esto con más precisión que nunca; y esa conciencia continúa a través de lo que llamamos vivir y lo que llamamos morir. *Abdomen subiendo y bajando. Muerte y renacimiento. El ahora se está muriendo. La última respiración se está muriendo. La conciencia nonata no puede morir. La conciencia nonata existe en y más allá de nuestros cuerpos. La muerte es una ilusión y vivir es también una ilusión. Morir y la muerte son solo conceptos; nuestras percepciones dan forma a las diferencias y a las distinciones.*

Anoche estaba muriendo. Esta mañana, soy una imagen en un estado que es como un espejismo, en una cama de hospital de espejismo. Ahora estoy soñando esta realidad, con los ojos abiertos. En la estación de tren, con los ojos abiertos y el corazón cerrado, descendí al infierno. Anoche tuve la experiencia de estar en el paraíso después de morir. Ahora estoy vivo, creo, y en el paraíso en la tierra. El sueño de anoche y la vida de ayer son lo mismo. Ambas cosas han desaparecido. Ambas eran ilusiones. Es cierto, tal como nos han dicho los maestros de sabiduría, que la vida es un sueño. Algunas imágenes tienen más significado que otras, pero no tienen mayor sustancia. ¡Qué encanto! Formas que suben y bajan, que inhalan y exhalan; universos enteros que desaparecen y emergen. La noche de ayer ya ha desaparecido. El casi-morir ha desaparecido, sueñe o no. ¡Pero me encanta ese sueño! Ese sueño es el paraíso. El sueño de la unión de la madre y el hijo es el paraíso. Real o irreal, sea como sea, puedo disfrutarlo, como si viera una película. Real o irreal, nos hace reír y llorar. Había disfrutado volando sobre verdes campos de color esmeralda en el Tíbet. Me gusta más este sueño que el de las rocas derrumbándose encima de mí. Me gusta más el sueño de un cuerpo sano que el sueño de un cuerpo enfermo. Me gusta más el sueño de caminar por un camino abierto que el de estar ligado a esta cama. Toda la vida es un despliegue mágico de luz y de forma, un universo de infinitas bendiciones que nos invita a abrir nuestros corazones y a amar con todo el corazón, a amar hasta el final inagotable del sueño.

¿Por qué he vuelto? ¿Cuál fue el sentimiento que me reorientó a esta vida?

Mi misión de enseñar en este cuerpo físico aún no había terminado. Algún movimiento sutil de mi voto de ayudar a todos los seres me había alejado gradualmente de irme. Poco a poco volví a entrar en mi sistema sensorial funcional, y la parálisis que había envuelto mis extremidades y mis órganos empezó a aflojar su fuerza.

La intensa y prolongada experiencia de la vacuidad luminosa absoluta, vasta e ilimitada, hizo manar un manantial natural de amor sin límites. En ese punto, el movimiento de ser devuelto por las fuerzas kármicas del pasado se fusionó con la aspiración del momento presente de regresar y servir de ayuda a los demás de la mejor manera que fuera posible con este cuerpo. Con un reconocimiento que no tenía palabras ni conceptos, vi que me sentía atraído a continuar con el trabajo de mi vida. Algún reconocimiento de aquel que se llama Mingyur Rimpoché deseaba participar en este mundo y cumplir mi misión de enseñar con compasión y amor. A medida que esta aspiración se hacía más fuerte, mi mente consciente se reconectaba poco a poco con mi cuerpo.

Todavía no tenía idea de cómo había llegado allí, en semejante estado de sueño transitorio en una sala ilusoria. Había estado en el lugar de la cremación. Había permanecido en un estado profundo de meditación durante muchas horas, más profundo de lo que jamás había experimentado. La conciencia de este cuerpo había regresado poco a poco. La intensidad de la meditación me había dejado perfectamente recuperado y revitalizado. No recordaba que hubiera estado enfermo durante la noche. Había notado reseco el interior de la boca, la lengua y los labios. Con la sensación de sed, me había imaginado el agua. Mi mente había ido detrás de la sed, y entonces mi cuerpo se había acercado a la bomba para beber. No había comido nada durante cinco días, y la presunción acerca de mi fuerza física resultó ser una ilusión. Me temblaron las piernas, después me fallaron y se doblaron. Pero cuando mi mente quiso conseguir el agua, la continuidad en el reconocimiento de la conciencia se rompió. Debido a esa pausa, no podía recordar que me había desmayado ni lo que había sucedido después.

Todavía estoy vivo. Me pregunto qué pasó en realidad; me pregunto si el doctor sabe cómo llegué hasta aquí.

Las imágenes del sueño de la noche se sucedían lentamente. Nada se movía con rapidez. Me sentí sumamente relajado y bastante contento de reconocer estas imágenes sin querer alcanzarlas. Sin embargo, tenía curiosidad. Los estados mentales en los que entré no son exclusivos de los meditadores, ni se limitan a los buscadores espirituales. Estamos hablando de reconocer la mente original, la mente libre de conceptos y dualidades, más allá del tiempo, de la gravedad o de dirección. Una mente, la misma mente, con narrativas diferentes tejidas a su alrededor. Por naturaleza, esta mente no puede confinarse a ningún grupo o tradición. No hay palabras para describirla. Sin embargo, estas cosas resultan útiles. Sin mi tradición, no tendría el lenguaje para compartir nada; y el lenguaje proporciona un contexto para estas experiencias. Sin un contexto, la experiencia por sí sola no suele dar ningún fruto.

Al despertarme en el hospital, mientras trataba de averiguar qué estaba sucediendo, había reflexionado sobre el lenguaje de *la luminosidad de la madre y el niño.* Se trata de una analogía tan dulce, tan suave y cariñosa… La taza que es como un niño rompió sus límites para reunirse con su madre. Había estudiado esta expresión; conocía el tema lo suficiente como para confiar en su significado, pero nunca me había deleitado en su calidez visceral. *El rencuentro de la madre con el hijo.* También me sentía como un niño en el sentido de que no podía articular mi felicidad. Pero no tenía necesidad de intentarlo, porque no conocía a nadie allí. Ahora, con los ojos abiertos y sabiendo que estaba en un hospital, seguía pensando que estaba en el paraíso, al lado del hombre que continuaba queriendo coger el vaso de agua, hasta que la enfermera vino y se lo acercó a los labios. *No haber muerto no puede ser ninguna desgracia si me he despertado en el paraíso.*

Me dormía a ratos, con conciencia de saber, con memoria y reflexión. Me sentí como si me acabara de despertar, pero no estaba preparado para hablar. Si una enfermera se acercaba demasiado, cerraba los ojos. Parecía un buen lugar para descansar, un jardín de placer y confort; pero algo empezó a sugerirme que debía continuar con mi viaje. Si estuviera en el bardo del devenir y pudiera dirigir esta parte del sueño, me preguntaba adónde iría, en qué me convertiría. Buscaría el reino donde pudiera seguir practicando, el reino humano. Buscaría padres que quisieran hacer el bien en este mundo, que respetaran el dharma, que fueran bondadosos y cariñosos, que exhortaran y guiaran mi camino espiritual. En realidad, buscaría una familia como la que tuve. En medio de esta ensoñación, levanté la vista y vi una figura que me resultaba familiar. El hombre asiático que estaba en la estupa de Parinirvana entró por la puerta del pabellón. Cerré los ojos.

Sentí que él estaba de pie al lado de mi cama. Cuando abrí los ojos y miré hacia arriba, me explicó que había ido a la estupa de la Cremación para hacer una circunvalación de despedida antes de partir hacia Kushinagar. Me había visto tirado en el suelo, con aspecto de haber muerto. Aunque yo ya no llevaba puestos los hábitos de monje, me había reconocido y me había llevado al hospital público de Kasia, a unos cinco kilómetros de la estupa. Me informó de todo esto con un tono directo. Sin drama. Sin pedir ninguna respuesta. Me dijo que había mirado el interior de mi mochila y descubierto que yo no tenía dinero. Había pagado mis gastos de hospital, que incluían los gastos de ingreso y el coste de los medicamentos que el médico había calculado para dos noches. Me hizo saber también que había puesto algo de dinero en la mochila, junto con su tarjeta de contacto. Me dijo que si alguna vez necesitaba dinero, él me lo enviaría desde cualquier parte del mundo. Me deseó lo mejor y dejó el hospital para seguir adelante con su viaje.

Esto debe de ser un sueño.

Una enfermera trajo zumo azucarado y té con leche; otra revisó las bolsas de suero. Vi que el pabellón desordenado, con las ventanas sucias y la pintura desconchada de las paredes, tenía su propio tipo de perfección. Recordé mis charlas con el hombre asiático. Comprendí que me había salvado la vida, pero su bondad no era excepcional. No pasó nada, aunque habían ocurrido algunos acontecimientos inusuales. Resultó que su bondad fue uno de los muchos casos en los que la gente me ayudó en mi viaje.

Las conversaciones con el hombre asiático en el parque del Parinirvana habían tenido lugar hacía mucho tiempo, como si se tratara de una vida anterior. Entonces todavía llevaba puestos mis hábitos de monje, y me había dejado llevar fácilmente por el papel de maestro. Desde entonces he tenido nuevos ojos y nuevos oídos. Vivía en un mundo nuevo. No podía depender exactamente de ayuda, pero vi que, de una forma u otra, este nuevo mundo cuidaría de mí.

El doctor se despertó y vino a mi cama. No se había afeitado y parecía cansado y un poco desaliñado. Me palpó el abdomen y me hizo algunas preguntas. Hablamos en una mezcla de hindi e inglés. Le dije que me sentía bien, fantástico en realidad, y le pregunté cuándo podía irme. Me explicó que había llegado al hospital peligrosamente deshidratado, casi muerto. Además de litros de agua con glucosa, había prescrito que me suministraran altas dosis de antibiótico en gotas para limpiar la infección que había contraído. Me dijo que me prepararían una dieta blanda, que comería en pequeñas cantidades, y que me daría el alta en tres días. Me quedé dormido durante el resto de la jornada y estuve conectado a las bolsas de suero. Por la noche, dormí profundamente y no tuve ningún sueño.

A la mañana siguiente, una enfermera retiró las agujas y desconectó las máquinas. Me ayudó a sentarme y después a ponerme de pie. Las piernas no me temblaban. Me pidió que caminara por los pasillos. Con una fina bata de algodón, caminé lentamente por el pasillo que conducía a la salida. Desde el interior, pude avistar un patio y la puerta principal. Al otro lado de la puerta, vi una calle ancha con coches, camiones, y tractores a toda velocidad, y animales. Sonidos estruendosos de bocina, gritos y música de radio se filtraban a través de las ventanas abiertas. No era agradable. No era bonito, no era sugerente. Ningún problema.

La gente hacía cola detrás de la puerta esperando para entrar al hospital, en su mayoría hombres ancianos descalzos. Quería que ellos entraran, porque eso era lo que ellos querían. Su escasa vestimenta, su pelo sucio y sus cuerpos delgados se parecían a los de los mendigos de la estación de Benarés, pero ahora no hacía distinción entre ellos y yo, entre ellos y los hombres y las mujeres de mi propia familia: estábamos todos juntos en este mundo de ensueño, buscando la felicidad, buscando nuestras propias formas de despertar.

Antes de enfermar, todo lo que no me era familiar me ponía un poco tenso. Me había sentido separado de las personas viajando en el tren, del encargado de la pensión y de los camareros del restaurante. Cada encuentro iba acompañado de una sensación parecida a la de chocar contra una pared, a la de llegar a un lugar que me detenía, que me hacía retroceder. Ahora no podía esperar a cruzar la puerta y salir a esa carretera sucia y ruidosa para vagar por las calles, las montañas y los valles de este mundo fugaz. Me moría de ganas de ser de más ayuda para las personas de este sueño efímero, que sufren porque no saben que están en un sueño y que la liberación es despertarse, igual que en un sueño. Vi, sin lugar a dudas, que la vacuidad luminosa está en el interior de cada uno de nosotros. Cuando hablamos y caminamos y pensamos, nos hallamos en ese estado; en nuestros cuerpos sanos y enfermos, ricos y pobres. Pero no reconocemos el precioso tesoro que tenemos. En realidad estamos muriendo todo el tiempo, pero nuestra mente no permite que lo sepamos. Si no nos dejamos morir, no podemos renacer. Aprendí que morir es renacer. La muerte es vida.

286 | ENAMORADO DEL MUNDO

En el pasillo, conocí a un hombre de Nepal. Estaba contento de poder hablar su lengua materna conmigo. Hablamos de nuestras aldeas, él con muletas y ambos vestidos con una bata blanca y rasgada, más desnudos que vestidos. Me preguntó por qué estaba allí. Le dije que había ido a meditar y que tenía problemas estomacales. Cuando regresé a mi cama, una enfermera me trajo una bebida hecha con leche en polvo. No tenía un sabor exquisito, pero me alegré mucho de recibirla. Durante toda la mañana mi mente estuvo muy fresca y lúcida.

De niño, preguntaba a mi padre y a Saljay Rimpoché acerca de la palabra *iluminación*, que no dejaba de oír. Había seguido las enseñanzas de mi padre lo suficiente como para imaginar que la iluminación sugería un estado supremo muy alejado del que estábamos viviendo, así que muchas de mis preguntas estaban relacionadas con la ubicación física.

—Si alguna vez me ilumino, ¿dónde estaré?

—El lugar donde estás, donde vives, lo que ves, lo que oyes, dejará de ser tan importante —me explicaba mi padre.

Había insistido y preguntado si entonces podría quedarme donde estaba, en Nagi Gompa.

—Una vez que reconoces la sabiduría interior de tu verdadera mente de Buda —me dijo—, una vez que te vuelves uno con el universo, estás en todas partes y en ninguna. Ahora mismo, estás usando la mente conceptual para tratar de ir más allá de la mente conceptual. Es imposible. Te has puesto unas gafas con lentes amarillas y estás tratando de ver el color blanco. La iluminación es la realidad que no tiene tiempo, ni ubicación, ni dirección, ni color, ni forma. No se puede conocer de este modo. No seas impaciente.

Pero estaba impaciente. Frustrado con su respuesta, le expliqué:

—Si reconozco que mi mente y la mente de buda son lo mismo, y me vuelvo uno con en el Todo, entonces no podré hacer nada.

—No —dijo mi padre—, cuando te vuelves uno con el Todo, puedes hacer cualquier cosa. Eres capaz de tener un amor y una compasión ilimitados, y puedes manifestarte de maneras que beneficien a otros seres. No lo olvides: tu forma humana es, ahora mismo, tal como eres, un reflejo de la iluminación, forma-cuerpo que refleja la vacuidad.

Esta es la parte que siempre me ha costado mucho creer. A pesar de lo mucho que mi padre repetía que cada uno de nosotros es el buda, yo no podía comprender que *cada uno de nosotros* en verdad me incluía a mí. ¿Qué me diría mi padre ahora? Podría estar en todas partes pero no con él, excepto por las maneras en que siempre estaríamos juntos.

Una enfermera trajo una taza de té indio con leche. Un médico que no era el que había visto el día anterior se puso a mi lado. Él también me palpó e hizo muchas preguntas. Me dijo que mi recuperación iba muy bien, que mi presión arterial había vuelto a la normalidad. Le dije que quería marcharme. Me explicó que había llegado al hospital más muerto que vivo, que mi amigo me había pagado dos noches y que sería mejor que siguiera ese plan. Yo no quería hacer lo que me decía, y tenía curiosidad por estar afuera, por continuar mi viaje y encontrar mi camino. «Me siento fuerte y listo para irme», le dije al doctor. Dijo que redactaría los documentos del alta con la condición de que yo prometiera regresar para que me hicieran un chequeo la semana siguiente. No dije ni que sí ni que no. Nunca regresé.

Cuando me fui de Bodh Gaya no tenía un plan de reserva. Esto se hizo patente en los primeros minutos, cuando el taxi no aparecía. No sabía qué hacer, y me cuestioné el hecho de no haber previsto alternativas. Ahora, mientras recogía mi mochila y me despedía de las enfermeras, me sentía menos necesitado que nunca de un plan. Ni plan A, ni plan B. Ni guías. Al cabo de unas semanas, terminaría perdiendo la tarjeta de contacto del hombre asiático.

La enfermedad había terminado. Casi había muerto y eso me había liberado. ¿Libre para qué? Para morir una y otra vez; libre para vivir sin miedo a morir. Sin miedo a vivir. Libre para morir todos los días. Libre para vivir sin vergüenza. Ya no dependería de los recintos, de los proyectiles y los escudos, de los ayudantes y de los hábitos de monje. Aceptaría la impermanencia, la muerte y la vida.

Me sentí como un personaje de película animada dotado de una fuerza sobrenatural, imbuido de aceptación, conciencia espaciosa, compasión y vacuidad. Estos serían los recursos, el refugio y la comida que me alimentaría durante los próximos días y años. Mi corazón se expandía con un amor que jamás había experimentado. Un aprecio infinito que provenía del centro de mi ser irradiaba a todos los que había conocido: la familia y los maestros que me habían alimentado y guiado, los amigos, el hombre asiático, los médicos y las enfermeras, el muro en el lugar de incineración que sostuvo mi espalda, los árboles que me habían dado sombra. Sentí aprecio por cada nube, cada aflicción, miedo y ataque de pánico, debido a la función que habían desempeñado en mi búsqueda de comprensión, y dirigí una gratitud especial a la infección que había bendecido mi cuerpo. *A ti, mi amada Gurú Enfermedad de la Compasión Infinita, te hago reverencias con cien mil postraciones; a ti, que me guiaste a la verdad última, que aclaraste mi entendimiento, que desbloqueaste el amor ilimitado, te ofrezco mi gratitud. Para siempre.*

Era libre para jugar en las olas, lugares intermedios, sin saber dónde iba a pasar la noche, qué iba a comer, adónde iba a ir. La incertidumbre ya no me obligaba a correr hacia la seguridad, sino que deseaba tirarme de cabeza hacia el mundo desconocido, abrazar sus misterios y penas, enamorarme del amor, ser acogido por el amor, vivir con perfecta facilidad en mi nuevo hogar. Ahora que había abrazado esta incertidumbre, el arcén de la carretera me parecía igual de hospitalario y seguro que la cama de mis habitaciones en el monasterio. Mi cuerpo físico fue salvado por el hombre asiático, pero la decisión de regresar a esta vida me dio una confianza mayor de la que jamás había conocido, y me comprometí a usarla para vivir cada momento de la manera más plena y alegre posible. Aprendí que el amor incondicional por nosotros mismos y por todos los seres surge una vez dejamos circular el flujo natural del cambio; entonces podemos dar la bienvenida a la aparición continua de nuevas ideas, nuevos pensamientos, nuevas invitaciones. Si no bloqueamos lo que se nos presenta, nuestro amor y compasión no conocen límites.

El mundo entero abrió sus puertas y me hizo señas para que entrara. Caminé por los pasillos, a través de habitaciones ilusorias con filas de pacientes transitorios, caminando entre débiles gemidos, paredes desconchadas y amables enfermeras. Este cuerpo vacuo cruzó otra puerta que es como un sueño, la puerta del hospital, para continuar este viaje que es como un sueño, para ayudar a otras personas a despertarse y saber que la liberación viene de reconocer que el sueño es un sueño. Todos soñamos juntos el ser. Morimos en el ser. Devenir y devenir. Siempre deviniendo.

Epílogo

Al salir del hospital, me sentía atraído por regresar a Kushinagar. Allí había sucedido algo importante y deseaba expresar mi gratitud. Mientras que la mente luminosa nunca muere, la experiencia —como cualquier otra, no importa cuán transformadora sea— era solo una nube más que pasaba. Esta nube en particular me había ayudado a reconocer el espacio nonato de donde ella misma había surgido, pero también tuve que dejarla pasar. Comprobé el dinero que el hombre asiático me había puesto en la mochila, después llamé a un *rickshaw* y me fui de la ajetreada ciudad de Kasia. Me sentía inmensamente alegre, pero al mismo tiempo un tanto triste por regresar a Kushinagar para despedirme.

Crucé caminando las puertas de la estupa de Parinirvana. Hacía mucho calor y, excepto los guardias, no había nadie más. Entré en el edificio que albergaba al Buda reclinado.

La última vez que había estado allí fue el primer día de mi llegada, hacía casi tres semanas.

Una vez más, efectué postraciones y me senté de rodillas. Antes, había estado usando los hábitos budistas, y me había sentido a mí mismo representando al Buda, ofreciendo mi devoción y orando para realizar la mente despierta del Buda a través de sus enseñanzas. Había comprendido que millones de personas por todo el mundo siguen los pasos de Buda: el Buda de la antigua India sigue vivo hoy en día.

Ahora usaba túnicas de color azafrán. Por lo demás, la situación era bastante parecida a la de mi visita anterior: un pequeño humano buscador, inclinado ante una monumental figura religiosa y recitado las mismas oraciones que había rezado unos días antes. Pero todo era diferente. El Buda no estaba *muerto* y yo no estaba *vivo*. Comprendí los usos estándar de *vivir* y *morir*, pero estas palabras ahora no tenían sentido. La continuidad y la conexión entre el Buda y yo iban más allá del tiempo, más allá de las dualidades. El Buda no se ha *ido*. Yo no estoy *presente*. Estamos aquí, el Buda y yo, en la realidad inmortal que es el verdadero hogar de todos nosotros. La realidad de la muerte que transciende la propia muerte no tiene principio ni fin. Es esta muerte la que permite que el tiempo limitado que pasamos en nuestro cuerpo impermanente florezca, y la que nos permite vivir íntimamente con nosotros mismos y con los demás. Sentirnos separados de nosotros mismos y del mundo que nos rodea es la narrativa engañosa de la mente que se aferra. Pero podemos aprender a soltar las falsas esperanzas que nos dejan anhelando la tranquilidad en nuestros cuerpos y en este mundo. Podemos transcender nuestro descontento. Podemos reemplazar el anhelo por el amor. Como apenas empezaba a descubrir, cuando amas al mundo, el mundo también te ama a ti.

Hice una circunvalación al parque. Me detuve en la arboleda donde me había sentado en meditación, bajo el calor y las tormentas. Después fui a la estupa de la Cremación. Seguí el camino entre la pared exterior y el arroyo hasta que llegué a mi lugar cerca del templo hindú. La manifestación del Buda, aquí en la forma de un gran montículo parduzco, volvió a cobrar vida con frescura. La estupa ya no solo conmemoraba las reliquias del cuerpo del Buda, sino que reflejaba la unidad entre el Buda y yo. No éramos ni indistinguibles ni separados. Ni uno ni dos. Estábamos más allá de esa dualidad. Ofrecí postraciones y después me senté a meditar. Al cabo de un rato, miré la estupa, como también habría podido mirar a mi padre si hubiera estado allí conmigo, y pensé: «Ah... ahora sé de lo que hablabas».

¿Pero cómo lo supieron ellos? El Buda Shakyamuni había abandonado una vida tras otra, de príncipe a yogui del bosque, a maestro y a líder iluminado; pero aunque su vida en el bosque lo dejó esquelético, nunca había estado al borde de la muerte física. Tampoco lo había hecho mi padre, ni docenas de otros maestros realizados cuya sabiduría superaba con creces la mía. Sabía más cosas ahora que antes, pero algo que había aprendido en este mismo lugar era cuánto más lejos tenía que ir.

Mi cuerpo moribundo había permitido que mi mente diera un salto adelante, como si volara sobre un tramo que de otra manera habría seguido una ruta más lenta e indirecta. En ese momento, el cuerpo había proporcionado un potencial para la conciencia pura, para el reconocimiento no dual de la vacuidad —como siempre lo hace para todas las personas—. Pero la comprensión fue espoleada por la práctica. Para alcanzar una sabiduría verdaderamente superior, tendría que mantener el mismo compromiso de trabajar con mi mente que permitió a maestros como mi padre y Saljay Rimpoché morir antes de que murieran; reconocer la luminosidad de la madre y el niño desde el interior de sus cuerpos sanos, y habitar el cuerpo ilusorio del bardo de la talidad en el bardo de esta vida. Su sabiduría provenía únicamente de la práctica y no dependía de ningún evento en particular. Cuanto más se cultivan las semillas de la iluminación, más se fertiliza todo el campo de nuestra conciencia, y se permite así que prosperen niveles más profundos de sabiduría. Pero apegarse a cualquier experiencia en particular es una trampa, *especialmente* si la persona se apega a aquellas que se relacionan con el despertar espiritual.

El mayor desafío para aceptar la constancia de la muerte y el renacimiento reside en nuestra resistencia a la impermanencia, y en nuestros intentos desesperados de mantener fijo lo que intrínsecamente cambia. A menudo expresamos el deseo de soltar emociones tan perturbadoras como los celos, la ira o el orgullo, o de trascender nuestra vanidad o nuestra pereza. Cuando pensamos en hacer cambios, nuestra mente a menudo se lanza a estos ejemplos conspicuos; y después de décadas de repetición, estos rasgos parecen inmutables, invencibles, y nos falta la confianza para emprender la tarea de soltarlos. La buena noticia es que el soltar es en sí mismo una forma de experimentar el cambio, la muerte y el renacimiento, y para afirmarlo no es necesario empezar con nuestras tendencias más arraigadas y problemáticas; podemos experimentar con actividades cotidianas que, por lo general, no definimos en absoluto como problemas.

En la percepción dualista de la conciencia normal, podemos reconocer que cada noche, cuando nos dormimos, estamos muriendo a ese día, lo que nos permite renacer por la mañana. En la experiencia ordinaria, cada momento surge cuando el momento anterior muere. Cada nuevo aliento sigue a la muerte del aliento anterior. Entre las respiraciones, los pensamientos, los días, los acontecimientos, entre todas las cosas, existen huecos, y cada hueco ofrece la posibilidad de vislumbrar la vacuidad pura entre las nubes. Lo importante es que el concepto del bardo de la muerte y el renacimiento continuos se puede reconocer ahora mismo, en medio de nuestros patrones neuróticos ordinarios y de nuestras insatisfacciones y angustias. La visión de lo que somos se transforma a través de la conciencia. Y esto lo cambia todo. Una vez que aceptamos la naturaleza transitoria fundamental de nuestras mentes y cuerpos, entonces podemos desarrollar la confianza para desmantelar nuestros patrones más arraigados. Desprenderse de las capas externas del ser es una forma de morir, pero el proceso se vuelve mucho más factible si podemos desarrollar confianza en los beneficios del renacimiento en esta vida.

Cada vez que nos comprometemos a reconocer las mini-muertes de nuestra vida diaria, nos familiarizamos más con la gran muerte que vendrá con el fin de nuestro cuerpo. Podemos usar cada pequeña y gran experiencia de soltar para sentirnos más cómodos con la disolución final del cuerpo. Al hacerlo, se reduce el miedo a la muerte futura y, por lo tanto, se transforma la forma en que vivimos en el presente.

Cuando era niño, escuchaba historias sobre la vida del Buda como si escuchara cuentos de fantasía de princesas y dragones. Una vez que empecé a meditar, se me ocurrió que estas historias no eran solo ficciones espirituales, sino que, en su esencia, podían ser ciertas. Al final de mi primer retiro de tres años, empecé a considerar que las enseñanzas del Buda eran verdaderamente alcanzables, y esto inspiró mis esfuerzos por despertarme. Después de otros veinte años de meditación e investigaciones de la mente, llegué a la conclusión de que conocía las enseñanzas del Buda. Pero en la estupa de la Cremación, aprendí que había confundido la percepción de representaciones de la luna con la percepción directa de la luna.

En mi tradición, hablamos de tres etapas del reconocimiento de la luna, que simboliza nuestra propia esencia luminosa y vacua. Al igual que con otras etapas, niveles y categorías, no hay límites definidos y existen muchas gradaciones dentro de cada etapa. Sin embargo, estas descripciones pueden ayudarnos a entender algo del proceso. Las etapas de reconocimiento de la luna comienzan cuando nos hemos familiarizado con los diferentes aspectos de la conciencia. Ya hemos aprendido las meditaciones de la conciencia de shámata o morar en la calma, prácticas que calman la mente; después practicamos vipashyana tibetana, o meditación de comprensión profunda, para investigar la verdadera naturaleza de las cosas como algo impermanente, interdependiente y múltiple —que quiere decir que carecen de una identidad singular—. Después, con estas meditaciones de comprensión profunda investigamos la naturaleza de la conciencia misma. Aquí abordamos la inseparabilidad de la conciencia y la vacuidad. Reconocemos que las cualidades de la vacuidad no son la nada, sino que pueden ser experimentadas en forma de clari-

296 ENAMORADO DEL MUNDO

dad radiante, luminosa e inmortal. A través de este proceso condicionamos nuestra mente para que reconozca directamente la luna. Nos preparamos para trascender la realidad relativa y explorar más a fondo la percepción pura, más allá de la permanencia y la impermanencia, más allá de la interdependencia y la independencia, más allá de la singularidad y la multiplicidad; más allá de vivir y morir. Hemos investigado la realidad a través de la experiencia de la meditación, del estudio y de la lógica. Nos hemos sumergido en la conciencia pura, que representa el comienzo del *camino de la liberación*. Hemos llegado tan lejos como hemos podido para confirmar los límites de la comprensión convencional y hemos desarrollado una aspiración genuina de dejar atrás el mundo de la confusión y liberarnos del samsara. Pero hasta ahora no hemos reconocido directamente a la luna, sin adornos, desnuda, vacía de conceptos y libre de apego.

En nuestro viaje del despertar, hemos escuchado a otras personas describir esta cosa llamada *luna*. Hemos leído acerca de ella y hemos desarrollado ideas al respecto. Hemos disfrutado de historias sobre lo que se siente al verla. Entonces, un día, nos encontramos con una imagen en un libro. Coincide con las descripciones que hemos oído. Es una imagen bidimensional de una forma amarilla, redonda y opaca. ¡Estamos tan contentos de ver al fin la luna! Por fin sabemos de qué hablaban los maestros. Esta es nuestra primera experiencia de percibir la esencia de nuestra propia mente. Comparado con una mera imagen en nuestra cabeza, ahora vemos la luna verdadera.

Después, una noche, vemos el reflejo de la luna en el lago. Esta imagen aparece mucho más vibrante y translúcida que la representación plana y opaca de la página. Instintivamente reconocemos que lo que vimos antes era limitado y que este reflejo de ahora es lo real. La diferencia entre la primera y la segunda etapa es enorme, como la diferencia entre la tierra y el cielo. La cualidad de la luz en el lago cuenta con una vibración que no se puede comparar con la del libro ilustrado. Sin embargo, las imágenes son tan similares que cuanto más estudiamos el libro, mayor es nuestra capacidad para reconocer el reflejo de la luna en el lago. Nuestra mente no ha sido liberada por completo de los patrones habituales y, por lo tanto, nuestras percepciones siguen estando ligeramente teñidas por el pasado; así pues, una experiencia de dualidad —en la que el *yo* percibe algo *ahí*— separa la mente de la reflexión. Sin embargo, aún estamos muy emocionados por esta intensa experiencia de la luna.

En la tercera etapa, miramos al cielo y reconocemos la luna real: directa, desnuda, brillante. La luna en el libro y la luna en el lago pueden ser apreciadas por lo que son; pero no son una experiencia directa, no mediada. Reconocemos la luna en el cielo con la percepción pura de la conciencia: nuestra percepción y la luna se vuelven completamente una —la unión de la conciencia y la vacuidad—. La mente ha sido liberada de los filtros conceptuales y existe percepción sin que haya un sujeto que perciba. Percibimos el reflejo, pero este reflejo está vacío de cualquier etiqueta, de cualquier designación o preconcepción, porque está siendo percibido por la conciencia misma. En la tercera etapa no hay meditador ni nada en que meditar. Ya no *experimentamos* la vacuidad luminosa. Nos hemos convertido en la vacuidad luminosa.

Nuestras mentes se han convertido en espejos perfectos, sin una pizca de obscurecimiento. No invitamos ni rechazamos ninguna imagen que aparezca.

Percibimos todas las miríadas de reflejos del espejo. Reconocemos sus cualidades y características, y sabemos que no son reales. Simplemente reflejan nuestra propia claridad radiante y no obscurecida, y han aparecido en el campo de nuestra percepción como nubes transitorias, impermanentes e insustanciales. Una vez que reconocemos que el espacio es nuestra propia esencia, somos libres y no tenemos necesidad de hacer que las nubes desaparezcan.

La luna todavía se encuentra en diferentes etapas de plenitud. A medida que continuamos nuestro camino hacia la liberación, la plenitud y la claridad de la luna aumentan y la experiencia no dualista de la conciencia pura se vuelve cada vez más constante. Esto es lo que llamamos iluminación, la plena comprensión de la naturaleza absoluta de la realidad. La mente espaciosa reconoce que todas las formas surgen del espacio nonato y que, en última instancia, son nubes sin principio ni fin.

Nuestras primeras experiencias de ver directamente la luna podrían ser fugaces, como lo fueron las mías. Tenía unos diez años y mi padre ya me había iniciado en la conciencia meditativa. La entendí con bastante facilidad y le imploré que me enseñara sobre la conciencia pura, ya que le había oído por casualidad explicárselo a las monjas. Trató de explicarme este aspecto de la conciencia, pero yo no tenía ni idea de lo que estaba hablando.

Un día fui a su pequeño cuarto en Nagi Gompa para almorzar con él. Estaba sentado en su cajón elevado mirando hacia el gran ventanal que daba al valle. Subí para unirme a él y me senté de espaldas a la ventana, de cara a mi padre. Primero charlamos un poco y después nos quedamos callados. Extrañamente, el almuerzo se estaba retrasando mucho. Mientras estábamos sentados esperando nuestra comida, decidí impresionar a mi padre mostrándole mis habilidades para la meditación. Me senté con la espalda muy recta, rígida como una vara de medir; mantuve los codos un poco alejados del torso, incliné la cabeza un poco hacia adelante y bajé la mirada. Traté de imitar lo que creía que era un estado de pura conciencia y esperé sus elogios.

Mi padre se sentó en su habitual forma relajada y durante un rato no dijo nada. Después preguntó suavemente:

—Ami, ¿qué haces?

—Estoy meditando —le dije, muy contento de que se hubiese dado cuenta.

—¿En qué estás meditando? —preguntó.

—Estoy descansando mi mente en el estado natural de la conciencia pura.

—Ami —dijo mi padre—, no hay nada en que meditar. La meditación es una falacia, la visión es una falacia, la filosofía es una falacia. Nada de eso es verdad.

Me quedé totalmente conmocionado. Todo el contenido de mi mente de repente se evaporó; mis sentidos no tenían ningún soporte, ninguna dirección. Ni dentro ni fuera. Solo una claridad resplandeciente. No podría expresar esta experiencia con palabras ni tampoco explicármela a mí mismo.

Mi padre continuó observándome, pero no dijo nada. Después nos sentamos juntos en silencio, en una especie de meditación sin meditar. Cuando llegó la comida, disfrutamos de nuestro almuerzo juntos. Todo parecía normal, pero la comida era excepcionalmente deliciosa.

Desde ese día, supe que había reconocido la naturaleza de la mente por primera vez. La había vislumbrado. Posteriormente, mis experiencias de meditación tuvieron altibajos y el pánico no desapareció. Pero no importaba lo oscuras que fueran las nubes, en el fondo de mi corazón esta experiencia había creado una confianza recién descubierta. Antes de ese momento, y a pesar de mis ataques de pánico, me había sentido bendecido con una vida maravillosa. Ahora mi vida había adquirido un significado que ni siquiera sabía que me faltaba. De repente, había un propósito para estar vivo. Desde el punto de vista de la luminosidad del hijo, se trataba de una pequeña fisura en la taza, la primera visión tenue de la imagen de la luna. Seguiría teniendo muchas ideas intelectuales sobre la *luna*, pero aspiraba a alcanzar una comprensión más profunda.

Después de mi experiencia en la estupa de la Cremación, vi que muchos aspectos de mi entrenamiento en el bardo, como la disolución de los elementos y la unión de la luminosidad de la madre y el niño, también habían sido en su mayor parte intelectuales, más parecidos a los cuentos de hadas que a las enseñanzas

de dharma. Tras mi primera experiencia con mi padre, había conocido vislumbres de vacuidad, así como muchas sesiones de retiro prolongado con sol y nubes juntas —conciencia estable y
pura coexistiendo—, pero ahora todo eso se parecía más al reflejo de la luna en el lago, y no a una experiencia directa y profunda.
Jamás había llegado a la conclusión de que estas percepciones
previas fueran la última y completa realización de la mente despierta, pero pensaba que se acercaban bastante. Resultaron ser
diminutas en comparación con el reconocimiento directo. Yo conocía un poco la luna real. Había experimentado ligeramente la
taza de la luminosidad del hijo resquebrajándose, pero no haciéndose añicos.

Caminé hasta la carretera principal de Kushinagar y esperé
el autobús a Gorakhpur. No hay taquilla ni paradas específicas.
Solo has de ponerte a esperar a un lado de la carretera y hacer
señas para parar el autobús cuando llegue. Pasé la noche en el
dormitorio de la estación de Gorakhpur y al día siguiente tomé
un tren a Chandigarh, cerca del estado septentrional de Punjab.
Desde allí me dirigí hacia el norte, hacia Ladakh, una región
budista tibetana que se encuentra geográficamente en la India.
Inicié así una ruta que continuaría durante los siguientes cuatro
años y medio: de camino hacia el norte, a las cuevas de las montañas del Himalaya, durante los veranos, y hacia el sur, a las llanuras de la India, para pasar los inviernos. Nunca me quedé en el
mismo lugar durante más de cuatro o cinco meses. Deseaba inducir el cambio y la impermanencia, y morir una y otra vez.

Hasta entonces mi vida había incluido un elemento de búsqueda de respuestas. Había anhelado una plenitud que se me
escapaba. Este sentimiento solía ser tan sutil que apenas lo reconocía. Pero la unión de la vacuidad y la conciencia que tuvo lugar en la estupa de la Cremación me proporcionó un sentimiento de culminación que nunca se ha ido. Durante los años

posteriores no moré en un estado de felicidad ininterrumpida. Conocí el hambre y el frío, el miedo a los animales salvajes, especialmente a los tigres y a los leopardos. Ocasionalmente, volví a sufrir problemas estomacales. Pero nunca más he vuelto a sufrir de nostalgia o de soledad, o de la vergüenza y de la incomodidad social que había conocido anteriormente. Antes de marcharme para hacer el retiro, solía vivir con satisfacción y alegría; pero estos estados dependían siempre, en diferentes grados, de las circunstancias, y mis circunstancias hasta entonces habían sido excepcionalmente agradables, sin apenas desafíos a mi ecuanimidad. Ahora había un grado diferente de estabilidad. Mi resolución se asentó profundamente. Mi sentido de bienestar superó los límites de las circunstancias; bueno, malo: no había diferencia.

En la carta que les dejé a mis alumnos, los animé a practicar. A la luz de lo que había ocurrido, me preguntaba si mi consejo habría sido suficiente. ¿Les hubiera dicho algo diferente ahora? Les había aconsejado que se pararan a pensar y se dieran cuenta de lo que ya tenemos. Supongo que ahora podría poner el énfasis en los beneficios de percibir cómo morimos cada día. Pero honestamente, el mensaje esencial habría seguido siendo el mismo. Esto se debe a que tengo plena confianza en que, gracias al reconocimiento diario de las semillas de la sabiduría, cada uno de nosotros, con el tiempo, llegará a comprender la conciencia inmortal, ya que no es otra cosa que nuestro estado natural.

Antes de despedirme, me gustaría darte un pequeño consejo para que lo guardes en tu corazón. Puede que me hayas oído decir esto antes, pero es la cuestión fundamental de todo el camino, así que merece la pena repetirlo: todo lo que buscamos en la vida —la felicidad, el contento y la paz mental— está aquí mismo, en el momento presente. Nuestra conciencia es fundamentalmente pura y buena. El único problema es que estamos tan atrapados en los altibajos de la vida que no nos tomamos tiempo para hacer una pausa y darnos cuenta de lo que ya tenemos.

No olvides hacer espacio en tu vida para reconocer la riqueza de tu naturaleza básica, para ver la pureza de tu ser y dejar que sus cualidades innatas de amor, compasión y sabiduría surjan naturalmente. Cultiva este reconocimiento como lo harías con una pequeña planta. Deja que crezca y florezca.

Muchos de vosotros habéis preguntado generosamente cómo podéis contribuir a apoyar mi retiro. Mi respuesta es simple: mantened esta enseñanza en el centro de vuestra práctica. Estés donde estés y hagas lo que hagas, haz una pausa de vez en cuando y relaja la mente. No tienes que cambiar nada de tu experiencia. Puedes permitir que los pensamientos y los sentimientos vayan y vengan libremente, y dejar tus sentidos bien abiertos. Hazte amigo de tu experiencia y mira si puedes experimentar la conciencia espaciosa que te acompaña todo el tiempo. Todo lo que siempre quisiste está aquí, en este momento presente de conciencia.

Te guardaré en mi corazón y en mis oraciones.

Tuyo en el dharma,
YONGEY MINGYUR RIMPOCHÉ

Agradecimientos

En junio de 2011, Mingyur Rimpoché se marchó de su monasterio en la India para comenzar un retiro errante. Cuando regresó, en otoño de 2015, expresó su interés en compartir sus experiencias relacionadas con el cambio y la impermanencia, y cómo estas experiencias podrían ayudar a una audiencia general a afrontar los propios temores y la propia muerte. Me pidió ayuda, y este libro surgió de las entrevistas que le hice en varias ocasiones entre 2016 y 2018.

Para ampliar mi comprensión de las enseñanzas tradicionales relacionadas con nuestro tema, conté con el apoyo de *Vacuidad luminosa: una guía del libro tibetano de los muertos*, de Francesca Fremantle, y *Preparado para morir: consejos prácticos y sabiduría espiritual de la tradición budista tibetana*, de Andrew Holecek. Agradezco la sabiduría accesible que han proporcionado estos libros y los ánimos que recibí de ambos autores. Además, deseo agradecer a Andrew Holecek su atención minuciosa a este manuscrito.

Por sus respuestas a los primeros borradores, gracias a James Shaheen, de *Tricycle*; a Carole Tonkinson, de *Bluebird Publications*, y a Pema Chödrön, Dominie Cappadonna y Glenna Olmsted.

Muchos miembros de la comunidad de Mingyur Rimpoché, Tergar, han contribuido en este proyecto de varias maneras. Agradezco a cada uno de ellos, y en particular a Cortland Dahl y a Tim Olmsted, su apoyo constante y su ayuda en la clarificación de las enseñanzas de Mingyur Rimpoché.

Agradezco a Emma Sweeney, nuestra agente, por su apoyo inicial y por encauzar este libro hacia Spiegel & Grau.

Gracias a Cindy Spiegel y a su equipo. El respeto de Cindy por el viaje de Mingyur Rimpoché, su curiosidad y su sensibilidad hacia el material la convirtieron en una aliada inspiradora para llevar este libro a su fin.

HELEN TWORKOV
Cabo Bretón, Nueva Escocia
Agosto de 2018

Glosario

Clave: sct. = sánscrito; tib. = tibetano

Bardo: Comúnmente usado para describir un estado intermedio entre una vida y la siguiente; también entendido como las etapas en el viaje de uno a través de la vida y de la muerte, que pueden ser interpretadas como procesos físicos o como estados de ánimo durante esta vida; cada estado de bardo proporciona una oportunidad agudizada de reconocer la realidad incondicionada. En este libro se hace referencia a seis bardos: el bardo de esta vida, el bardo de la meditación, el bardo del sueño y de los sueños, el bardo de la muerte, el bardo del dharmata y el bardo del devenir.

El bardo de esta vida: Existencia desde el primer suspiro hasta la aparición de condiciones irreversibles que conducen a la muerte; considerada la mejor oportunidad para familiarizarse con nuestra mente y despertar a nuestra verdadera naturaleza. La manera más eficaz de lograrlo es la meditación, y en algunos sistemas de bardo, la práctica de la meditación, así como las prácticas del sueño y los sueños, se incluyen en el bardo de esta vida. En otros, el bardo de la meditación y el bardo del sueño y los sueños se presentan como categorías separadas, pero las enseñanzas son similares.

Con la **meditación del sueño**, el practicante se entrena para permanecer consciente de la disolución del sistema sensorial a medida que el cuerpo se duerme, una actividad que es paralela al proceso de la muerte física. En el *bardo del sueño y de los* *sueños*, la persona se entrena para despertar dentro de un sueño, lo que le permite dirigir sus actividades dentro del estado de sueño; este entrenamiento pone el énfasis en la cualidad impermanente, mutable e insustancial de las formas del sueño, e introduce la inseparabilidad esencial entre la realidad diurna y la nocturna.

Dentro del bardo de esta vida, las meditaciones sobre la vacuidad, así como las meditaciones del sueño y de los sueños, reflejan estados mentales que llegan espontáneamente en el momento de la muerte física.

Bardo de la muerte: Etapa que marca el inicio de la decadencia física irreversible hasta la liberación de la mente del cuerpo. En el momento de la muerte física, todos experimentamos la disolución de los elementos, así como la vacuidad luminosa de la mente, a medida que se acerca a su separación final del cuerpo. La liberación en el bardo de la muerte se logra con el reconocimiento de esta luminosidad. Como estado mental, el bardo de la muerte se refiere a los continuos finales de todos los fenómenos, incluidas las respiraciones, los pensamientos, las formas, las situaciones y los estados mentales.

Bardo del dharmata: Traducido como «talidad» o «realidad», el bardo del dharmata es un estado onírico que sigue a la muerte física. Despertar en nuestros sueños en esta vida aumenta nuestra capacidad de despertar en el bardo del dharmata.

Bardo del devenir: La mente se libera de su entorno físico y/o mental familiar y transita en una forma inmaterial, que sin embargo está influenciada por toda una vida de tendencias habituales, ya que busca una nueva encarnación; un estado de ánimo que, a través de la disolución física o mental, pierde sus amarres familiares y busca reidentificarse con la forma

Bodh Gaya: Ciudad en el estado de Bihar, en el centro septentrional de la India; lugar del templo Mahabodhi e identificado como el emplazamiento donde el Buda Shakyamuni histórico se despertó bajo un árbol bodhi. Hogar del monasterio tibetano Kagyu de Mingyur Rimpoché, Tergar.

Buda (sct.): Ser iluminado; alguien que ha despertado a la verdadera naturaleza de la realidad.

Buda Shakyamuni: Buda histórico (c. 566-483 a. E. C.). Su renuncia al mundo convencional de la confusión y su reconocimiento de la causa y el cese del sufrimiento han inspirado y moldeado todas las tradiciones posteriores del budismo hasta el día de hoy.

Claridad: Un aspecto inherente de la conciencia; la cualidad de saber de la mente.

Compasión: Cualidad inherente a la naturaleza búdica o bondad básica que se manifiesta como un deseo de aliviar el sufrimiento; se accede a su máxima expresión a través de la sabiduría de la vacuidad.

Conciencia: Cualidad innata, por siempre presente y no conceptual del saber de la mente. Solo hay una conciencia; no obstante, experimentamos la conciencia de tres maneras diferentes: *Véase* Conciencia normal; Conciencia meditativa; Conciencia pura.

Conciencia desnuda: Estado de la mente en el que la conciencia se reconoce a sí misma, libre de pensamientos y conceptos.

Conciencia estable: *Véase* Conciencia meditativa.

Conciencia meditativa: Este estado mental se manifiesta cuando la mente se vuelve hacia el interior y comienza a reconocer que la conciencia es una característica inherente de la mente; la conciencia que se empieza a reconocer a sí misma. El énfasis que se pone en los objetos externos se traslada a las cualidades internas inherentes. Con la conciencia meditativa, la mente descansa con comodidad sin alcanzar o reaccionar a los objetos de la percepción sensorial. También se le llama conciencia estable.

Conciencia normal: Se usa para negociar actividades cotidianas como enviar mensajes de texto, conducir, cocinar y hacer planes; la mente mira hacia afuera y se mantiene en los fenómenos externos, creando una relación dualista entre el sujeto que percibe y el objeto de la percepción.

Conciencia pura: Percepción liberada de la separación entre sujeto y objeto; percepción no dual y no mediada por conceptos, recuerdos, asociaciones o la aversión y la atracción. La conciencia pura descansa en el reconocimiento de la vacuidad; es la unión de la vacuidad y la claridad, y conduce al camino de la liberación.

Dharma (sct.): Este término puede referirse a la ley natural y a los fenómenos; más comúnmente, se refiere a las enseñanzas budistas. Se escribe con mayúscula cuando se utiliza como una de las tres joyas en las que se refugia un budista: Buda, Dharma y Sangha.

Dharmata: Verdadera naturaleza de las cosas, que transciende todas las creencias y los conceptos.

Dilgo Khyentse Rimpoché (1910-1991): Nacido en el Tíbet, Dilgo Khyentse Rimpoché es considerado uno de los más grandes maestros tibetanos; después de que los chinos tomaran el poder en el Tíbet, Dilgo Khyentse Rimpoché contribuyó de manera decisiva al mantenimiento de la continuidad de las enseñanzas de las comunidades tibetanas de monjes y laicos del Tíbet y a la difusión del budismo en el mundo occidental.

Dukkha (sct.): Sufrimiento e insatisfacción; un estado mental que crea y perpetúa la angustia mental al no percibir la realidad tal como es e identificarse con una rígida concepción del yo. La liberación es posible al reconocer que el sufrimiento es creado por una percepción mental errónea y que no es intrínseco a la naturaleza básica de uno o a las circunstancias externas.

El decimosexto Gyalwa Karmapa Rangjung Rigpe Dorje (1924-1981): Líder espiritual de la tradición Karma Kagyu del budismo tibetano.

Estupa (sct.): Estructura redondeada que representa al Buda; a menudo construida para albergar reliquias de seres iluminados.

Estupa de la Cremación: Formalmente llamada estupa de Ramabhar; ubicada en Kushinagar, India, es un montículo conmemorativo que cubre algunas de las cenizas y reliquias del Buda histórico en el lugar de su cremación (c. 483 a. E. C.).

Estupa del Parinirvana: Lugar de Kushinagar, India, que conmemora el fallecimiento del Buda Shakyamuni.

Gurú (sct.): Maestro o guía espiritual.

Iluminación: Estado del ser en el que la naturaleza de Buda —la unión de la claridad y el vacío— se ha realizado completamente.

Impermanencia: Idea de que todos los fenómenos condicionados cambian y todo lo que surge tarde o temprano se disuelve. Nuestros intentos habituales de mantener fijo lo que cambia inevitablemente niegan la verdad de la impermanencia y son una de las principales causas de sufrimiento.

Kagyu: Uno de los cuatro linajes principales del budismo tibetano.

Karma: Principio de causa y efecto: las acciones virtuosas encaminadas a disminuir el sufrimiento para uno mismo y para los demás son la causa de futuras experiencias positivas; las acciones no virtuosas causan experiencias negativas. El futuro puede ser el próximo momento, año o vida.

Kushinagar, Kusinara o Kushinagara: Ciudad en el estado de Uttar Pradesh, al noroeste de la India, donde el Buda histórico falleció alrededor del año 483 a. E. C.

La Primera Noble Verdad: La verdad de que, para liberarnos del sufrimiento, primero debemos examinar su naturaleza y experimentar sus cualidades autocreadas.

La unión de la madre y el hijo: Fusión de la familiaridad de la naturaleza vacua y luminosa de la mente que se experimenta en la meditación con la experiencia de la luminosidad ilimitada que acompaña el momento de la muerte física.

Lama Soto (c. 1945-2012): Nacido en la región Kham del Tíbet, escapó de los chinos y fue a estudiar al monasterio Sherab Ling, donde Mingyur Rimpoché fue su maestro de retiros (1993-1996). De 2001 a 2010 fue asistente de Mingyur Rimpoché.

Mandala (sct.): Una de las principales prácticas del budismo tibetano; a través de una secuencia de ofrendas, se establecen las acumulaciones del mérito y la sabiduría. En el bardo de la muerte, los ejercicios para soltar conscientemente nuestros apegos ayudan a facilitar la transición de la vida a la muerte.

Mantra (sct.): *Man* significa «mente», y *tra* significa «protección»; secuencia de sílabas sánscritas que se considera que encarnan la sabiduría de una deidad en particular; se recitan en repeticiones como oración, súplica o invocación.

Marpa: Nacido en el Tíbet (1012-1097); conocido como Marpa el Traductor, hizo varios viajes a la India para llevar transmisiones orales al Tíbet y tradujo muchos textos sánscritos al tibetano; fue el maestro de Milarepa.

Meditación del sueño: Práctica de mantener la conciencia mientras se duerme.

Meditación: Trabajo con la mente de manera intencional para reconocer sus cualidades inherentes de sabiduría.

Mente mono: Mente que habla consigo misma incontrolablemente, que se aferra después de la aparición continua de formas y no puede dejar de preocuparse por sí misma.

Milarepa: Nacido en el Tíbet (1040-1123 E. C.). El yogui más querido del Tíbet, conocido por su práctica solitaria en la naturaleza inhóspita del Himalaya, por alcanzar la budeidad en una sola vida y por transmitir la sabiduría iluminada a través de canciones espontáneas de realización.

Morar en la calma (sct., shámata): Se refiere a una mente que se mantiene sobre su propia estabilidad, independiente de las circunstancias externas; cultivada a través de la conciencia meditativa.

Nagi Gompa: Convento en el valle de Katmandú y ermita de Tulku Urgyen Rimpoché, el padre de Mingyur Rimpoché.

Naropa (1016-1100 E. C.): Erudito excepcional, maestro de dialéctica y abad de la legendaria universidad budista de Nalanda. Tras enfrentarse a su comprensión imperfecta, Naropa abandonó su posición segura para estudiar con el excéntrico yogui itinerante Tilopa. Más tarde transmitió estas enseñanzas a Marpa, su discípulo principal.

Naturaleza búdica (sct.): Naturaleza fundamental de todos los seres: la esencia vacía, luminosa y compasiva de la mente que se manifiesta en el camino espiritual.

Nonato: Se refiere a la vacuidad última de todas las cosas, que transciende el nacimiento y la muerte, y está también por encima del surgimiento y el cese.

Nubri: Distrito étnicamente tibetano en el norte de Nepal donde nació Mingyur Rimpoché en 1975.

Nyoshul Khen Rimpoché: Nacido en el Tíbet (1932-1999), logró huir de allí tras la invasión china y finalmente se estableció en Thimpu, Bután. Se convirtió en un erudito estimado y un maestro muy querido, y fue uno de los cuatro maestros principales de Mingyur Rimpoché.

Osel Ling: Monasterio de Mingyur Rimpoché en Katmandú; también conocido como Tergar Osel Ling.

Realidad absoluta: También llamada *realidad íntima*, es la verdadera naturaleza de todas las cosas y habitualmente se identifica con la vacuidad.

Reconocimiento: Reconocimiento experiencial de una cualidad que antes había pasado desapercibida. En el budismo tibetano, esto normalmente se refiere al reconocimiento de la naturaleza vacua y luminosa de la conciencia.

Reino de dios: *Véase* Seis reinos.

Rimpoché (tib.): Precioso; un término de respeto.

Rueda de la Vida: Representación del mundo de la confusión. Imagen compleja con forma circular, sostenida en la boca de Yama, el Señor de la Muerte, representa las causas fundamentales del sufrimiento —la ignorancia, la aversión y la agresión—, que se sitúan en el centro, rodeadas de tiras concéntricas que muestran la perpetuación del comportamiento cíclico habitual, incluidos los seis reinos de la existencia.

Sabiduría: Aspecto de la mente que percibe la realidad tal como es; claridad de la mente que reconoce la vacuidad.

Sadhu: Término hindú para referirse a un mendigo religioso, o a alguien que ha renunciado a la vida secular.

Saljay Rimpoché (1910-1999): Maestro de retiros en Sherab Ling desde 1985 hasta el final de su vida. Completó su formación en el monasterio de Palpung, en el Tibet, bajo la guía del undécimo Tai Situ Rimpoché. Después de la invasión china, huyó a Sikkim, donde permaneció hasta que el decimosexto Karmapa falleció; posteriormente se fue a Sherab Ling para estar con el duodécimo Tai Situ Rimpoché. Maestro de retiros de Mingyur Rimpoché en Sherab Ling y uno de sus cuatro maestros principales.

Samsara (sct.): Literalmente, «ir dando vueltas»; ciclo de sufrimiento e insatisfacción mantenido en movimiento por la ignorancia y por la falta de reconocimiento de la verdadera naturaleza de uno mismo.

Sangha (sct.): **Sangha noble** define a la comunidad de seres iluminados; **sangha ordinaria** define a los amigos que comparten un camino de dharma. En mayúsculas cuando se usa como una de las tres joyas: Buda, Dharma y Sangha.

312 | ENAMORADO DEL MUNDO

312 | ENAMORADO DEL MUNDO

Seis reinos: Reinos de la existencia samsárica que describen los estados mentales y que reflejan un tipo particular de sufrimiento; estos estados no se experimentan en ninguna secuencia específica, pero el orden en el que se presentan significa grados crecientes de sufrimiento: el reino de los dioses del orgullo, el reino de los semidioses de los celos, el reino humano del deseo, el reino animal de la ignorancia, el reino de los fantasmas hambrientos de la avaricia y el reino del infierno del enojo.

Shámata (sct.): *Véase* Morar en calma.

Shantideva (685-763 E. C.): Adepto indio cuyos estudios en la Universidad de Nalanda se consideraban mediocres hasta que pronunció un discurso ante la asamblea; estas enseñanzas, ahora conocidas como el *Bodhicharyavatara*, o el *Camino del Bodhisattva*, son celebradas hasta el día de hoy por los budistas de todo el mundo debido a su brillantez, accesibilidad e intimidad.

Sonam Chödrön (1947-): Madre de Mingyur Rimpoché, que nació en el distrito nepalés de Nubri y reside actualmente en Tergar Osel Ling, en Katmandú.

Sufrimiento: *Véase* Dukkha.

Tai Situ Rimpoché (1954-): Reconocido como el duodécimo Tai Situ por el decimosexto Karmapa, quien supervisó su entronización en el monasterio de Palpung en el Tíbet oriental y quien lo guio de forma segura a la India a la edad de seis años (junto con el sexto Mingyur Rimpoché), a raíz de la invasión china. Con el tiempo se estableció cerca de Bir, en el noroeste de la India, y desarrolló el monasterio de Sherab Ling, donde Mingyur Rimpoché empezó sus estudios a la edad de once años. Hoy en día supervisa una amplia red de monasterios Kagyu, centros de retiro y centros de dharma por todo el mundo, haciendo una enorme contribución al continuo florecimiento del dharma tibetano. Es uno de los cuatro maestros principales de Mingyur Rimpoché.

Tashi Dorje (1920-2017): Abuelo materno de Mingyur Rimpoché; nacido en Nubri, Nepal, estudiaba en el Tíbet cuando los chinos invadieron el país. Un venerado practicante de meditación y descendiente directo del rey Trisong Detsen, rey del Tíbet en el siglo VIII.

Templo Mahabodhi: Complejo de templos en Bodh Gaya, India, que conmemora el despertar del Buda histórico, Shakyamuni, aproximadamente en el 533 a. E. C.

Tergar (tib.): *Ter* significa «tesoro»; *gar* significa «lugar». Nombre de los monasterios de Mingyur Rimpoché, así como de su comunidad internacional.

Tilopa (989-1069): Supremo adepto y excéntrico yogui indio cuyas enseñanzas a Naropa fueron posteriormente transmitidas a Marpa, y de Marpa a Milarepa.

Tsoknyi Rimpoché (1966-): Nacido en Nepal, es el hermano mayor de Mingyur Rimpoché. Sus enseñanzas se basan en una profunda experiencia meditativa y en un compromiso sostenible con el mundo moderno. Casado y padre de dos hijas, viaja con frecuencia y supervisa los conventos de monjas de Nepal y Tíbet, y más centros de práctica y ermitas en la región oriental del Tíbet.

Tulku (tib.): Reencarnación de un adepto espiritual; alguien que se considera dotado de un mayor potencial para el desarrollo espiritual.

Tulku Urgyen Rimpoché (1920-1996): Padre de Yongey Mingyur Rimpoché y uno de los maestros de meditación más respetados del siglo pasado. Nacido en Kham, Tibet, llegó a Nepal tras la invasión china del Tíbet y estableció dos monasterios y muchos centros de enseñanza; residió finalmente en su convento de monjas, Nagi Gompa, en el valle de Katmandú. Hoy en día, su legado es perpetuado por sus hijos Chökyi Nyima Rimpoché, Tsikey Chokling Rimpoché, Tsoknyi Rimpoché y Yongey Mingyur Rimpoché, uno de los cuatro maestros principales de Mingyur Rimpoché.

Universidad de Nalanda: Centro de entrenamiento budista que prosperó desde aproximadamente los siglos IV al XII; ubicado en la actual Bihar, India. Sus extensos restos arqueológicos son ahora Patrimonio de la Humanidad de la UNESCO.

Vacuidad: Naturaleza subyacente de todos los fenómenos; reconocimiento de que, contrariamente a la percepción convencional, todas las apariencias están vacías de cualidades duraderas, vacías de sustancia y de identidad independiente. A pesar de las sutiles diferencias, *vacuidad* a menudo se usa como sinónimo de *realidad absoluta*.

314 | ENAMORADO DEL MUNDO

Vacuidad luminosa: Naturaleza de la mente, que no se puede aprehender y está más allá de los conceptos, pero que se manifiesta como la capacidad de saber y experimentar.

Verdad relativa: Usada como sinónimo de *verdad convencional*; experiencia ordinaria de la realidad en la cual los fenómenos son percibidos como duraderos, sustanciales e independientes, y existen como entidades separadas de la mente.

Vinaya (sct.): Enseñanzas del Buda Shakyamuni sobre la disciplina y el comportamiento apropiado para la comunidad ordenada; un libro de reglas monásticas que, hasta el día de hoy, guía al monaquismo budista.

Vipashyana (sct.): Comprensión profunda; visión clara. Según el sistema tibetano, el **vipashyana theravada** pone énfasis en la impermanencia; el **vipashyana mahayana** destaca la vacuidad; el **vipashyana tibetano** (o vajrayana) hace hincapié en la naturaleza de la mente. En las enseñanzas tibetanas, la meditación vipashyana trabaja con el reconocimiento de que todo lo que aparece surge de la vacuidad y que toda forma es inseparable de la vacuidad y se disuelve en la vacuidad. Vipashyana es la percepción directa y experiencial de que, si bien es verdad que las formas aparecen, esencialmente no se pueden aprehender y no tienen fundamento, igual que el espacio, y de que esta cualidad es un reflejo de la propia naturaleza de la mente.

Acerca de los autores

MINGYUR RIMPOCHÉ, nacido en 1975 en Nubri, Nepal, es el hijo menor del célebre maestro de meditación Tulku Urgyen Rimpoché. Comenzó sus estudios monásticos formales a la edad de once años, y dos años más tarde empezó su primer retiro de tres años.

Hoy sus enseñanzas integran las disciplinas prácticas y filosóficas de la formación tibetana con las orientaciones científicas y psicológicas de Occidente. Además de su papel como abad de tres monasterios, dirige Tergar, una comunidad internacional de meditación con cien centros por todo el mundo, y es reconocido por presentar la práctica de la meditación de una manera clara y accesible.

A la edad de treinta y seis años, dejó en secreto su monasterio de la India para dedicarse a un retiro errante de cuatro años y medio de duración; vivió en cuevas de montaña y en las calles de las aldeas. Es autor del superventas del *New York Times La alegría de vivir*, así como de *Transformar la confusión en claridad*, además de otros títulos no traducidos al español hasta la fecha. Su residencia principal es Katmandú, Nepal.

tergar.org

HELEN TWORKOV es la fundadora de la revista *Tricycle: The Buddhist Review* y la autora de *Zen in America: profiles of five teachers* y coautora, con Mingyur Rimpoché, de *Transformar la confusión en claridad*. Entró en contacto con el budismo en Japón y Nepal durante la década de 1960 y ha estudiado en las tradiciones zen y tibetana. Empezó a estudiar con Mingyur Rimpoché en 2006 y actualmente pasa la mayor parte de su tiempo entre Nueva York y Nueva Escocia.

institut gestalt

institut gestalt
Verdi, 94 - bajos
08012 Barcelona
Telf. 34 93 2372815
Fax. 34 93 2178780
ig@institutgestalt.com
www.institutgestalt.com

ÁREA DE FORMACIÓN Y RECICLAJE PROFESIONAL
> Formación en Terapia Gestalt.
> Formación completa en PNL: Practitioner, Máster Practitioner, Trainer, PNL para el mundo educativo, etc.
> Formación en Hipnosis Ericksoniana.
> Formación en Constelaciones Familiares y en sus distintas especialidades: Pedagogía, Salud, Trabajo social, Organizaciones y profesión, Parejas, Ámbito jurídico y Consulta individual.
> Formación en Pedagogía Sistémica.
> Formación en Terapia Corporal.
> Formación en Intervención Estratégica.
> Formación en Coaching: Wingwave, Deportivo, Estratégico, Sistémico y Coaching con PNL.
> Talleres monográficos.
> Supervisión individual y en grupo.
> Desarrollo organizacional.
> Excelencia Directiva.

ÁREA TERAPÉUTICA Y DE CRECIMIENTO PERSONAL
> Terapias individuales, grupales, de pareja y de familia.
> Procesos de Coaching para personas y/o equipos.
> Tratamiento de trastornos del miedo, pánico, fobias, ansiedad, adicciones y obsesiones.
> Grupos de Crecimiento Personal y Trabajo Corporal.
> Constelaciones familiares, organizacionales y pedagógicas.
> Área de Terapias Creativas y Expresivas.
> Conferencias, coloquios, presentaciones de libros, etc.

PSICOTERAPIA, COMUNICACIÓN Y RELACIONES HUMANAS